宁波大学哲学社会科学著作出版经费 | 资助出版
宁波大学商学院

吴欣欣 著

REGIONAL
COMPARATIVE
STUDY ON
FINANCIAL
SECURITY

金融安全的区域比较研究

社会科学文献出版社
SOCIAL SCIENCES ACADEMIC PRESS (CHINA)

序　言

中国作为一个幅员辽阔、人口众多的发展中国家，其地区发展的不平衡性在金融领域亦有所体现。因此，分析、比较不同区域的金融安全状况，可以深入探讨金融安全的本质、影响因素和作用机制，进一步丰富和发展金融安全理论，也有助于揭示不同区域在金融安全方面的差异和特点，为金融安全理论的区域化应用提供实证支持，为促进区域金融发展的稳定与均衡提供政策保障。

该书作者综合运用理论分析、比较分析、实证分析等多种研究方法，深入探讨了中国金融安全问题产生的现实原因及其区域差异性，从区域比较的角度对中国金融安全状态进行了测度分析，并结合金融安全影响因素的经验事实，构建了中国地区金融安全综合指数，进而开展了区域压力测试的实证分析。

该书在梳理金融安全的概念界定、表现形式、影响因素、监测预警与区域比较的基础上，引入金融加速器理论，阐释了金融安全对国家金融发展的重要性。通过理论分析，探讨了信贷规模、金融资产等宏观经济因素引发的金融安全脆弱性问题，并采用理论模型参数模拟及中国市场分地区数据分析，验证了其在中国的适用性。

该书以资产负债表效应理论为基础，利用资产负债表矩阵纵向分析了各区域金融部门和企业部门的货币错配风险、期限错配风险、资本结构错配风险、清偿力风险等，并进行了区域横向比较。此外，本书还以或有权益理论为基础，分区域编制了上市企业部门的或有权益资产负债表，通过纵向与横向比较，分析了资产市值的波动、违约距离、违约概率和信用风险溢价变动情况，并分区域进行了压力测试和敏感性测试。基于中国区域数据，综合考虑中国金融发展的国情，实证分析了信贷规模、资产价格、房地产市场等重要宏观因子对中国系统性金融风险的影响，构建了区域性的金融安全综合指标，并进行了相应的压力测试。

通过上述理论阐述、区域比较和实证分析，作者得出以下观点及结论。

第一，在前人研究的基础上，对金融安全、金融风险、金融危机三者之间的内在联系作了精辟分析。指出金融安全与金融风险、金融危机紧密联系在一起，既可用金融风险和金融危机状况来解释和衡量金融安全程度，同样也可以用金融安全来解释和衡量金融风险与金融危机状况。防范系统性金融风险是国家金融安全战略与政策安排的基本任务。维护金融安全的根本是保证金融稳定，实现金融均衡，防范金融危机。而这三个领域正是系统性金融风险发展的不同阶段的重点。

第二，总结了中国金融安全区域差异性特征的原因。首先，非均衡区域金融发展格局是形成区域金融差异的主要原因；其次，国家优先发展区域经济的区域性宏观调控政策，进一步影响了区域资本在垄断格局下的调配；再次，区域融资渠道的多元化以及不同区域间的经济往来差异导致了区域性金融风险的多元化特征；最后，货币化程度的区域差异和区域金融合作的信息不对称也是影响各区域金融安全运行的关键性因素。

第三，从金融部门看，2014~2016年东部、西部和东北部地区存在一定的资本结构风险；中西部地区期限错配风险较为显著。从企业部门看，各地区企业部门的资产规模增长率呈下降趋势；流动比率变化幅度较小，其中东部地区最大，期限错配风险最小，中部、西部、东北部地区流动资产储备不足，期限错配风险较高；从资产负债率来看，西部和东北部地区资产负债率均呈上升趋势，债务融资依赖度大。

第四，2014年中国经济发展进入新常态阶段后，各地区间接融资的比重有所下降，股权融资的比重相对提高；从违约距离、违约概率和信用风险溢价指标看，2009~2013年是各地区经济复苏时期，违约距离不断变大，违约概率和信用风险溢价也几乎为零，不存在显著的金融风险。但从2014年后，以上三个指标发生了明显的波动，违约距离变小，违约概率和信用风险溢价上升，金融风险增大。

第五，实证研究表明，对中国金融安全影响最为显著的三个宏观因素为信贷规模、房地产规模以及金融资产价格。其中信贷规模对中国的系统性金融风险影响最大，易引发金融危机。房地产规模对系统性金融风险的影响其次，且引发的极端风险也表现出较大的危害性。金融资产价格泡沫对于系统性金融风险的极端冲击显示，除了西部地区以外，均未超出我国目前监管能力。对所有指标的抗压能力及风险敞口最严重的地区为西部地区，东部地区的信贷风险较高，中部地区的房地产市场风险较高。

金融安全是国家安全的重要组成部分。该书的研究成果不仅为理解中国金融安全的复杂性提供了新的视角，也为政策制定者制定和调整金融政策提供了科学依据。该书的深入分析和实证研究，能够为维护国家金融安全、促进区域金融均衡发展提供有力的理论支持和实践指导。期待该著作能够激发更多学者和实践者对区域金融安全领域的关注和研究，共同推动中国乃至全球金融体系的稳定与繁荣。

中国社会科学院金融研究所研究员

2024 年 11 月 1 日

目 录

绪 论 ··· 001
  0.1 选题背景与意义 ·· 001
  0.2 研究思路与方法 ·· 005
  0.3 研究创新与不足 ·· 008

第1章 文献综述 ·· 010
  1.1 金融安全的概念界定 ·· 010
  1.2 金融安全的表现形式 ·· 015
  1.3 金融安全的影响因素 ·· 017
  1.4 金融安全监测与预警 ·· 021
  1.5 金融安全的区域比较 ·· 024

第2章 金融安全中的金融加速器理论及影响因素的机理分析 ········· 030
  2.1 金融安全中的金融加速器效应 ······························ 030
  2.2 金融安全影响因素的机理分析 ······························ 037
  2.3 理论模型的模拟验证与区域经验分析 ····················· 047

第3章 金融安全评估分析的宏观金融工程研究方法 ········· 055
  3.1 宏观金融工程介绍 ··· 055
  3.2 资产负债表分析方法 ·· 063
  3.3 或有权益资产负债表分析方法 ······························ 066
  3.4 风险指标法与宏观压力测试和敏感度分析法 ············ 069

第 4 章 中国经济与金融运行概况及区域差异分析 ········· 072
4.1 分析框架中区域与部门的结构划分 ········· 072
4.2 中国不同区域的经济运行概况分析 ········· 074
4.3 中国不同区域的金融运行概况分析 ········· 081
4.4 中国金融发展的区域差异性分析 ········· 087

第 5 章 中国金融安全区域比较的资产负债表分析 ········· 094
5.1 中国不同区域金融部门资产负债表编制与分析 ········· 094
5.2 中国不同区域企业部门资产负债表编制及分析 ········· 112
5.3 基于资产负债表分析的各区域金融风险比较 ········· 127
5.4 小结 ········· 133

第 6 章 中国金融安全区域比较的或有权益资产负债表分析 ········· 134
6.1 中国不同区域或有权益资产负债表分析 ········· 135
6.2 基于或有权益资产负债表的风险测度分析 ········· 150
6.3 基于或有权益资产负债表的压力测试和敏感度分析 ········· 156
6.4 区域金融安全状态比较 ········· 161
6.5 小结 ········· 165

第 7 章 中国区域金融安全的影响因素、综合指数合成与压力测试分析 ········· 167
7.1 中国区域金融安全影响因素分析的方程构建 ········· 167
7.2 中国区域金融安全的综合指数合成 ········· 172
7.3 中国区域金融安全的压力测试 ········· 177
7.4 实证分析结论 ········· 181

第 8 章 结论及政策建议 ········· 183
8.1 结论 ········· 183
8.2 政策建议 ········· 185

附　录 ……………………………………………………………………… 189

附录 1　东部地区各省份金融部门资产负债表 ……………………… 189

附录 2　中部地区各省份金融部门资产负债表 ……………………… 197

附录 3　西部地区各省份金融部门资产负债表 ……………………… 202

附录 4　东北部地区各省份金融部门资产负债表 …………………… 211

附录 5　东部地区各省份企业部门资产负债表 ……………………… 214

附录 6　中部地区各省份企业部门资产负债表 ……………………… 219

附录 7　西部地区各省份企业部门资产负债表 ……………………… 222

附录 8　东北部地区各省份企业部门资产负债表 …………………… 228

附录 9　四大经济区域及全国上市公司资产负债表汇总 …………… 230

参考文献 ………………………………………………………………… 233

绪　论

0.1　选题背景与意义

0.1.1　选题背景

2008年的全球金融危机至今已有十几年，危机爆发带来全球范围的经济衰退，世界经济复苏进程艰难曲折，国际市场面临的各种不确定性风险也日益增多。中国经济已由高速增长阶段转向高质量发展阶段，在经济发展进入新常态阶段背景下，金融体系改革进入深水区。2017年7月，全国第五次金融工作会议强调金融安全是国家安全的重要组成部分，防止发生系统性金融风险是金融工作的永恒主题，提出要把主动防范化解系统性金融风险放在更加重要的位置，坚决守住不发生系统性金融风险的底线。由此可见，确保金融安全和不发生系统性金融风险，已经成为党和国家当前面临的重大任务。中国是一个人口众多、地域辽阔、发展不平衡的发展中国家，这种地区发展不平衡性也导致金融发展的不平衡，其在金融服务实体经济的"脱实向虚"与金融风险的"隐患叠加"等方面体现得尤为突出。因此，维护国家金融安全，保持地区间金融发展的稳定与均衡，将成为未来很长一段时间内中国学界、业界以及政策制定者关注的重要议题。

长期以来，中国经济增长对全球经济的稳定和繁荣发挥了积极的作用。特别是全球经济危机后，中国为全球经济有效摆脱困境发挥了不可替代的重要作用。然而，我们也应清楚地看到危机给中国经济与金融发展带来的负面影响，以及当前中国金融体系存在的潜在风险。危机过后，世界金融秩序正处于重建的过程中，这必将对中国的金融安全以及宏观调控产生重大影响。中国经济转型的特殊背景、区域经济与金融发展的不平衡特性使得我们很难从其他国家复制直接的经验作为参照，中国金融体制改革也仍旧是试探性的。中国是迄今为止唯一没有发生过严重金融危机的主要新兴市场经济体，这可能得益于两大因素：一是改革开放40多年来持续的经济高增长；二是中央、地方政府的兜底，政府提供的软预算约束，避免了违约与破产，因此没有出现显性的危机。但金融风险一直存在，实际上也在不断积累，特别是中国经济发展进入新常态阶段后，金融风险不断地在股票、房地产、债券、互联网金融和外汇等市场之间游走，即在不同市场、不同领域和不同部门之间此起彼伏，这表明尽管中国金融状况长期向好的趋势性特征没有改变，但当前以及未来一段时间内中国均以较高的转移概率处于风险积聚区域。当前中国经济增长放缓、产能过剩，行业的"去产能"风险、房地产市场的房价波动与"去库存"风险、地方政府融资平台的债务风险等，让政府的政策空间显著收缩，在影子银行和数字金融等领域，金融创新步伐加快与监管缺失缺位并存，这些因素都可能是金融风险频发的重要原因，是危及中国金融安全与稳定的关键性因素。

此外，从2015~2017年中国政府工作报告对金融风险的表述变化，我们也同样可以察觉到当前存在于中国经济与金融中的风险变化。2015年政府工作报告的说法是"创新金融监管，防范和化解金融风险"。2016年变成了"加快改革完善现代金融监管体制，提高金融服务实体经济效率，实现金融风险监管全覆盖"。2016年12月的中央经济工作会议，对该问题又有了非常明确的表述："要把防控金融风险放到更加重要的位置，下决心处置一批风险点，着力防控资产泡沫，提高和改进监管能力，确保不发生系统性金融风险。"2017年政府工作报告则直接提出"积极稳妥推进金融监管体制改革，有序化解处置突出风险点，整顿规范金融秩序，筑牢金融风险'防火墙'"。从这三年的政府工作报告对金融风险的表述来看，防范金融风险变得越来越重要。另外，2017年7月召开的第五次全国金融工作会议再次强调了"防止发生系统性金融风险是金融工作的永恒主题"，将金融安全和防控金融风险放在首位，着力防范化解重点领域威胁实体经济发展的风险，积极稳妥推动经济去杠杆，把降低国企杠杆率作为重中之重，有效处置金融风险点，坚决守住不发生系统性金融风险的底线。由此可见，不发生系统性金融风险，维护金融安全与金融稳定，已经成为中国政府当前非常重要的政策目标。

中国是一个人口众多、地域辽阔、发展不平衡的发展中国家，这种地区发展不平衡性的一个重要表现就是金融发展的区域不平衡，后者造成了金融风险差异，进而表现为金融安全程度的不一。另外，中国社会的主要矛盾已转化为"人民日益增长的美好生活需要和不平衡不充分的发展之间的矛盾"，在实体经济的"脱实向虚"与金融风险的"隐患叠加"等方面体现得尤为突出。因此，基于区域差异，从系统性风险角度深入研究我国金融安全问题，在当前国情下，就显得尤为必要和迫切。

0.1.2 研究意义

金融安全是和金融风险、金融危机紧密联系在一起的，我们既可以用风险和危机状况来解释和衡量安全程度，也可以用安全来解释和衡量风险与危机状况。绝大部分现有的研究都表明，安全程度越高，风险就越小；反之，风险越大，安全程度就越低。危机是风险大规模积聚爆发的结果，危机就是严重不安全，是金融安全的一种极端表现。防范系统性金融风险是国家金融安全战略与政策安排的基本性任务。维护金融安全的根本是保证金融稳定，实现金融均衡，防范金融危机。而这三个领域正是系统性金融风险发展不同阶段的重点。

系统性金融风险通常指金融风险从一个机构传递至多家机构，从一个市场蔓延到多个市场，使得整个金融体系变得极为脆弱的可能性变大。系统性金融风险具有突发性、传染性和外部性等特征。一旦发生系统性风险，金融体系功能将难以发挥，容易引发金融危机，还将冲击实体经济。系统性金融风险大致包括两类：一类由货币汇率等宏观因素和突发事件引发，另一类由金融机构经营不佳与监管的制度性缺失引发。从新兴市场国家特点来看，央行及货币政策决策机制往往缺乏独立性，货币发行和财政支出都面临一定软约束。政府更多倾向于运用凯恩斯主义的货币政策优先促进增长，同时维持适度通胀率以平稳征收铸币税，并促使政府对国内负债缩水。此外，由于监管体制不完善，缺乏独立、健全的司法体系，对金融机构及金融从业人员的失信行为缺乏有震慑力的问责机制，很容易滋生道德风险。因此，新兴市场国家发生金融风险的可能性也更大。我国系统性金融风险的潜在诱因不仅具有上述一般特征，而且具有转型经济体典型的改革与发展的阶段性特征。中国的系统性金融风险大致包括两类。一类与金融领域自身部分环节的改革不到位相关。相对而言，属于局部的、主要限于金融系统内部的风险，能够通过一般性的制度建设加以防范，或者通过紧急救助和处置有效应对。另一类同经济结构和发展方式密切相关。在错误的宏观信号引导下，实体经济结构发展失衡，造成金融体系扭曲性跟进。一些可能诱发重大风险的问题，如房地产市场泡沫、地方政府投融资平台、信贷结构不合理、国际收支失衡与跨境资本异常流动、产能过剩等，都与我国目前的经济发展方式相关。主要风险隐患之间往往环环相扣，互为因果，并日益呈现疑难杂症式的特点，任何一个环节持续恶化，都可能牵一发而动全身。

当前，中国经济正进入一个由高速增长向中高速增长过渡的新周期。增长速度进入换挡期、结构调整面临阵痛期、前期刺激政策处于消化期的"三期"叠加是当前中国经济的阶段性特征，也是中国经济在以后很长一段时期都要面临的新常态。新常态不仅表现为增速放缓，也表现为结构调整以及风险暴露，地方政府债务风险、影子银行风险、产能过剩风险、房地产泡沫破灭风险很可能随着经济减缓而显现。而且，自2013年以来我国的宏观经济进入增速放缓的下行阶段后，其不平衡性和脆弱性等弊端也进一步凸显，其中表现最为突出的就是"去化"风险，即"去杠杆""去产能""去泡沫"的风险。事实上，金融、实体、政府各个部门都面临较大的资产负债表压力，高债务杠杆模式已经变得不可持续，"去化"进程不可逆转。然而，"去化"风险如果处理不好，将汇集到金融体系，上述几种风险环环相扣，互为因果，最终会通过系统性金融风险表现出来。虽然中国整体的金融及银行体系仍很健康，但地方政府部门、部分银行体系、部分非金融部门的系统性金融风险正在累积和汇聚，特别是地方政府债务危机与银行业、金融业、资产市场联系紧密，地方政府部门的区域性、局部性金融风险完全可能转化成系统性金融风险，从而危及国家金融安全。

因此，金融风险与金融安全问题关系国家的政治经济稳定。当前，加强对系统性金融风险的认识、分析中国不同经济区域的金融安全影响因素、科学划分金融安全监管区域，对于更精准地维护国家金融安全，促进各地区经济与金融良性、健康发展具有重要的现实意义。

0.2 研究思路与方法

0.2.1 研究思路

对金融安全状态的研究是本书写作的出发点，传统金融危机理论和现代金融风险与金融安全状态监测预警实践共同构成了本书对中国金融安全问题的区域比较研究的理论基础与经验借鉴。本书把研究重点聚焦在中国金融安全状态监测、金融安全影响因素与金融安全综合指数合成的区域比较分析上。

本书的主体部分包含绪论和 8 个章节的内容。

绪论主要介绍选题的背景与意义、整体的研究思路与方法，以及研究可能的创新以及笔者认识到的研究不足。

第 1 章是文献综述。主要在梳理概括金融安全的概念界定、表现形式、影响因素、监测预警与区域比较的研究现状的基础上，对相关研究成果进行评述，并指明本书的研究方向。

第 2 章是金融安全中的金融加速器理论及影响因素的机理分析。本章通过对金融加速器理论的引入说明金融安全对一国金融发展的重要性。金融安全可以通过企业、银行及家庭全面影响一国的经济与金融状态。本章还通过理论分析证明了信贷规模、金融资产等宏观经济因素引发的金融安全脆弱性问题,并通过理论模型的参数模拟及中国市场的分地区数据分析验证了该理论同样适用于中国市场。

第3章是金融安全评估分析的宏观金融工程研究方法。本章具体阐述了本书将要使用到的资产负债表分析方法、或有权益资产负债表分析方法,以及风险指标法与宏观压力测试和敏感度分析法的基本原理。

第4章是中国经济与金融运行概况及区域差异分析。本章首先给出了分析框架中区域与部门的结构划分,其次按照东部、中部、西部、东北部四大经济区域的划分分析了当前中国经济与金融运行的概况,指出了中国金融发展的区域差异将长期存在,并给出了具体原因和统计上的证明。

第5章是中国金融安全区域比较的资产负债表分析。本章以资产负债表效应理论为基础,分区域编制中国东部、中部、西部和东北部账面资产负债表,利用资产负债表矩阵纵向分析各个区域的金融部门和企业部门的货币错配风险、期限错配风险、资本结构错配风险、清偿力风险等,并进行了区域间的横向比较。

第6章是中国金融安全区域比较的或有权益资产负债表分析。本章以或有权益理论为基础,分区域编制中国东部、中部、西部和东北部地区的或有权益资产负债表,通过纵向与横向比较,分析资产市值的波动、违约距离、违约概率和信用风险溢价变动情况,并分区域进行压力测试和敏感度分析。

第7章是中国区域金融安全的影响因素、综合指数合成与压力测试分析。本章基于中国区域数据,并综合考虑中国金融发展的实际,实证分析前文重点讨论的信贷规模、资产价格,以及房地产市场等重要宏观因子对中国金融安全的影响,构建区域金融安全综合指数,并进行相应的压力测试。

第8章是结论及政策建议。该部分主要对前文相关内容的研究结论进行系统的总结,并有针对性地提出相关的政策建议。其中部分针对中国东部、中部、西部和东北部地区今后金融发展和防范金融风险的政策建议,希望能为相关机构提供参考。

0.2.2 研究方法

本书采用的研究方法包括规范分析与实证分析、静态分析与动态分析、比较分析与归纳分析。

规范分析与实证分析是经济分析的基本方法和要求。规范分析主要用来确定金融安全状态优劣的标准，并用这些标准去衡量和评价一国或某区域的金融健康程度。实证分析是利用指标体系和计量的方法客观地描述和刻画一国或某区域的金融运行的实际状况。

静态分析与动态分析。静态分析强调对某一时点的状态的解剖，动态分析则是对事物发展过程的研究。本书对金融安全状态的分析既采用了时点数据，也采用了时序数据，并将两者尽可能地结合起来进行分析。在研究过程中，首先，使用资产负债表中的账面信息分别从货币错配风险、期限错配风险、资本结构错配风险及清偿力风险等几个方面对中国各地区的金融部门和企业部门整体的运行状况进行结构性风险分析。其次，鉴于资产负债表的资产负债结构只是对过去和现时状况的反映，而企业经营和金融机构的信贷是一个连续的过程，这种静态的分析存在局限性，远远不能满足未来风险防范的需求。因此，进一步利用金融工程方法，引入期权定价理论，利用上市企业和金融机构的股权市场价值编制或有权益资产负债表。再次，利用股权的市场价值及其波动率、无风险利率、违约距离，计算出资产的市场价值和波动率，并在此基础上求得主要经济部门的信用溢价和违约概率，从动态上衡量未来的金融风险和金融安全状态变化，以评估发生金融危机的概率大小。最后，基于以上分析，利用中国的省际面板数据，通过实证研究详细揭示信贷规模、资产价格、房地产市场等宏观因子对中国金融安全的影响，同时利用因子分析法编制动态的区域金融安全指数，确定对监管机构具有参考价值的金融安全"高""中""低"的界域。

比较分析与归纳分析。比较分析与归纳分析是社会科学中的重要研究方法，在本书中亦得到充分体现。首先，在对中国金融安全状态的监测中，通过比较分析东部、中部、西部和东北部地区的金融部门与企业部门存在的金融风险，归纳出不同区域共同的现实因素和监测指标。其次，通过对比不同可能因素对一国金融安全的影响程度，归纳出测度中国系统性金融风险的关联因素，并归纳合成金融安全综合指数，对系统性金融风险进行分区域压力测试。

0.3　研究创新与不足

本研究的创新点主要有以下四个方面。

首先，对金融安全的概念进行了重新区分和界定，解决了以前界定较为分散和狭义的问题，结合全球化背景和中国经济与金融发展的实际情况，对中国金融安全问题产生的现实因素和区域差异性等进行了细致的分析，使这一概念更符合当前我国金融发展不平衡的现实情况。

其次，从中国的东部、中部、西部和东北部四大经济区域出发，对中国金融安全状态进行横向比较分析，该研究视角在一定程度上既能够弥补前人仅从中国整体或单个区域（省域）分析的不完整性，又符合中国金融发展区域差异性的现实特征。

再次，将金融工程的期权定价理论引入中国金融安全状态监测的研究中，通过编制各区域金融部门和企业部门的资产负债表和或有权益资产负债表，分析各个区域经济部门的金融风险指标变化，并根据市场风险指标进行压力测试和敏感度测试，将金融安全的静态分析与动态分析相结合，丰富了中国金融安全状态监测的研究方法。

最后，在结合中国实际和前人研究基础上，重新考虑了金融安全影响因素和金融安全综合指数的合成，在系统性金融风险基础方程中引入贷款额和资产价格以及泡沫最容易依附的房地产载体进行理论假说验证，证实了其在中国市场的适用性；将金融安全的安全界域与不良贷款率联系在一起，并进一步通过金融风险压力测试以区域差异视角分析了各种关键因素对中国金融安全的不同冲击，即创新性地让估算出的这一金融安全界域不但随着时间做动态调整，并且也随着区域的不同表现出不同。

金融安全问题本身是一个相对前沿且内容复杂的研究课题，随着世界经济的发展和金融风险的变化，金融安全问题本身也会不断变化，因此尽管本书努力收集、概括和探讨与金融安全相关的前沿问题，但也不可能涵盖一切内容。由于笔者的学识和能力有限，本书尚存在以下三点不足，希望在以后的研究中能有所突破。

第一，影响金融安全的成因复杂，不仅包括正规金融还包括非正规金融以及近几年快速发展的互联网金融，由于缺乏相关数据，未能进行这方面的研究，是本书的一大缺憾。

第二，资产负债表与或有权益资产负债表方法本身具有局限性，并且不同企业的资产在流动性上存在一定的差异，但笔者在研究过程中无法获得所有企业部门数据，所以无法对所有企业部门的资产负债表与或有权益资产负债表进行分析。

第三，在对部门金融风险的分析中，由于公共部门和家庭部门数据的可获得性问题，本书并未对这两个部门的资产负债表进行分析，希冀今后能获得这两个部门的完整数据，开展进一步的分析，以弥补本书的缺憾。

第 1 章 文献综述

总结梳理已有的研究文献可以发现,人们对金融安全的认识及监管是随着金融环境的改变而改变的。伴随着各种金融危机的频繁爆发以及危机影响的日益扩大,金融安全问题已成为各国政府、学术界以及各个国际经济组织关注的焦点。迄今为止,国内外对金融安全及其状态监测的研究已经取得了一定的成果,本书将从金融安全的概念界定、表现形式、影响因素、监测与预警和区域比较五个方面对相关研究成果进行梳理和总结。

1.1 金融安全的概念界定

国家经济安全涉及一国经济的各个领域,包括资源安全、金融安全、产业安全和财政安全等。其中金融安全是核心,这是因为现代经济的资源配置、收入分配、商品交换都是通过货币来实现的,金融系统如果出现问题,对整个国家的经济体系、政治及其他领域都会造成严重的影响。从 20 世纪 80 年代至今,已经有 100 多个国家或地区发生过严重的金融危机,其中很多国家因金融危机造成的损失超过当年 GDP 的 10%,而且重大金融危机又能够在具有较强经济联系的国家和地区之间产生连锁反应。这些金融危机严重影响了危机发生国的国家经济安全,甚至因此导致了社会危机和政治危机。因此,很多国家开始关注金融安全问题,当前世界上几乎所有国家都开始将防范金融风险、保障金融安全列为维护一国经济安全的核心内容。

对金融安全概念的界定,可以追溯到马克思在《资本论》中深刻阐述过的金融体系的内在不稳定性,Veblen 在 20 世纪初对金融体系的不稳定性假说进行了论述。之后,Mishkin、Bernanke 等基于金融脆弱性理论论述了金融系统的不稳定性。20世纪80年代以来，墨西哥、东南亚、俄罗斯、南美洲以及美国的次贷危机更引发了各界对国家金融安全问题的关注。但国外学者始终没有对金融安全的内涵作过明确界定，在发达国家，所谓"金融安全"通常是指个人或家庭财务安全，主要是指避免过度负债而陷入财务困境的状态（张安军，2015）。影响金融运行的因素是多方面的，在金融全球化形势下更是如此。而且金融安全关系重大，对一国的经济乃至国家安全都有巨大的影响。国外学者通常都将金融安全放在国家安全战略和国家经济安全系统中来探讨。从现有资料看，国内学者是在东南亚金融危机爆发后，才开始广泛关注金融安全概念。正因为"金融安全"不纯粹是一个金融学或经济学的概念，而是包含多学科的综合性概念（叶莉、陈立文，2009），所以学者们对金融安全概念从各种不同的角度进行了多种理论界定。

早期，国内学者对金融安全概念的界定主要从金融实质角度[①]和国际关系学角度展开。第一，从金融实质角度界定金融安全概念的观点，认为金融安全就是货币资金融通的安全，凡是与货币流通以及信用直接相关的经济活动都属于金融安全的研究范畴，一国国际收支和资本流动的各个方面，无论是对外贸易，还是利用外商直接投资、借用外债等都属于金融安全的范畴，其状况直接影响着金融安全（王元龙，2004）。第二，从国际关系学角度定义金融安全概念的观点，认为仅从金融实质角度来定义金融安全过于简单，需要从国际关系学基本概念出发，结合经济学的思维方式来定义。这种观点认为金融安全是对"核心金融价值"的维护，包括维护价值的实际能力与对此能力的信心。"核心金融价值"是金融本身的"核心价值"，主要表现为金融财富安全，金融制度的维持，金融体系的稳定、正常运行与发展。各种经济问题首先在金融领域中积累，当金融体系无法容纳这些问题时，它们便剧烈地释放出来。金融安全是指一国或地区能够抵御内外冲击保持金融制度和金融体系正常运行与发展，即使受到冲击也能保持本国金融及经济不受重大损害，维护这种状态与能力和对这种状态与能力的信心与主观感觉，以及这种状态和能力所获得的政治、军事、经

[①] 金融实质指金融活动内在的、本质的特征和功能。

济的安全（梁勇，1999；雷家骕，2000）。之后，有学者（刘沛、卢文刚，2001）将这两种观点进行了综合，认为金融安全的核心应当属于金融学的范畴，但它的维护要涉及国际政治学和国际经济学的相关内容，提出金融安全是一国经济在独立发展道路上，金融运行的动态稳定状况，并在此基础上从七个方面对金融安全状态进行了说明。

随着金融全球化深化与金融理论研究的发展，国内学者们也对金融安全的概念界定作了进一步的细分，大致形成了以下几种观点。

第一，从经济全球化的角度来界定，金融安全是保护本国的金融市场免遭外国资本投机性冲击的损害（李翀，2003），或指一国或一定的经济区域在开放经济条件下金融体系的整体平稳运行和内部有效协调（方卫星、赵志刚，2000），防止金融乃至整个经济受到来自外部的冲击引发动荡，避免国民财富的大量损失（欧阳勇、严卫东，2002）。从一国所处的国际政治经济秩序和时代特征出发，金融安全是指在金融全球化过程中，一国在对现行国际秩序准确把握的基础上，积极主动地谋求国际体系中的话语权，金融规则的制定及国际机构中的表决权（秦娟等，2011）。在金融全球化条件下，金融安全指一国在其金融及对外交往中，依靠有效的调控体系和组织实现对金融风险的防范与控制，维护本国金融利益，确保金融体系、金融主权不受侵害，确保金融体系保持正常运行的一种态势与能力（叶莉、陈立文，2009；齐小东，2010）。

第二，从金融安全的基本要素和功能角度来界定，金融安全的基本要素是维护金融体系的安全与稳定、保护投资者和存款人利益、保持货币稳定（唐庆国，2002）。更宏观的角度应包括金融体系的安全、金融发展的安全以及金融自控权的不受侵犯（符莉，2002；李恒光，2002）。部分学者以金融功能的正常实现为特征，从微观、中观和宏观三个层次进行划分。从微观层面来说，金融安全是指大多数金融中介机构能够正常履行客户委托的资金划拨和不同货币形式、不同货币种类的转换等。从中观层面分析，金融安全是指金融中介机构交易服务、经纪功能、证券转换三大功能的正常运转。从宏观层面来看，若经济主体能够独立自主地制定、执行货币金融政策，国内金融体系能够保持稳定健康，经济保持正常运转，金融体系国际影响力在稳定的前提下不断提高，世界大多数国家对该国的金融实力预期良好、愿意接受该国金融企业的信用,那么这样一个国家的金融就是安全的(刘锡良等,2004)。

第三,从与金融风险大小和金融危机联系的角度来衡量金融安全,金融安全就是将金融风险控制在可能引致危机的临界点以下,在不致触发金融危机的条件下尽可能地降低金融风险、提高金融效率。金融安全是相对于金融风险和金融危机的特定状态,在该状态下金融运行有效率,金融风险处于金融危机的临界值之下,强调金融安全与风险、危机之间的内在关系(刘锡良等,2004)。对金融安全概念的界定离不开对金融风险、金融危机和金融稳定的内在联系的认识,金融危机是金融绝对不安全的一种极端状态,金融风险是必然存在于金融活动中的不确定性。在金融绝对安全时,出现金融危机的概率极小,这时金融风险也极小,反之金融在不安全状态下,出现危机的概率极高,风险也最大。所谓"金融安全"是指从"绝对安全状态"到危机爆发(绝对不安全状态)前夕的相对区间的状态(庞皓等,2009)。

第四,从金融主体及金融监管者的关系来界定,金融安全是一国遵循一定的规律和规则,通过政府部门的主导和支持、监管当局的监督调控与金融主体的自我调节,金融业保持较强的竞争力和防险、抗险能力,总体上处于稳健运行状态。金融安全机制是金融主体、监管当局以及政府三个基本部分的构造、功能、特性,依据规定、规则的匹配联动和有机结合(李怀珍,2000)。对于我国这样的金融转型国家,国家金融安全还存在更为复杂的内容,往往需要从一般均衡的角度加以认识(陆磊,2006)。

第五,从金融运行的动态稳定状况角度来界定,金融安全应当是一种动态均衡,有广义和狭义之分。广义主要是指在拥有国家主权的前提下,经济和金融领域的动态均衡,狭义主要是指金融和货币领域的动态均衡状态,强调了一种动态的金融发展态势,包括对大的经济体制、结构调整变化的动态适应(刘沛、卢文刚,2001)。这种动态安全表现为在金融国际化进程不断推进的过程中,金融体系的风险承载力不但能应对系统自身内部风险的集聚,还足以抵御来自国际金融领域的外部冲击,而非"静态"安全(吴婷婷,2011)。金融安全状态依存于金融安全主体,使之成功保持抵御威胁与风险的状态(顾海兵等,2012)。金融安全本质上是一种风险合理可控态势，是一种动态发展的安全，包括风险的合理范围、可控范围标准随着一国金融体系发展阶段不同而发生变化（张安军，2015）。

从以上国内外学者对金融安全问题的研究资料来看，国外学者对金融安全概念的界定更多的是从金融安全的反面，即从金融不安全的极端状态金融危机角度进行论述的。而国内理论界大多会对金融安全进行直接定义，然而不同定义所考虑的角度不同，到目前为止，对金融安全的内涵尚无定论。本书认为，国内外理论界对金融安全含义的不同界定各有千秋，对进一步认识金融安全问题或金融危机的形成机制以及后续监测与预警方法的选择均具有意义。因此，对金融安全概念的界定可从以下三个方面进行归纳。

第一，金融安全概念的提出是有其历史条件的。1997年亚洲金融危机爆发后，对金融安全的研究从经济安全的研究中凸显出来，并随着世界经济一体化的发展成为全球性的研究课题。可见，金融安全理论是金融全球化发展的产物，是为了适应经济全球化所带来的负面影响应运而生的。因此，在考虑金融安全的概念界定时，决不能脱离经济全球化、金融全球化的大环境，需将一国金融安全放在国际关系的格局中进行考虑。在经济全球化与金融一体化的今天，一国金融安全问题的产生，不仅来自国内经济与金融体系内在风险因素，更来自国外威胁与冲击所带来的不安全因素。

第二，经济安全视角下的金融安全。金融安全不仅是单个金融机构活动或是某个金融交易市场的安全，更是整个金融体系的安全。金融体系安全则包含金融机构、其他金融市场参与者、金融运行制度以及金融生态环境等在内的宏观范畴。单独研究金融安全，则仅关注金融内部变量变化对金融系统自身安全性的影响。而经济安全视角下的金融安全不仅要研究金融系统如何通过自身的内在机制相互作用，使自身的安全性免受威胁与影响，还要关注外部的各种直接或间接的冲击引发的经济安全系统中的金融系统内部运行的风险和金融安全问题，即要关注金融系统与国家经济安全之间的动态运动。本研究所指的金融安全主要是经济安全视角下的金融安全，主要分析经济因素，包括地区发展差异、资本市场结构、信贷规模、证券市场、房地产市场、对外贸易、金融发展水平、消费与经济发展水平等对国家金融安全造成的影响。

第三，金融安全既是一种状态，也是一种能力。一方面，金融安全表现为一种状态，是从绝对安全状态到绝对不安全状态，即金融危机爆发前夕的相对区间的状态。金融绝对安全和金融危机只是两种极端的状态，也就是说金融安全实际上存在一个程度大小的问题，这种状态或金融安全程度是可以通过统计方法去度量的，从统计角度看，金融安全可定义为金融危机发生概率的大小。另一方面，金融安全也表现为如何去维持金融系统平稳运行，应对外来威胁与冲击，即保持金融系统健康运行状态的能力，这种维持能力和应对能力是一种根据内外部经济与金融风险因素不同而作出积极动态调整的能力，是一种动态的安全。

1.2 金融安全的表现形式

由于金融安全是亚洲金融危机以后出现的新概念（刘沛、卢文刚，2001），对于金融安全的表现形式即金融安全类型的划分是建立在对金融危机类型划分的基础上的。国外的相关研究并没有对金融安全进行直接的表述和衡量，而是结合各种类型金融危机的外在表现及其反应进行间接划分。国际货币基金组织（IMF）在1998年5月出版的《世界经济展望》中指出，金融危机按表现形式可分为不同类型，主要类型有货币危机、银行危机、外国债务危机和系统性（综合性）危机。更细致的分类中还包括证券市场危机、金融衍生品市场危机。与国外研究相比，国内不少学者则从不同角度对金融安全的表现形式进行了具体分类，发表了大量富有启发性的观点，主要从时间维度、内在逻辑层次以及金融安全的业务问题等方面进行划分。

从时间维度划分，随着时间推移与金融发展形势变化，不同时期金融安全的影响因素必然会有所变化，因此从理论上可以将金融安全划分为短期金融安全、中期金融安全和长期金融安全（汤凌霄等，2009；张安军，2015）。短期金融安全主要考察1~3年内那些可以迅速传导至国内的外部冲击因素带来的或是国内那些可控性较差的、存在严重缺陷的行业和领域所面临的金融风险问题。中期金融安全主要是考察3~8年内现有总体金融体制与法律框架下，利率、汇率、金融市场、重要金融机构等在国际市场中各种现实的或潜在的金融风险冲击威胁下所面临的金融风险问题。长期金融安全主要考察 8 年以上时期国家金融体系在金融体制设计、法律法规安排以及一些影响国家中长期发展的重要金融问题战略设计安排上所面临的现实或潜在的金融风险问题。

从逻辑层次划分，国家金融体系安全可以分为宏观层面的金融安全、中观层面的金融安全与微观层面的金融安全（刘锡良等，2004；庞皓等，2009；叶永刚，2011；张安军，2015）。宏观金融安全主要指金融风险的影响范围波及整个国家金融市场或金融体系，金融风险程度影响到国家金融主权的独立性与金融系统健康稳定性，从而威胁国家金融的安全性。中观金融安全主要包括区域金融安全与产业金融安全，分别从国民经济的区域视角与产业视角来划分。微观金融安全主要指企业等金融机构的金融安全。当金融机构受系统性或非系统性金融风险影响，生存发展受到威胁时，金融机构就面临金融安全问题。

从业务内容划分，国家金融安全可以分为利率安全、汇率安全、金融机构安全和金融体制安全等（符莉，2002；李恒光，2002；刘锡良等，2004；汤凌霄等，2009；张安军，2015）。利率安全主要考察国内外各种不确定性风险因素影响金融市场利率变化，从而使金融市场上的主体遭受现实或潜在损失而带来的金融安全问题。汇率安全是指因国内外各种不确定性因素，如国际收支变动、国际游资冲击、内外利差变化、通货膨胀因素以及国内外政局变动等非经济因素所导致的本国汇率在短期内发生较大幅度波动所带来的金融安全问题。金融机构安全是指各金融机构在经营过程中外部系统性因素或自身的非系统性因素，如资产流动性、营利性、不良贷款、资本充足率等面临风险遭受损失甚至破产倒闭而带来的金融安全问题。金融体制安全是指相对本国经济与金融体系发展阶段而言，金融体制设计中存在的不合理、不健全因素，在金融全球化背景下易遭受现实或潜在金融风险冲击威胁而带来的金融安全问题。

此外，还有学者从安全程度出发将金融安全分为安全、较安全、轻度不安全、不安全、危机等。有学者从金融安全的影响因素将其分为内生金融安全和外生金融安全。有学者从金融安全的形态将其分为隐性金融安全和显性金融安全等（汤凌霄等，2009；庞皓等，2009）。

1.3 金融安全的影响因素

金融危机理论模型的发展已经经历了四代，每一代新模型的提出，不仅给已经发生的金融不安全事实提供了解释，而且也提出了影响金融安全的种种新原因。本书先从金融危机理论模型回顾和实证检验的角度去归纳国外学者提出的金融安全影响因素，然后对国内关于中国金融安全影响因素的文献进行归纳。

（一）金融危机理论模型中的金融安全影响因素

20世纪70年代末80年代初发展中国家（墨西哥、阿根廷等）所发生的一系列金融危机引起了理论界重视。Krugman（1979）提出了第一代危机模型，认为危机的出现与经济基本面的恶化是分不开的，由此，实际利率、贸易或经常性账户余额、实际工资水平、预期的变化以及本国利率水平、本国经济增长是否健康等基本面因素都是影响金融安全的主要因素。第二代危机模型主要是受1992~1993年欧洲货币体系崩溃引发系列金融危机的激发而产生。许多研究者如 Obstfeld 等（1995）、Drazen 和 Masson（1994）、Milesi-Ferretti 和 Razin（1998）等对 Krugman 的模型进行了扩展，认为经济基本面的优良也并不必然预示不会有危机发生，国内利率水平、交易者预期以及就业、价格水平、国际收支情况、财政情况、国内政治环境等一系列影响政府决策目标函数的其他因素，均可以成为影响金融安全的重要因素。1997年亚洲金融危机的爆发再一次对第一代和第二代模型的货币危机解释力提出了挑战，理论模型的研究焦点放在了银行面临的道德风险与信息不对称造成的危机分析上，如 McKinnon 和 Pill（1998）、Corsetti 等（1998）、Chang 和 Velasco（1998）。因此，微观机构的安全情况、投资者的信心、银行的挤兑、金融自由化程度、国家金融结构与金融制度、道德风险、国家的信用环境、经济环境、外在的资本冲击、传染效应以及国际金融环境等因素均成了分析金融安全的影响因素。第四代危机理论是 Krugman（1999）和 Aghion（2002）在已有的三代成熟货币危机模型上建立起来的。该模型将资产价格作为分析的起点与核心，如果本国企业部门的外债水平越高，资产负债表效应越大，经济出现危机的可能性就越大，因此需将一国及其各部门的资产负债表情况作为一项重要金融安全影响因素。

上述四代理论模型主要针对的是影响货币危机的因素。但是除以上主流的理论模型之外，其他单独讨论银行危机、外债安全、债务危机以及系统性危机传递机制等方面的影响因素研究也层出不穷。例如，Friedman和Schwartz（1986）提出货币政策的失误可以使一些轻微的局部的金融问题，通过加剧银行恐慌演变为剧烈的全面的金融动荡；Minsky（1982）对金融内在脆弱性进行了系统分析，提出了"金融不稳定假说"，金融内在不稳定性使得金融本身也是金融危机产生的一个重要原因；Tobin（1982）、Casky和Fazzari（1989）、Wolfson（1996）等在Fisher的"债务—通货紧缩理论"的基础上进一步发展了银行危机理论；Eaton和Fernandez（1995）认为流动性因素与政府偿债意愿也是影响债务危机发生的重要原因；Hemming和Petrie（2000）、Hemming和Kell（2001）等分别从国家财政平衡情况、债务拖欠的成本、政府偿债资产的流动性、经济增长、国际贸易情况、国际经济环境、政治状况等因素出发对债务危机进行理论分析；从90年代开始，国外学者开始对系统性金融风险的成因进行研究，如Kwan和Eisenbeis（1995）、Kaufman（1996）、Kwan和Eisenbeis（1997）、Davis（1998）、Kindleberger和Aliber（1978）、Obstfeld和Taylor（1997）等，他们从银行体系特有的资产负债错配性、信贷业务的顺周期性、信息不对称理论出发，并从道德风险和逆向选择导致风险累积、外部冲击加之内部脆弱性、高负债银行面对突发事件引起挤兑等不同角度探讨了系统性金融风险的产生因素。

（二）实证检验研究中的金融安全影响因素

依据不同的理论模型和研究视角，学者们对理论探讨中所得到的影响金融安全的各种因素进行了广泛的实证检验，为进一步准确预测金融安全状态的变化提供了有效手段。

有关金融安全影响因素的实证研究可谓汗牛充栋，本研究将对国外重要学者具有开创性的文献进行简略整理和说明。Kaminsky和Reinhart

(1996) 的 KLR 模型将金融安全的影响因素归纳为六个类别，即外部因素、国内金融部门因素、实体经济部门因素、公共财政因素、制度与经济结构因素以及政治因素。Frankel 和 Rose (1996) 在其提出的 FR 模型中，选取了债务情况、对外情况、经济因素、外部利率等四大类别的 15 个指标。Sachs 和 Warner (1997) 提出的 STV 模型包括的主要指标有信贷总量的扩张、货币供应量（M_2）外汇储备、危机指数、经常账户余额、总投资与总储蓄、政府支出、外部资本流入、短期资本流入等。Demirgüç-Kunt 和 Detragiache (1998，2002) 在 D-K-D 模型中将影响银行安全的因素区分为宏观经济基本面因素、金融体系内部因素以及制度因素三个方面。Gonzalez-Hermosillo (1996) 将银行系统安全的影响因素归纳为单个银行的脆弱程度、金融自由化程度与金融制度、外部的金融冲击、汇率机制、银行资本结构与所有制、经济基本面是否健康合理、政治体制因素等。对于债务安全的影响因素，Roubini (2001) 对 GDP 的增长速度、出口总量、国家税收总量等因素进行了分析；Catão 和 Sutton (2002) 选择了很多宏观经济基本面因素的变动与波动率进行实证分析，较为显著的变量包括：贸易的波动、财政货币政策的变化、汇率政策的变化；Roubini 和 Setser (2004) 使用短期债务超过外汇储备的程度、M_2 超过外汇储备的程度、外债的利息负担、外部的金融债务净额等因素衡量流动性债务危机。

（三）国内学者关于中国金融安全影响因素的研究综述

国外文献中无论是理论模型还是实证检验都已清楚说明，影响金融系统安全的因素是多方面的，它们相互交错产生作用。然而对于中国，不仅没有相对成熟的危机理论模型，真正意义上的金融危机样本也少见。因此，国内学者对金融安全的研究是从 1997 年亚洲金融危机之后才开始，自 2007 年美国次贷危机后，又立足中国实际出现了大量文献，比较有代表性的观点如下。

姜洪和焦津强（1999）指出，真正对国家金融安全产生直接而重大影响的是外债与国际储备之间的比例关系，特别是国际储备与外债总额之间的比例、当年还本付息与国际储备之间的比例、短期外债和国际储备之间的比例三个指标。林伯强（2002）认为，偿债率、投资与 GDP 的比率、外债与外汇储备的比率、通货膨胀率、进口与外汇储备比率五个指标是中国外债安全的主要影响因素。王元龙（2004）认为国际经济与金融环境、金融调控的直接作用力、金融市场的负面影响、利率环境和一些行业的过度投资会对银行资产质量构成负面影响，影响一国金融安全。

沈悦等（2007）根据2006年IMF提出的39个影响金融安全的指标提炼出影响中国金融安全的因素。彭兴韵和何海峰（2008）认为国民债务安全指标、金融开放度、金融机构健全指标和宏观经济指标应作为评价中国金融安全的基本依据。庞皓等（2009）结合已有的研究成果，将中国金融安全影响因素区分为内部因素与外部因素两个方面，外部因素主要包括经济基本面因素、预期因素以及传染效应三个方面，内部因素分为内部微观因素、金融制度安全等。汤凌霄等（2009）将影响因素分为国内因素和国际因素，认为宏观经济环境、金融机构的资产负债结构、金融体系的脆弱性、金融市场发育程度和市场体系功能、金融市场的外部效应是影响中国金融安全的国内因素；世界经济与金融发展的不平衡、国际金融体系的缺陷和无序运行、金融霸权的干扰和金融全球化的无序推进、国际游资的投机活动等国际因素也会危害中国金融安全。赵宗博（2009）从货币制度、银行体系和外债市场三个影响因素分析了中国金融安全状态。聂富强等（2011）认为经济基本面情况与金融安全状态的变化有紧密联系，它包括宏观经济运行情况、国内信贷情况、对外负债情况、对外开放程度四个方面。何德旭等（2014）认为金融安全是一个庞大而复杂的系统，国内外各种经济、社会和政治影响因素综合作用，在宏观层面上主要考察了宏观经济对金融系统的动力与压力；在中观层面上主要考察了反映金融市场供求状况的资金价格和风险因素；在微观层面上主要考察了我国金融机构的资产质量状况，其优劣程度直接影响我国抵御外在恶性冲击的能力；此外他也进一步强调国际经济环境对中国金融安全的影响不容忽视。

2014年5月，习近平在考察河南时首次以"新常态"描述新周期中的中国经济，中国经济也由此进入转型关键期，意味着新常态化过程中可能伴生的新矛盾和新风险必会成为影响中国金融安全的重要因素。曹胜亮（2014）分析了新常态下加快金融开放步伐对金融安全提出的新挑战。肖斌卿等（2015）特别强调了当前我国影子银行体系对金融安全的影响。张安军（2015）探讨了一国金融安全的内源性风险和外源性风险影响因素。魏加宁和杨坤（2016）分析了当前中国经济下行，如房地产泡沫破裂风险、产能过剩加剧风险、地方政府债务风险、通货紧缩风险等对中国金融安全带来的影响。梁永礼（2016）考察了我国经济发展进入新常态以来中国金融安全状况的变化和面临的新风险因素，如影子银行、地方债等。王娟（2017）系统探讨了经济新常态下货币政策对金融安全的影响，研究发现经济新常态下中国的货币政策环境呈现开放程度不断提高、金融市场加速转型和人民币国际化进程加快等特征，这些特征使得我国金融安全既面临国际协调困难、中介目标失灵和外部冲击增大的巨大挑战，又面临能够同时实现内外部双重均衡的历史性机遇。吴志敏（2017）认为对于我国金融市场来说，当前缺乏的正是稳定性，行业、证券业、保险业等都处于转型发展期，信贷危机、股市风险频发，给金融安全带来较为严重的隐患。李扬和张东阳（2017）特别强调了人民币国际化进程中出现的各种金融风险。万喆（2017）提出"一带一路"建设在保障国家金融安全的同时，也会因不确定性带来政治风险、市场风险、融通风险和错配风险等。

1.4　金融安全监测与预警

若以 Kaminsky 和 Reinhart（1996）的经典论文为分界，1997 年以后的金融危机预警研究，主要是对影响因素分析模型的改进和拓展。与以前的研究相比，在危机界定范围方面和金融安全指标选取的覆盖范围方面有新的发展，风险监测与金融安全预警模型选用的计量经济工具和统计技术也有了明显的飞跃。因此，本书就 1997 年之后国内外学者对金融安全状态的监测与预警研究进行评述。

金融安全预警系统（financial security early-warning system）在国外的研究中又称为金融危机预警系统或早期预警系统，即 early-warning system，或简称为 EWS。EWS 由关于金融危机种类的精确定义和生成各种金融危机预测的机理过程组成。关于 EWS 的研究主要集中于金融危机事件的原因、影响以及政策含义等方面，从理论和实证两个方面去分析金融危机产生的原因以及如何进行预测（庞皓等，2009）。各国学者积极探索金融危机的形成机理，寻找金融危机的诱发因素，形成了一些较为成熟的危机理论，并涌现了许多有效的危机预警模型与方法。但是由于金融安全的相关研究比较多样，各个国家所研究的时期有差异，以及各国宏观经济与金融环境存在差别，各种影响金融安全因素的作用机制又是在不断变化的，所以在金融安全状态指标体系的构建、影响因素的判断、金融危机预警机制以及金融安全预警方法等方面还未形成共识。

在危机界定范围方面，对单个银行的危机、金融系统的危机、国家债务危机、系统性金融风险以及金融危机传染等方面的讨论发展较快。代表性的研究有：Burkart 和 Coudert（2000）运用专家评判法进行的危机界定与原有界定的比较研究；Ghosh 等（2003）引入货币危机深度测评的危机识别方法对货币危机的界定研究；Zhang（2001）的研究采用了单一指标判断再综合判断的识别方式，包括选用汇率、外汇储备、国内利率等变量，认为只要有一个变量超出临界水平则表明发生了危机。

从金融安全预警指标的选择与覆盖的范围上看，不仅更多的因素和指标被纳入研究的范围中，而且由于新的金融危机现象与相应理论不断出现，原有因素的影响机制缺乏稳定性，原有指标在新的国家、新的危机问题以及新的时间段上也在不断地被检验。在 Kaminsky（1997）的 KLR 信号分析法中，共选择了 15 个指标[①]，并将这些预警指标发出的信号数进行简单加总，构成了一个复合的指标体系。Poghosyan 和 Cihak（2009）采用了 1996~2008 年的银行危机样本，建立了一个以 Logistic 回归为基础的早期预警模型，发现净资产占总资产比率、贷款损失准备金占贷款总额比率、资产收益率、总利息支出占总存款比率、批发融资占负债的份额、反映银行传染效应的指标以及银行股票价格的预测效果较好。KLR 信号分析法之后出现了一系列改进方法。如 Berg 和 Pattillo（1999）把 Frankel 和 Rose（1996）的 FR 模型所用的样本国家的数据进行了拓展，用储备/M_2 代替了储备/出口，并引进了经济开放度指标——进出口总额/GDP 作为解

[①] 包括国际储备、进口、出口、贸易条件、实际汇率对一般趋势的偏离、国际和国内实际的存款利率差别、"过剩"的实际 M_1 的差额、M_2 乘数、国内信贷对 GDP 的比率、实际存款利率、名义借款利率和存款利率之比、商业银行存款、广义货币与国际储备的比率、产出指数和股票指数。

释变量。为解决 KLR 信号分析法和 FR 模型可供分析的解释变量太多，不可能全部考虑的缺陷，Sachs（2000）的 STV 方法集中分析起因类似的一组危机，同时主要分析对危机原因至关重要的一些变量（实际汇率贬值幅度、私人贷款的增长率、储备率等），STV 模型对于关键变量的引入值得我们借鉴。

在金融安全预警模型方法技术方面，各种新的统计学方法和计量经济学的分析工具被不断应用于金融危机的预警模型之中，为预警模型的发展带来了新的变化。具体而言，从方法技术上，新金融危机预警模型主要分为两类。一类研究主要是继续沿用以前的受限变量模型与 KLR 的信号分析法这两类标准模型的思路和形式，但是在方法应用的方式和范围等方面进行了创新，表现出了两种方法结合利用的特点，如 Berg 和 Pattillo（1999），Caramazza 等（2000），Kamin 等（2001），Edison 和 Reinhart（2000），Weller（2001），Ganesh-Kumar 等（2002），Mulder 等（2002），Berg 等（2004），Bussière 和 Fratzscher（2004）的研究。另一类研究则主要是结合危机理论的发展，使用新的计量经济分析工具对金融危机预警指标进行重新解读。如 Nag 和 Mitra（1999）使用人工神经网络模型进行的货币危机预警研究；Collins 和 Baker（2001）使用潜在变量门限回归模型进行的分析；Schumacher 和 Bléjer（1998）使用 VAR（向量自回归）模型对中央银行进行的压力测试和金融安全分析；Vlaar（2000）使用双正态混合模型对货币危机与银行危机进行的分析；Krkoška（2001）采用带有约束的 VAR 模型对金融安全进行的评价；Abiad（2003）的变概率的体制转换模型，Berg 等（2004）的多水平受限模型；Bussière 和 Schnatz（2007）基于面板数据的动态离散选择模型对新兴市场国家的货币危机预警指标、预警时间与预警能力进行的检验；Davis 和 Karim（2008）选定 105 个国家的样本数据，使用对数回归和双叉树两种方法建立的模型。

20 世纪 90 年代以来金融安全与 EWS 研究大量涌现。一方面，伴随着计量经济学的发展，EWS 所使用的方法也在不断翻新。另一方面，不同方法与样本选择乃至预警窗口设定等相互搭配，更进一步增加了相关研究的数量。EWS 研究从单一的金融危机研究逐步向不同危机类型的分类研究过渡，与人们对于危机认识的逐步深入过程是相伴随的，但不同危机早期预警模型在指标选择上却又趋于一致。这既与不同危机类型相互转换与传递的机理相符合，同时也受到统计数据可得性的限制。另外，不同方法也并未和相应的危机类型进行捆绑，体现出的是一种普适性。总体而言，EWS模型研究还处于发展的初期阶段。"在担心早期预警模型的成功会导致其终结之前，我们也许还有很长的路要走。"（亚洲开发银行，2009）

1.5 金融安全的区域比较

金融安全的区域比较研究具有很强的中国特色。国外学者对金融发展的区域比较研究主要集中于超国界大区划的金融活动和微观层面金融发展模型的实证检验。国外的研究虽然给本研究提供了很多启发，然而其研究对象的跨国界特性并不符合我国行政性区域经济与金融差异化发展的基本国情。因此，对金融安全的区域比较主要以本国学者的研究内容为对象进行综合分析与评述。

区域金融属于中观层面的金融体系，区域金融风险则是一种不同于宏观金融风险和微观金融风险的中观尺度的金融风险。中观尺度的区域金融风险是指国内某个经济区域内金融体系面临的金融风险，主要是由个别或部分机构的微观金融风险在区域内传播、扩散引起的，或者其他经济联系密切的区域金融风险向本区域传播、扩散引起的关联性金融风险，当然也可能是由宏观金融风险在本区域内传播引起的（孙清、蔡则祥，2008）。本书主要从区域金融风险的形成机理、区域金融风险的传递与传染性、区域金融风险的监控三个方面对区域金融安全的相关研究成果进行总结。

从区域金融风险的形成机理看，区域金融风险是由多种因素所构成的环境条件总和，它们对某一区域的金融机构的经营行为与效果、金融市场与金融活动的安全稳定运作有着各种各样的牵制和影响。这些因素的不同作用强度和"贡献率"，实质上就是研究和评估区域金融风险与安全状况的主要内容（孙清、蔡则祥，2008）。于尚艳（2008）将区域金融风险的具体成因划分为宏观因素、中观因素和微观因素，宏观因素包括一国的宏观金融政策、金融开放程度和金融监管制度的健全性；中观因素包括地方政府的经济决策以及对当地金融活动的干预，还有区域间大规模的、频繁的资金流动以及由此形成的债务链条；微观因素包括区域金融产业的内控机制、金融市场健全性、金融产业资产质量以及金融产业人力资源条件等。张汉飞（2010）提出了在全球化、网络化、信息化背景下金融空间系统呈现主流金融空间重新调整，空间等级化特征显著，另类金融空间出现等新的差异化发展趋势。这些区域金融空间差异新变化是金融不安全的重要致因。此外，他通过我国东、西部地区经济的现实特点和经济发展差异来说明我国金融运行的区域性差异必然导致金融风险累积程度的差异，从而危害地方金融体系的稳定、有序和规范运行。吴志明和王大生（2010）从地方政府角度去分析区域金融安全，认为地方政府既是区域金融安全问题的"系铃人"，也是维护地方金融安全、稳定运行的"解铃人"，从直接影响和间接影响两方面进行了说明。俞树毅和袁治伟（2012）主要从七个方面来阐述区域金融风险的生成机理：脆弱的实体经济结构、经济周期性波动、金融创新、政府行为、集团客户的关联交易、市场信心变化以及政策调整形成的短期影响。张宝林和潘焕学（2013）以及何德旭等（2014）学者深入而系统地分析了影子银行体系通过信用创造、抵押品渠道、资产替代渠道和风险传染渠道等引起区域金融风险的理论机制。薛晴和刘湘勤（2014）指出资源富集地区的民间金融风险的爆发会对当地正规金融和实体经济产生较大冲击，从而影响当地金融活动的稳定运行，带来区域金融风险。

从区域金融风险的传递与传染性方面看，国内学者多从区域内的公共部门、金融部门和企业部门之间的联系来分析金融风险是如何在某一区域内传递或传染的。宋凌峰和叶永刚（2011）基于部门结构对区域金融风险的性质和传递进行分析。通过构造部门风险指标来度量中国内地31个省（区、市）的部门金融风险，并采用面板数据模型进行实证研究。研究表明在区域金融风险构成中，企业部门和公共部门是主要风险来源，并进一步向金融部门传递和累积。区域金融风险传递机制的研究首先依赖于由公共部门、金融部门和企业部门构成的部门结构。以部门结构为基础分析单个部门的脆弱性和部门间的风险传递路径。然后构造反映部门特征的风险指标来刻画部门的金融风险（宋凌峰、叶永刚，2011）。吕勇斌和陈自雅（2014）在宋凌峰研究的基础上，使用空间分析法（探索性空间数据分析和证实性空间数据分析）建立空间计量模型，分析 2005~2012 年 31 个省（区、市）数据，印证了省级区域金融风险存在"政府—银行"和"企业—银行"的部门间传递路径。曹源芳和蔡则祥（2013）将资本市场银行日收益率指标作为金融风险的代理变量，运用 Granger 因果关系和脉冲响应函数实证检验了金融风险在国内各区域传染效应的存在。此外，他还运用 VAR 模型，分析资本市场在不同区域银行波动性的因果关系变化，以及被传染银行对其他银行风险冲击响应的变化，检验了金融风险在国内各区域之间的传染效应。

从区域金融风险监控研究上看，区域金融风险是区域金融产业成长的天然伴生物，宋凌峰和叶永刚（2011）提出要通过财税体制的改革和对地方政府投资行为的约束来改善公共部门的财政缺口，进而改变地方政府风险向金融部门传递以及金融部门风险过度累积的状况。对于地方民间金融风险的监管，薛晴和刘湘勤（2014）认为应加强地方政府系统性政策规划，提升民间金融发展的内涵和质量，具体可以采取鼓励民间资本参与地方金融机构改革、培育民间资本参与的新型区域性金融市场、吸引民间资本参与组建产业投资基金和风险投资基金等治理措施。何德旭（2015）从几个方面阐述了防范区域性金融风险的措施，如深化金融改革、强化地方政府责任、加强微观审慎监管、强化重点领域监控以及强化信息披露制度。吴志明和王大生（2010）特别强调了地方政府的"解铃人"职能，要转变地方政府职能，以维护债权为中心完善当地的法律和制度环境，改善区域信用环境等。张强和吴敏（2013）则强调了加快制度建设和完善市场的紧迫性，构建逆周期的金融宏观审慎管理制度框架，强化宏观审慎管理和微观审慎监管的协调配合，建立规范地方政府的债务管理机制和防范财政金融风险的长效机制，统筹推进金融创新与金融监管等。张汉飞（2010）则是在金融空间结构差异化必然导致区域金融风险累积论的基础上提出应重点从以下几方面来应对空间差异新变化：提高区域金融安全的战略地位、制定区域金融协调发展总体规划、健全区域金融安全监督决策机构、建立区域金融安全预警体系、实施适度差异化的区域金融政策。

目前，国内金融管理当局对我国区域金融安全研究比较少。相对而言，专家学者对此关注要多一些，但在监测模型方法的选取上，学者之间的看法也存在较大争议。从研究所采用的方法来看，主要可以分为参数类和非参数类两类方法，但这两类方法在现实运用当中也存在较多的问题与局限。

采用参数类方法进行金融安全监测的学者大多是基于 Frankel 和 Rose 等人建立的单位概率模型及单位对数模型（以下简称 FR）进行研究的。在我国早期金融监测研究当中采用参数法的文献较多，如林伯强（2002）、赵大坤（2005）等，其中多元累计模型、人工神经网络（ANN）、Logit/Probit 模型都是经常采用的模型。在区域金融风险及安全监测研究上，纪家琪（2004）针对地方金融风险横向监测选择 ANN 方法，在分析影响地方金融风险发展水平的各种先行指标基础上根据 ANN 原理确定了神经网络结构和论域。近年来，VAR（向量自回归）模型也越来越被国内学者用于区域金融风险监测和安全监测机制研究。VAR 模型是基于数据的统计性质建立模型，把系统中每一个内生变量作为系统中所有内生变量的滞后值的函数来构造模型，从而将单变量自回归模型推广到由多元时间序列变量组成的向量自回归模型。贾拓等（2012）以金融压力指数作为模型的因变量，以监测指标体系作为自变量，利用 MS-VAR 模型构造金融监测模型，对区域金融风险的历史进行刻画，并进一步通过因子分析方法将宏观经济与金融、地区经济和地区金融三个子系统的监测指标合成金融脆弱性指数。张宝林和潘焕学（2013）从影子银行体系创造信用的角度来说明，我国房地产泡沫的原因是投入房地产领域中的资金过多所致，而影子银行体系则是其资金供给的主力渠道。他们的实证研究表明，从长期来看影子银行融资对房地产价格上涨具有显著影响，即影子银行融资增长与房价之间存在格兰杰因果关系。在其后续的研究中，他还进一步证明房地产泡沫不但是区域系统性金融风险增加的原因，而且对当期的区域系统性金融风险增加具有显著正向影响。日本 20 世纪八九十年代股市泡沫引发的金融危机与 2008 年美国次贷危机引发的全球性金融危机都与房地产市场不无关系，因而在本书的研究中我们也对房地产市场做了特别关注。

随着金融监测研究的深入，许多学者和机构逐渐发现使用模型非参数类方法（如指标监测法）来分析我国的金融安全监测问题具有较好的效果。纪家琪（2004）通过金融风险先行指标的设计和选取，构建了一个评估地方金融风险的指标体系，然后基于多目标多层次模糊综合评价理论、主成分分析法、聚类分析法建立了三个地方金融风险评价模型，对评级结果进行了交叉印证。这三个模型互有优缺，相互补充、相互配合，从而使其评价结果更客观、科学、公正，更具说服力。汪祖杰和吴江（2006）以及谭中明（2010）使用指标法，构建区域金融安全计量模型，赋予区域金融安全指标不同权重并进行综合分析，确定了相应的临界值和风险监测区间，采用主客观综合赋权方法确定了各指标的组合权重，构造了区域金融风险监测指标体系的综合度量模型，分别对苏州不同时段的区域金融体系安全度、宏观经济运行安全度和金融生态环境安全度进行了实证分析。金融压力指数法是近几年国内学者在衡量金融安全状态时普遍使用的分析方法。该方法最早由加拿大银行家 Illing 和 liu（2003）提出，对很少或没有发生过银行危机的国家建立金融风险监测指标体系，以金融压力指数为衡量系统性金融风险程度的变量（被解释变量），以其他金融风险先导指标为系统性金融风险的监测指标（解释变量），并检验监测指标对金融压力指数影响的显著程度，从而确立最终的金融风险监测指标体系（胡海峰、代松，2012）。如张瑾（2012）从区域系统性的成因出发，选取12项指标汇总合成衡量金融风险大小的季度金融压力指数，并借鉴现有理论研究和相关监测标准对指标体系进行压力指数的量化，通过设定最优值和监测值，运用转换函数来衡量指标反映的压力大小，以上海市 2005~2011 年的季度数据为样本，计算了各期区域系统性金融风险压力指数。

无论是参数类还是非参数类方法，都是对金融危机的事后检验，多采用事后概率的指导思想，即利用金融危机发生国的数据开发指标体系构建 EWS 模型，借此对其他区域进行监测分析，并没有采纳贝叶斯（Bayes）事前概率的思路，直接挖掘没有发生金融危机国家的事前信息，特别是一国金融体系对金融危机的免疫和传染性方面的信息，因而在监测警讯有效性与可靠性方面存在这样或那样的局限。我国学者在构建区域金融安全监测机制时通常或是采用国际通用标准，或是直接简单照搬国外已有的监测方法和指标体系，选取的监测指标和监测阈值随意性很强，选取方法较为单一。

本书在研究过程中广泛汲取了学者们之前的研究观点与较为成熟的研

究方法，基于中国金融发展事实，将复杂的金融安全问题聚焦于若干关键性指标，基于一定的模型设定，尽可能使用以参数分析为主的方法，既通过静态分析对各个区域的金融安全进行深入比较，也通过动态分析获取各个区域金融安全的变化特征。

第 2 章　金融安全中的金融加速器理论及影响因素的机理分析

2.1　金融安全中的金融加速器效应

2.1.1　金融加速器效应的基本概念

Bernanke 从 1929 年发生的美国大萧条出发，在 Fisher（1933）"债务-通货紧缩"机制和 Akerlof 等（1996）的不对称信息经济学理论的启发下，提出了金融加速器理论。该理论论述了由信贷市场状况变化导致的初始冲击被放大的金融加速器机制，从而揭示了信贷市场在"小冲击、大波动"中的重要作用（邱兆祥、蔡祥锋，2013）。随后 Bernanke 等（1999）将信贷市场摩擦和企业净值纳入动态新凯恩斯框架，分析了金融加速器在经济波动中的作用，使金融加速器理论得到进一步完善，形成了金融加速器理论的一般模型（BGG 模型）。

金融加速器理论是研究金融安全问题的理论切入口，金融市场的风险传递不同于其他市场，它引发的连锁反应会来得更为剧烈，从而导致严重的金融安全问题，学界因此将其命名为"金融加速器效应"。

金融加速器效应从广义上可被定义为：一种放大金融冲击并将之传导到经济活动中去，且具有自我持续性的加速机制。这一机制根植于金融市场的不完美及信息不对称，以委托代理理论为依据，从经济主体的资产净值和外部融资溢价的相互关系出发，解释了引起经济波动放大和传导的机制——金融加速器效应。金融加速器效应可以表述为：总体经济活动的变化会引起经济主体（包括企业、银行、家庭）资产净值的正相关变化；由于信息不对称的存在，经济主体的资产净值的变化将会引起其外部融资溢价的负相关变化；外部融资溢价的变化将引起投资、支出和产出的负相关变化；投资、支出和产出的变化又进一步影响总体经济水平。在经济主体资产净值顺周期和外部融资溢价逆周期的特性下，外部融资溢价与投资、支出之间的负向关系又进一步加剧了经济的周期波动。从对金融加速器效应的描述可知，经济主体的所有初始冲击将会通过金融加速器机制进一步放大并传导到实体经济活动中去。例如，生产力的变化，货币供给减少引起的总需求的变化，国外需求的变化，经济前景预期的改变以及利率和资产价格的变化等都会影响经济主体的资产净值，而通过外部融资溢价的变化引起经济主体的投资、支出和生产的改变。可见，经济主体资产净值与外部融资溢价之间的关系是理解金融加速器效应的基础。资产净值越高，外部融资溢价越低。因此，有高资产净值的经济主体通常更容易获得银行的贷款。这种优质资产避险（flight to quality）的现象意味着金融加速器效应具有不对称性的特征。借款人的规模大小决定了金融加速器效应的不对称性。例如，小企业受金融加速器效应的影响强于大企业（Gertler 等，2003）。同样，金融加速器效应的不对称性还表现在不同的经济周期中。Bernanke & Gertler（1989）研究发现，经济衰退期间的金融加速器效应强于经济扩张期间。这一发现有力地解释了金融危机引起的经济衰退急剧恶化的程度以及危机后经济恢复到均衡水平的漫长过程这一现象。此外，金融加速器效应还具有非线性的性质，在经济衰退时的加速作用比经济好转时期明显。当企业内部资金较充足时，外部融资成本变化较小。但当企业资产负债状况较差时，外部融资成本则会大幅上升，企业只能减少生产和投资，进一步导致企业资产负债状况的持续恶化（宋明海，2004）。

近年来，金融加速器效应在宏观经济的不同领域得到了广泛的研究和应用，包括不同汇率制度下的金融加速器效应，金融加速器和经济周期的国际传导之间的关系，将金融加速器效应用于分析产出波动与增长之间的关系；信贷市场与劳动市场一般均衡框架下的金融加速器效应；金融加速器模型下的一国资产价格波动的来源；金融危机期间财政刺激的效应评估等。但金融加速器效应在货币政策传导的研究中尤为重要，主要体现在货币政策的信贷传导渠道对总体经济活动的影响作用上。接下来，本书将从企业部门、银行部门和家庭部门进一步讨论货币政策在信贷市场上的金融加速器效应。货币政策引发的信贷规模扩张或紧缩问题是金融危机、金融安全问题产生的重要原因之一，后文我们也将进一步通过理论与实证分析证明这一点。

2.1.2 企业部门的金融加速器效应

信息不对称的假设主要包括：借贷双方之间出现信息不对称问题的各种不同状况；信息不对称出现在不同的金融市场；金融市场参与者对信息不对称问题能否解决的不同态度。因此，考虑到信息不对称问题的不同假设，本书将企业部门的金融加速器效应分为以下三种。

第一种是建立在信贷市场信息不对称上的金融加速器模型（Bernanke and Gertler，1989），从企业资产净值与外部融资溢价的关系出发，推导了经济波动的金融加速器效应。该模型认为：借贷双方信息不对称可以通过贷款人对借款人进行甄别、筛选、监督等方法予以解决。而贷款人支付的这些高昂的验证成本必须从借款人那里获得补偿，从而使得借款人的外部融资成本高于其内部资金成本，这一差额被称为外部融资溢价。在这种情况下，借款人的资产净值的变化会直接影响到其获得外部资金的成本。因此，不利的经济冲击使借款人的资产净值减少时，借款人获得外部资金的成本将会变得更加昂贵。从而使得投资、支出和生产总水平下降。后续大部分研究金融加速器效应的文献都采用 Bernanke 和 Gertler 的方法。

第二种是在信贷市场信息不对称的假设下，从代理成本的角度推导了经济关系中金融加速器效应的产生机理（Kiyotaki and Moore，1997）。该模型假设信贷市场借贷双方之间信息不对称的问题通过任何方法都无法得到解决。因此，借款人必须向贷款人提供高于贷款数量的担保品价值，才能获得贷款。在这种情况下，借款人将受到贷款人在价格和数量两方面的信贷配给，借款人提供的抵押品价值直接决定其获得贷款的能力，资产净值的任何变换将会显著影响其获得外部资金的能力。当借款人的资产净值受逆向的经济冲击而下降时，其获得外部资金的能力也会下降。因此，投资、支出以及生产总水平将下降。这种分析方法被 Iacoviello、Getler 和 Kiyotaki 采纳并得到进一步的发展。

第三种是建立在资本市场信息不对称上的金融加速器效应模型（Greenwald and Stiglitz, 1993），认为信息的不完全造成了资本市场上信贷配给问题，并从资本市场信息不对称和企业资产净值顺周期的角度，分析了总体经济波动的放大传导效应。由于资本市场信息的不对称，企业发行股份的决策通常会给投资者传达负面信息，使得企业的股票价格下跌。在这种情况下，即使项目具有正的净现值，企业也不愿意通过发行新的股份来融资，因为，股票价格下跌的损失会大于项目正净现值带来的收益。因此，企业不会在股票市场进行融资，而只能通过信贷市场进行融资。此外，Greenwald 和 Stiglitz（1993）还假设企业的经营者是风险规避型的，尽力将企业破产的概率降到最低。因此，在产出结果和投资决策不确定的环境下，企业资产净值的任何改变都会对其生产的意愿造成显著影响。当企业资产净值受到经济冲击减少时，用于投资生产的自有资金数量将下降，为了满足正常的投资需求，企业会增加借款，债务的增加会提高企业的经营成本和风险，增加企业破产的概率。此时，风险规避型的企业家往往不会增加借款，而是尽量减少投资生产，从而造成投资、支出以及生产总水平的下降。

2.1.3　银行部门的金融加速器效应

银行部门的金融加速器效应主要研究的是基于银行资本成本变化导致经济波动这一现实的银行资产净值变动的金融加速器效应。货币政策传导的银行信贷渠道是建立在货币政策影响银行资本质量基础上的，通过改变银行信贷供给来影响总体经济活动。而对于货币政策影响银行信贷供给，从而影响总体经济活动的成因分析来说，传统研究关注的是中央银行的公开市场操作和法定存款准备金要求的效应，而最近的研究则更多是从金融加速器效应出发，关注货币政策对银行资产净值的影响引起的信贷供给的改变。例如，短期利率的变化在一定程度上会影响银行的资本，信息不对称又会进一步影响银行筹集资金和信贷供给的能力。

现有文献主要通过两个渠道来分析利率变化对银行资本的影响。第一个渠道由 Bernanke 和 Gertler（1995）提出，他们认为银行持有的有价证券以及衍生产品等利率高敏感性资产使得银行信贷极易受到利率的影响。例如，利率的上升，会降低银行有价证券的价值，从而使银行资本下降并减弱银行筹集资金的能力。资产价格下降使得金融体系出现流动性不足，金融机构集体非理性的风险资产出售行为导致资产价格大幅缩水，金融机构资产负债表恶化，在资本充足率等监管要求下，通过银行资本加速器对信贷形成进一步的收缩作用。在危机发生后的深层次阶段，金融加速器效应主要通过银行资本金融加速器起作用。因为在危机的最深层次阶段，这种循环会以更迅速、更猛烈的形式呈现。而在极度恐慌下，金融机构会变卖风险资产，资产价格非理性暴跌，银行大面积倒闭，金融中介服务被破坏和切断，银行出现系统性危机，严重时甚至整个金融系统会彻底崩溃（何德旭、张捷，2010）。

第二个渠道由 Dokko 等（2009）提出，从银行资产与负债期限错配的角度分析了利率变化对银行资本的影响。也就是说，银行的存款期限通常比贷款期限更短，意味着银行贷款利率的调整通常慢于存款利率的调整。因此，这种错配会减少银行利润并降低银行资本，从而增加银行筹集资金的代理成本并进一步导致银行贷款供给下降。Gertler 和 Kiyotaki（2010）从存款人和银行之间的信息不对称出发，分析了银行的资产净值变动的金融加速器效应。文章认为，银行作为借款人要从储户那里获得资金并且像企业那样也会出现破产的可能。银行资产净值的变动直接影响银行从储户那里获得资金的能力和成本，银行从存款人那里筹集到的资金期限和数量又直接决定了银行提供贷款的期限及数量。因此，银行资产净值的逆向冲击将导致信贷紧缩并对家庭、企业支出和总体经济活动产生不利影响。

2.1.4 家庭部门的金融加速器效应

家庭部门的金融加速器效应分析源于家庭也要为其消费支出进行借款这一事实。比如，家庭通常会因购买耐用品以及住房等进行消费借贷。这些金融交易同样存在借贷双方之间的信息不对称特征。因此，家庭的资产净值同样影响到它的借款能力、借款成本等，从而影响家庭的消费支出。由于大部分的家庭借贷都是以房产作为抵押担保的，因此很多文献都从住房价格的变动去分析金融加速器效应。Aoki 等（2004）分析了家庭支出的金融加速器效应，因为对经济活动的正向冲击会引起房产价格的上升，所以增加房产拥有者的资产净值并降低其外部融资溢价，会引起房产投资的上升以及消费需求的增加。因此，经济冲击会通过家庭支出和投资对经济波动产生金融加速器效应。Richard（2006）等将非抵押贷款融资纳入模型以扩展 BGG 模型，因为家庭部门不仅能够通过抵押获得贷款，同时也可以通过非抵押贷款的形式获得贷款，基于英国家庭的面板数据进行实证研究，结论认为扩展模型的金融加速器效应比 BGG 模型的金融加速器效应更为显著。Navarro & Frutos（2012）基于金融加速器理论分析利率冲击对西班牙房价和住房费的影响，研究结论表明利率下降引起房价上涨，促进住房消费。黄燕辉（2017）基于中国家庭视角分析中国货币政策对个人住房消费和房地产价格的影响，脉冲响应结果表明在家庭部门存在金融加速器效应，且利率冲击的金融加速器效应大于货币供给冲击的金融加速器效应。

本研究借鉴 Bernanke 和 Aoki 等的理论模型分析家庭部门的货币政策金融加速器效应传导机制。在 t 期，家庭以价格 Q_t 购买住房 H_t，并在 $t+1$ 期以租金价格 X_{t+1} 出租。本书假设家庭购买住房并用于出租，如果家庭购买住房用于自住而不是用于出租，研究结论不变。在住房自住的情况下，每期租金收入为隐性租金收入 X_{t+1}，因为家庭如果不是居住自己的住房而是租用房子，每期必须支付一定的租金，节省的租金就是家庭隐性租金收入。家庭购买住房所需的总资金为 Q_tH_t，家庭净财富为 N_t，B_t 表示通过外部融资借入的资金，满足以下关系。

$$Q_tH_t = N_t + B_t \tag{2-1}$$

家庭在 t 期购买并在 $t+1$ 期出租的每单位住房产生的预期收益率 R_{t+1} 为：

$$E(R_{t+1}) = E_t\left(\frac{X_{t+1} + Q_{t+1}}{Q_t}\right) \tag{2-2}$$

根据 BGG 模型，家庭从金融中介融资购买住房时，信贷合约的贷款利率将取决于家庭的违约概率，违约概率取决于家庭的杠杆率，杠杆率主要由家庭的净财富决定，当家庭净财富增加时，杠杆率下降，从而违约概率

下降并降低信贷合约的贷款利率。因此,家庭外部融资的边际成本可表示为:

$$s\left(\frac{Q_t H_t}{N_{t+1}}\right) R_{t+1}^f \qquad (2-3)$$

$$s'\left(\frac{Q_t + N_t}{N_{t+1}}\right) > 0$$

其中 R_{t+1}^f 表示无风险利率,$s\left(\frac{Q_t H_t}{N_{t+1}}\right) R_{t+1}^f$ 为无风险利率的加成,表示企业外部融资成本,加成系数为 $s\left(\frac{Q_t H_t}{N_{t+1}}\right)$,即外部融资溢价(external finance premium)。家庭购房需求量取决于购房的预期收益率和外部融资的边际成本,最优购房需求量等于购房预期收益率与外部融资的边际成本的乘积:

$$E(R_{t+1}) \ s\left(\frac{Q_t H_t}{N_{t+1}}\right) R_{t+1}^f \qquad (2-4)$$

在 $t+1$ 期,家庭净财富为持有住房的总收益减去总负债:

$$N_{t+1} = E(R_{t+1}) \ Q_t H_t - s\left(\frac{Q_t H_t}{N_{t+1}}\right) R_{t+1}^f B_t \qquad (2-5)$$

并结合式(2-2),N_{t+1} 可表示为:

$$N_{t+1} = E(X_{t+1} + N_{t+1}) H_t - s\left(\frac{Q_t H_t}{N_{t+1}}\right) R_{t+1}^f B_t \qquad (2-6)$$

式(2-6)表明当预期住房价格 Q_{t+1} 上涨时,家庭净财富增加。根据式(2-3),家庭净财富增加,杠杆率下降使得违约概率下降,违约概率下降使得家庭外部融资溢价下降,从而刺激家庭住房需求。

因此,货币政策冲击影响房地产价格时,房地产价格的变化会影响家庭净财富,从而影响其杠杆率,杠杆率通过违约概率影响家庭部门的外部融资溢价,外部融资溢价的变化影响家庭住房需求,住房需求反过来影响房地产价格,进一步影响外部融资溢价和住房需求。以货币政策冲击所引起的房地产价格、外部融资溢价和住房需求之间的互动导致货币政策金融加速器效应的形成。以扩张性货币政策为例，扩张性货币政策导致房地产价格上升，家庭净财富增加，杠杆率和违约概率下降，而降低外部融资溢价并促进住房需求，住房需求增加反过来促进房地产价格上涨，进一步降低外部融资溢价和增加住房需求。

2.2 金融安全影响因素的机理分析

通过金融加速器的分析，可以发现金融市场的风险首先来自风险的积累，这些风险的积累都和资本市场有着密不可分的关系，例如企业部门关心投资的获取与回报，银行部门关心信贷规模的管制与客户的违约，家庭部门关心房地产市场的价格变化。当风险积累到一定程度的时候，就会形成风险资产泡沫，泡沫一旦被击破，在金融加速器的作用下，系统性金融风险就会爆发，从而引致严重的金融安全问题。接下来本书将从理论上分析影响资本市场的宏观经济因素和金融市场资产价格波动如何引致金融风险，研究金融系统的脆弱性并讨论在什么样的条件下金融环境是安全的。

2.2.1 宏观经济因素对金融安全的影响

宏观经济因素对金融安全的影响，主要表现为实体资产回报的不确定性，而这种不确定性会通过信贷规模问题引致金融风险。本书通过建立一个简单的模型来说明这个问题。

本书假定：

（1）市场上只有一种消费品，设一个两阶段模型，$t = 1, 2$。

（2）市场上有两种投资资产，供给量不确定的安全资产和供给量固定的风险资产。

安全资产是指支付固定收益率的实体资产，例如在 $t = 1$ 时期投资 x 单位的消费品在安全资产上，在 $t = 2$ 时期将得到 rx 的收益。

风险资产可以假想为房地产市场或股市。假定在 $t = 1$ 时期只有 1 单位的风险资产，如果一个投资者在 $t = 1$ 时期购买 $x \geq 0$ 单位的风险资产，$t = 2$ 时期将获得 Rx 单位消费品的回报。R 是在 $[0, R_{MAX}]$ 上服从密度函数

$h(R)$ 的一个随机变量，均值为 $\bar{R}$。

（3）安全资产的回报由实体经济部门的边际产量决定。实体经济部门的生产技术由累积生产函数表示：$t=1$ 时期 $x \geq 0$ 单位的消费品投入，$t=2$ 时期将转换为 $f(x)$ 单位的消费品，生产函数 $f(x)$ 满足传统的新古典主义假设，其中 $f'(x) > 0$，$f''(x) < 0$，$f'(0) = \infty$，$f'(\infty) = 0$。

（4）假定投资风险资产在 $t=1$ 时期会产生非财产损失成本 $c(x)$，成本函数也具有以下新古典主义特性：对于所有的 $x > 0$，$c(0) = c'(0) = 0$，$c'(x) > 0$，且 $c''(x) > 0$。定义 $c(x)$ 的目的是限制个体投资的规模，并确保市场均衡的实现。

（5）市场上存在许多规模不大，风险中性的投资者（机构），投资者本身没有财富，但是可以向银行贷款，投资于风险资产。

（6）市场上存在许多规模不大，风险中性的银行。每个代表性银行拥有 $B > 0$ 单位的财富可用于放贷。和投资者不同，银行并不清楚如何投资，他们无法区分有价值或是劣质的资产，因而只能将消费品出借给投资者。

（7）银行和投资者都严格使用简单的借贷合同，也就是说他们不会因为借贷规模而更改借贷条件即利息，这也是为了使本书的分析更简化。

由于市场上存在许多连续的投资者，并且贷款不会根据规模进行条件限定，投资者可以根据他们接受的利率尽可能地多借，这意味着市场达到均衡的条件是贷款合同的利率刚好等于安全资产的回报率，且投资者的贷款需求是无限的。因为，如果贷款利率高于安全资产的回报率，那么将没有投资者借款投资于安全资产，那么安全资产的回报率将低于资产的边际生产率，而之前本书假定了 $f'(0) = \infty$，这就和本书的假设相冲突了，因而使得市场均衡的条件是贷款利率等于安全资产回报率。

下面本书来分析投资者，X_S 和 X_R 分别表示市场上代表性投资者拥有的安全资产和风险资产的份额，所有贷款的投资者都会被银行公平对待，收取 r 的利息，银行提供非弹性的资金 B 向市场放贷。市场结清的条件是贷款的总需求等于总供给。

因为银行无法观测到贷款者的投资决定，所以就存在风险转移和资产替代问题。如果投资者贷款用于风险资产投资失败，即获取的回报无法偿还贷款利息，他将宣告破产以避免进一步的损失，但如果他的投资取得了

第 2 章 金融安全中的金融加速器理论及影响因素的机理分析

高回报，他将偿还利息后保有剩余回报，这种非凸的性质决定了投资者的风险追逐性。

投资者的问题是如何合理配置两类资产使得在 $t = 2$ 时期期望收益最大。假定风险资产的投资价格为 P，一个代表性投资者的贷款总额为 $X_S + PX_R$，在 $t = 2$ 时他需要向银行偿还金额 $r(X_S + PX_R)$，而他的到期收益为 $rX_S + RX_R$，那么 $t = 2$ 时期该投资者的现金流表现如下：

$$rX_S + RX_R - r(X_S + PX_R) = RX_R - rPX_R$$

我们会发现对于安全资产份额的决策并不在最优化问题中，进一步改写本书的目标函数：

$$max_{X \geqslant 0} \int_{R^*}^{R_{MAX}} (RX_R - rPX_R) h(R) dR - c(X_R) \tag{2-7}$$

$R^* = rp$ 是投资者对风险资产违约的临界值，风险资产的市场结清条件为（本书之前假定了市场上只有一单位的风险资产）：

$$X_R = 1 \tag{2-8}$$

安全资产的供给是外生的，取决于投资者对具体生产的需求决策。因此，贷款市场上的结清条件可表述为：

$$X_S + P = B \tag{2-9}$$

同时满足：

$$r = f'(X_S) \tag{2-10}$$

该模型的均衡是由变量 (r, P, X_S, X_R) 决定的，(X_S, X_R) 是式（2-7）的目标解，参数 (r, P) 是为了刻画市场结清条件。

本书将市场结清条件 $X_R = 1$ 代入式（2-7），给出最大化目标函数的一阶条件：

$$\int_{R^*}^{R_{MAX}} (R - rP) h(R) dR = c'(1) \tag{2-11}$$

预算约束条件 $X_S = B - PX_R = B - P$，市场结清条件（2-10）改写为：

$$r = f'(B - P) \quad (2-12)$$

式（2-11）和式（2-12）是通过求解变量（r，P）得出均衡解。

本模型最关键的依然是资产定价问题，从而可以引发本研究对风险转移（risk shifting）的讨论，根据研究的假设，风险资产的供给是固定的，风险资产对于投资者有巨大的吸引力。首先，投资一旦失败，损失由银行承担。其次，投资若获盈余，去除归还银行的贷款利率，盈余部分将由投资者获取。这意味着投资者会通过各种方式抬高资产价格，最终会大于模型求解的理论基准价格。

研究假定理论解为不存在风险转移时个体愿意支付的一单位风险资产的价格，其余条件不变。假定一个风险中性的个体拥有总财富 B，用于投资安全资产和风险资产，他的投资组合（X_S, X_R）的最优化问题为：

$$\max_{(X_S, X_R) \geq 0} \int_0^{R_{MAX}} (rX_S + RX_R) \, h(R) \, dR - c(X_R) \quad (2-13)$$

比较式（2-13）和式（2-7），唯一的区别是在式（2-13）中不存在违约的可能，使用预算约束乘子 λ 替代式（2-7）中的利率 r，满足凸函数一阶条件的充分必要性，求解 $r = \lambda$，且：

$$\int_0^{R_{MAX}} Rh(R) \, dR - rP = c'(X_R) \quad (2-14)$$

将 $X_R = 1$ 代入一阶条件方程式（2-14），得到基准价格 $\overline{P}$，这个价格是个体使用自己的财富愿意支付的一单位风险资产的价格：

$$\overline{P} = \frac{1}{r}[R - c'(1)] \quad (2-15)$$

式（2-15）按照收益贴现的形式给出了风险资产的理论基准价格。本书所要讨论的是当均衡价格高于基准价格时，便给出了经济泡沫的定义。

对式（2-11）进行类似的求解，可得：

$$P = \frac{1}{r}\left[\frac{\int_{R^*}^{R_{MAX}} Rh(R) \, dR - c'(1)}{Pr(R \geq R^*)}\right] \quad (2-16)$$

通过比较式（2-15）和式（2-16），会发现式（2-16）的分子和分母都小于式（2-15），但经过进一步的解析，发现二者还是可以比较的。

命题 1：存在含有经济泡沫的均衡解 (r, P, X_S, X_R)，更精确地说，含泡沫的资产价格 P 的均衡解不小于 $\overline{P}$，当破产的概率 $Pr(R < R^*) > 0$ 时，严格的大于 $\overline{P}$。

证明：将式（2-16）改写为：

$$P = \frac{\int_{R^*}^{R_{MAX}} Rh(R)\,dR - c'(1)}{Pr(R \geq R^*)}$$

$$= \frac{\int_0^{R_{MAX}} Rh(R)\,dR - c'(1) - \int_0^{R^*} Rh(R)\,dR}{Pr(R \geq R^*)}$$

$$= \frac{r\overline{P} - \int_0^{R^*} Rh(R)\,dR}{Pr(R \geq R^*)} \tag{2-17}$$

此外，

$$\int_0^{R^*} Rh(R)\,dR \leq R^* Pr(R < R^*) \tag{2-18}$$

又 $R^* = rP$，将它们代入式（2-17）可得：

$$rP \geq \frac{r\overline{P} - rPPr(R < R^*)}{Pr(R \geq R^*)} \tag{2-19}$$

由于 $Pr(R \geq R^*) = 1 - Pr(R < R^*)$，所以上式可以简化为：

$$P \geq \overline{P} \tag{2-20}$$

如果 $Pr(R < R^*) > 0$，那么不等式（2-18）就严格满足 $P > \overline{P}$。

命题 1 证明风险转移发生是因为违约的可能导致了资产的定价高于基准价格。一个大范围的违约可被解读成金融危机。当然在更理性的模型中，可以假定一定比例的违约率，而这一定比例的违约率决定了危机的程度。

命题 1 说明了来自实体部门的某种经济冲击引发金融危机（系统性金

融风险）的关键作用。例如挪威金融危机的触发机制是油价的下跌，油价的骤然下跌导致了模型中可实现的 R 非常低，违约的大规模发生就在所难免。同时该模型还蕴含着风险资产以过于高估的价格投资，泡沫产生和违约发生的概率都会增加，最终导致银行业的破产和崩盘。

风险转移行为是资产价格泡沫产生的核心，资产收益的不确定性或风险越大，泡沫产生的规模也就越大。而且本书不能忽视的一个事实是：金融风险资产价格的均值保留展型的特质决定了如果扩展区域越大，泡沫的规模和违约的可能性都越大。

如前分析，(r, P) 分别表示安全资产的收益率和风险资产的价格。现在考虑风险资产均值回复特征：如果 $h(R)$ 在区间 $[0, rP]$ 上的尾部分布不发生变化，则均衡解不发生变化，但如果产生更低收益率的尾部，则整个市场的均衡解也发生变化。本书通过公式做一个简单的说明，如前，市场均衡条件如下：

$$\int_{rP}^{R_{MAX}} (R - rP) \ h(R) \ dR = c' \qquad (2-21)$$

式（2-21）的右边是一个常数，左边根据均值回复的特性也会趋于一个常数。左边积分中，rP 是个固定的值，所以积分值要么变大，要么不变。如果积分值变大，意味着市场会随之反映出一个更大的 rP 值来补偿风险资产回报增加的部分。那么，如果假定 (r', P') 是新分布的均衡解，那么，要么 $r'P'=rp$，之前的均衡不会改变，要么 $r'P'>rp$。

根据式（2-12），$r = f'(B - P)$，显然 r 与 P 的上涨和下跌是同向的，因此，$r'P' > rp$ 暗含着 $r' > r$，且 $P' > P$。进一步，根据公式（2-15）风险资产基准价格的定义，以及 $r' > r$，可推导：

$$\overline{P}' = \frac{1}{r'}[\overline{R} - c'(1)] < \frac{1}{r}[\overline{R} - c'(1)] = \overline{P} \qquad (2-22)$$

这样，泡沫的规模 $(P - \overline{P})$ 就加剧了，因为 P 变大，而 $\overline{P}$ 减小了。

此外违约的概率也会增加。这是因为，首先风险资产的风险增加了，其次对于 rP 有了更高的补偿要求。投资者的风险转移行为会引发更多外生效应，这些外生效应的直接后果就是整个经济社会的风险增加。以上分析，本书可以总结至命题2。

命题2：(r, P) 和 (r', P') 分别为均值保留扩展前最大化目标函数收益率 R 的均衡解，本书有：（a）$(r', P') = (r, P)$，均衡解不发生变化，或（b）$r' > r$，且 $P' > P$。在后者的情形下，资产的基准价格下跌 $\overline{P'} < \overline{P}$，金融泡沫的规模增加 $P' - \overline{P'} > P - \overline{P}$，违约的概率也随之增加。

2.2.2 资产价格对金融安全的影响

有时候金融危机的触发来自实体经济的冲击，但有时候金融危机的触发则来自金融部门。资产的高价是基于对未来信贷规模和金融资产价格增长的期望。但增长到一定程度时，市场稍许的波动和犹豫就可能导致危机爆发。

当然如果资产的价格崩盘是可以预见的，金融泡沫可以在第一时间被发现，再反推回去，意味着金融市场的资产价格应该就是模型中所示求解出的基准价格。然而，历史证明，金融自由化和信贷膨胀从未被很好地预见过。金融自由化政策的实施使得央行对信贷规模控制及资本市场监管的能力非常有限，经验证明，无论是发达国家还是发展中国家在金融泡沫滋生时，金融自由化政策都会加剧泡沫的规模，并最终引发金融风险。这也是为什么我国资本市场始终未完全放开，主张金融自由化政策的声音一直存在争议。

之前的两个命题显示当风险资产的价格高于基准价格的时候，泡沫会产生。接下来本书将扩展模型的时域，进一步说明当信贷规模增加时，泡沫会随之加剧。

（1）现在模型扩展为三个阶段，$t = 0, 1, 2$，每一时期依然只存在唯一的消费品。后面两个阶段的描述和前面一致，唯一不同的是本书对于 $t = 0$ 时期的加入。

为了更清晰地说明在未来 $t = 1, 2$ 时期信贷扩张的不确定，首先假定银行可以放贷给投资者的总额 B 受央行控制，央行制定了严格的政策并且要求一定数额的储备资产作为贷款保证。通过改变一个或多个信贷金融工具，央行可以影响到整个经济社会的放贷规模，这最终会影响到投资者对两种资产的购买。当经济社会的整体放贷规模不确定时，尽管投资者理性

上期待放贷额 B 能够不断扩张,但基于政府政策依然不得不慎重考虑贷款资产实际表现出来的价值。如果考虑央行的一系列信贷政策,在不同时期需要决定的信贷规模为 B_0 和 B_1,其中 B_1 具有不确定性。其余假设如下。

(2) $t=0$ 时期,B_1 是在区间 $[0, B_{1MAX}]$ 上具有连续密度函数 $k(B)$ 的随机变量,则在 $t=1$ 时期,$P_1(B_1)$ 也是一个随机变量。

(3) 若投资 x 单位的资产,在 $t=0,1$ 时期,安全资产表现为 $t+1$ 时期获得 r_tx 的回报,风险资产在 $t=2$ 时期获得 $\overline{R}x$ 的现金流支付。

(4) 在 $t=0,1$ 时期,投资者都有短暂的时间可以向银行借款。

(5) 假定整个市场最初的资产供给是固定的。$t=0$ 时期这些资产被出售给在 $t=0$ 和 $t=1$ 时期想要拥有这些资产的投资者,在 $t=1$ 时期,资产又会被出售给 $t=2$ 时期(末期)的市场资产投资的最终持有者们。投资者在 $t=0,1$ 时期产生的投资成本为 $c(x)$。

在这个两阶段模型中,$t=0,1$ 时期银行出借贷款的利率刚好等于安全资产的回报率,令 r_t 为 $t=0,1$ 时期的安全资产回报率。

为了方便分析以及区分资产价格的不确定性是来自实体投资还是金融投资,本书假定风险资产首先具有确定的回报 $\overline{R}$。风险资产的风险主要体现它的长寿命性(贯穿于整个寿命期 $t=0,1,2$),因此,它的价格在 $t=1$ 时期会出现波动。而安全资产在第一期结束后就会清偿,因而不存在未来价格的不确定性。

通过之前的分析,知道风险资产在 $t=1$ 时期的均衡价格为:

$$P_1 = \frac{1}{r_1}[\overline{R} - c'(1)] \qquad (2-23)$$

由于 $r_1 = f'(B_1 - P_1)$,且式 $pf'(B_1 - p)$ 的值随着 p 值的增加而增加,对于不同的 B_1,方程都有相对应的唯一解 P_1。定义 $P_1(B_1)$ 为 $t=1$ 时期当信贷规模为 B_1 时风险资产价格的均衡解。如果 $x \to \infty$,则 $f'(x) \to 0$,则 $P_1(B_1)$ 是一个连续无界的增函数。

同理,可以定义出 $t=0$ 时期的均衡解。在 $t=0$ 时期考虑代表性投资者的目标函数(如前,安全资产已被移出投资者的目标问题):

$$max_{X_{0R} \geq 0} \int_{B_1^*}^{B_{1MAX}} [P_1(B_1) X_{0R} - r_0 P_0 X_{0R}] k(B_1) dB_1 - c(X_{0R}) \qquad (2-24)$$

P_0 是 $t=0$ 时期风险资产的价格,(X_{0S}, X_{0R}) 是投资者在 $t=0$ 时期的投资组合,r_0 是 $t=0$ 时期的贷款利率。B_1^* 是 $t=1$ 时期投资者在违约边界时的 B_1 值:

$$P_1(B_1^*) = r_0 P_0 \qquad (2-25)$$

市场结清条件为:

$$X_{0R} = 1 \qquad (2-26)$$

$$X_{0S} + P_0 X_{0R} = B_0 \qquad (2-27)$$

且

$$r_0 = f'(X_{0S}) \qquad (2-28)$$

由于安全资产的供给是由投资额 X_{0S} 外生决定的,因而不存在市场结清条件。

由变量 $(r_0, P_0, B_1^*, X_{0S}, X_{0R})$ 定义的均衡条件满足方程 (2-25) 和市场结清条件方程 (2-26) ~ (2-28),这样 (X_{0S}, X_{0R}) 就会在给定参数 (r_0, P_0, B_1^*) 的情况下实现式 (2-24) 的最大化目标。

此外,不难证明,如果 $E[P_1(B_1)] > c'(1)$,方程也存在唯一解。通过前面求解替代,将均衡条件简化为:

$$\int_{B_1^*}^{B_{1MAX}} [P_1(B_1) - P_1(B_1^*) - c'(1)] k(B_1) dB_1 = 0 \qquad (2-29)$$

$$r_0 = f'(B - P_0), 且 P_1(B_1^*) = r_0 P_0$$

首先,求解基准值,假设有一个拥有 B 财富,并且愿意以 $\overline{P_0}$ 的价格持有风险资产的投资者。该投资者需要解决的最优化问题是在拥有 B_0 财富的情形下构建投资组合 (X_{0S}, X_{0R}),以实现:

$$\max_{(X_{0S}, X_{0R})} \geq 0 \int_0^{B_{1MAX}} [r_0 X_{0S} + P_1(B_1) X_{0R}] k(B_1) dR - c(X_{0R}) \tag{2-30}$$
$$s.t. \quad X_{0S} + PX_{0R} \leq B$$

通过求解该目标函数的一阶条件,可以得到风险资产的基准价格:

$$\overline{P_0} = \frac{1}{r_0} \{ E[P_1(B_1)] - c'(1) \} \tag{2-31}$$

$$P_0 = \frac{1}{r_0} \left[\frac{\int_{B_1^*}^{B_{1MAX}} P_1(B_1) k(B_1) dB_1 - c'(1)}{Pr(B_1 \geq B_1^*)} \right] \tag{2-32}$$

将式(2-31)的均衡价格与式(2-32)均衡价格的表达式进行比较,可以得到以下结论:

命题3:$(r_0, P_0, B_1^*, X_{0S}, X_{0R})$定义了中介经济体(银行)的均衡价值,$\overline{P_0}$为风险资产的基准价格,那么$P_0 \geq \overline{P_0}$,违约破产的概率$Pr(B_1 < B_1^*) \geq 0$,当不等式严格成立时,违约破产的概率严格为正。

证明过程同公理1。

命题3蕴含的经济意义同命题1,本书仅用B_1的不确定性替代了R的不确定性,但它可以说明泡沫的规模将更大。原因是引发信贷扩张的不确定性因素太多,我们面临的问题无非是泡沫会有多大,什么时候泡沫将破灭,特别是当一个经济体正在经历金融自由化政策时,更是如此。这样对B_1和$P_1(B_1)$就可以解读为信贷扩张或膨胀到一定阶段的结果,时间越长,累积越大。如果此时政府和央行继续实施信贷扩张政策则会加剧风险资产回报的不确定性。这样,金融不确定性和中介代理问题将导致风险资产价格与基准价格更大的背离,从而导致更为严重的金融风险。

2.2.3 金融市场脆弱性与金融安全

命题3告诉我们在金融系统中,资产价格在什么情形下会较大偏离基准价格,但并未说明政府信贷政策是如何使它演变为金融风险的(继续增加违约的概率)。这个问题的关键并非$t=0$时期是否存在泡沫,而是在$t=1$时期满足什么样的条件才能避免投资者的违约。即便信贷规模持续扩张,

即 $B_1 > B_0$ 的概率始终等于1，未来依然有可能发生金融危机。信贷扩张的预期已经被投资者考虑进相关决策，包括向银行借款的规模，其中多少用于风险资产的投资等。但当信贷扩张的规模小于投资者的市场预期时，投资者也可能无力偿还贷款，从而引发金融风险。

为了使以上说明更具体，考虑方程（2-29）的定价方程，用 $P_1(B_1^*)$ 替代 $r_0 P_0$，1 替代 X_{0R}：

$$\int_{B_1^*}^{B_{1MAX}} [P_1(B_1) - P_1(B_1^*)] k(B_1) \, dB_1 = c' \tag{2-33}$$

当交易成本 $c'(1)$ 逐渐变小趋于0时，则式（2-33）的左边也应逐渐变小并趋于0，那么满足这一条件的唯一可能是 $B_1^* \to B_{1MAX}$。也就是说除非信贷扩张规模趋于上界时，否则泡沫崩盘就会被触及。从直觉上来讲，交易成本并不重要，风险资产的竞争驱使了价格的上升，因而导致了利润的减少并增加了风险转移的可能。

命题4：当 $c'(1)$ 趋于0时，使得违约的条件 $B_1^* \to B_{1MAX}$。换句话说，金融危机得以避免的充分必要条件不仅仅是需要信贷不断扩张，同时还需信贷规模接近 B_1 的上界。

在理论上，本书还想说明：并非必须达到这样的程度才会有较高的概率导致金融风险，简单来说，如果 B_1 的分布集中于两点 $\{0, B_{1MAX}\}$，那么风险发生的概率至少是概率 $Pr(B_1 = 0)$ 的值。因此，本书想要说明的是，即便没有紧缩的信贷政策出现，且信贷规模也继续保持扩张，依然有很高的概率引发金融风险。

2.3 理论模型的模拟验证与区域经验分析

为了说明模型的可操作性，可以通过一个简易的模型进行相关模拟验证，考虑以下模型：

B_1 服从 [0, 2] 上的均匀分布，$B_0 = 1$，$f(X_S) = 4X_S^{0.5}$，$\overline{R} - c'(1) = 4$。考虑到价格的严格为正，可以直接得到：$P_1(B_1) = 2[(1 + B_1)^{0.5} - 1]$。

随着赋予不同情形下 $c'(1)$ 不同的利率水平值,将得到不同的结果,详见表 2-1。

表 2-1 模拟结果

$c'(1)$	B_1^*	风险发生概率	资产价格 P_0	基准价格 $\overline{P_0}$	泡沫 $P_0 - \overline{P_0}$
0.20	0.90	0.45	0.31	0.25	0.06
0.10	1.21	0.61	0.38	0.27	0.11
0.01	1.74	0.87	0.47	0.29	0.18

在表 2-1 的每一种情形下,假定投资者对于下一期信贷规模的期望值与本期的信贷规模一致。当 $c'(1) = 0.20$ 时,金融系统是稳定安全的。也就是说如果 $t=1$ 时期的信贷规模和 $t=0$ 时期保持一致,即 $B_0 = B_1 = 1 > B_1^* = 0.90$,那么此时将不会有违约,金融风险可以被避免。当 $c'(1) = 0.10$ 时,金融系统是脆弱的。此时,信贷规模必须被扩张到 $B_1 \geq B_1^* = 1.21$ 的水平,金融风险才可以被避免。将信贷规模保持为一个常数或是仅稍许的增长是不足以抵御风险的。而当 $c'(1) = 0.01$ 时,整个金融系统是非常脆弱的。信贷规模只有大幅度地增长并且超过 $B_1^* = 1.74$ 时才能阻止违约发生,此时金融风险发生的概率已经非常高了。本书举这个例子是为了说明金融风险发生的条件和环境是非常复杂的,并非本书通常理解的金融紧缩政策是触及风险爆发的唯一因素,可以看到,即便信贷规模超过了预期水平,信贷幅度增长过小也会导致风险的爆发。

接下来用中国的经验数据进一步说明影响中国系统性金融风险(金融安全问题的核心)的关键要素表现。中国在严格意义上并未经历过恐慌性的金融危机,即便 2015 年的股灾,也未对中国经济造成不可恢复性的破坏。但金融市场种种发展的不协调,蕴含风险程度的不一,一定程度上已经阻碍了中国经济高质量的发展。随着融入全球化进程的加快,中国金融市场的风险与抗压力是我们不得不面对的新问题。按照常理,不良贷款率可以被视为测度系统性金融风险最直观的指标,根据不同地区及市场环境可以设置一定的安全值,超过警戒线的不良贷款率则预示着金融风险的到来。同时,近年来系统性金融风险又与贷款规模、金融资产价格紧密相关。图 2-1 选取了 2006 年 3 月至 2017 年 12 月商业银行的不良贷款率、上证综合指数和金融机构贷款规模的季度数据。我们可以看到商业银行的贷款规模持续上升，上证指数经历过两次峰值，峰值期都相应伴随着不良贷款率的一定回升。

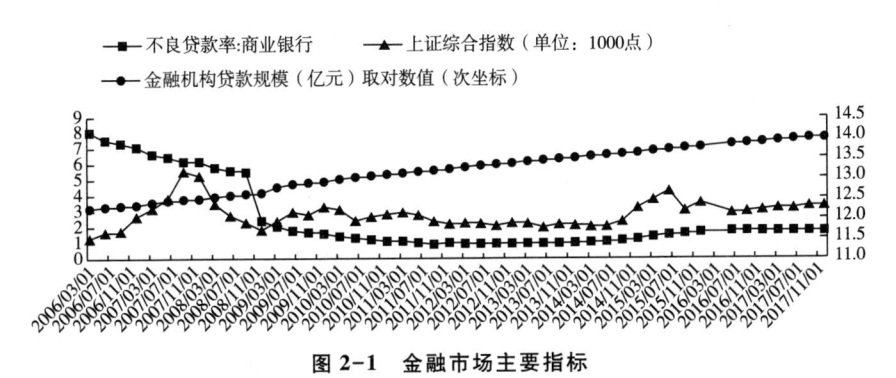

图 2-1　金融市场主要指标

资料来源：Wind 数据库，www.wind.com.cn。

我们可以从图 2-1 的散点图中进一步考察中国市场是否同西方发达国家的经验类似，即贷款规模与金融资产价格对不良贷款率起着关键性的影响，从而最终影响整个金融市场的系统性风险。

图 2-2 给出了我们与预想较一致的证据，即当贷款规模和金融资产价格上升时，由不良贷款率代表的市场整体违约水平都会降低，从而可以避免金融风险的发生。理论上可以解释为当贷款规模与资产价格中不含有泡沫时，整个金融与经济社会自动进入良性发展模式，此时适度的金融自由化会有利于中国经济的更高效发展。但一旦资产价格与贷款扩张中隐含泡沫，为了避免高违约率发生，金融资产价格和信贷规模不得不维系在一个较高的水平，但其后的隐患是资本市场一旦崩盘，金融危机便不可避免。中国的经验事实与发达国家的经验类似，但以上分析对于中国市场处于一个怎样的金融安全水平这一重大问题还难以回答，有待后文深入分析。

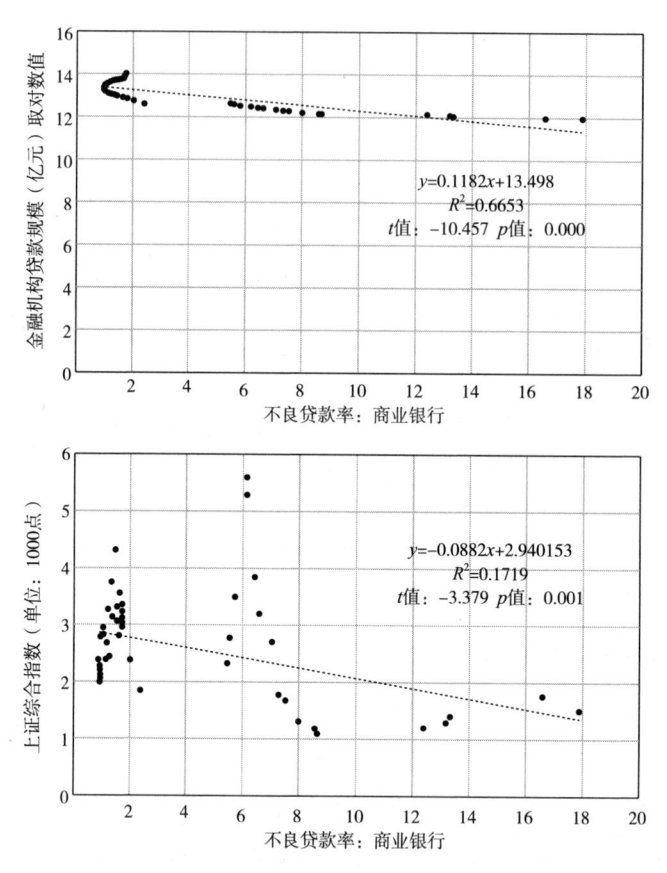

图 2-2　不良贷款率与贷款规模及股票指数散点图

中国市场始终未出现过恐慌性的金融危机，也未发生过严格意义上的银行破产事件，政府和央行的金融管制始终在金融业扮演着很重要的角色，因而很难界定一个金融安全临界值。但从图2-1中，我们还是能够找到一些参考点，2007年9月和2015年6月，正值股市两次峰值，资产泡沫在此时达到顶峰，一旦相关的经济刺激事件发生，在没有严苛的金融监管时，泡沫会被触及并破裂，金融危机就会爆发。这两个时间段对应的不良贷款率分别为6.17%和4.27%，可以说当不良贷款率超过这一水平时，就有可能触发系统性金融风险。此外，根据中国银监会2005年颁布的《商业银行风险监管核心指标（试行）》，商业银行信用风险监管指标中的不良贷款率不应高于5%也间接佐证了我们的以上分析。

第 2 章 金融安全中的金融加速器理论及影响因素的机理分析 | 051

为了更全面地了解中国市场商业银行经营状况,本书共收集了 106 家商业银行 1999~2017 年公开披露的 1648 条季度或年度不良贷款率进行观测,其中包括 31 家上市银行,31 家城市商业银行,44 家农村商业银行。图 2-3 给出了这些商业银行不良贷款率的损失分布。图 2-3 从左至右分别为"除 10% 极端损失之外不良贷款率"、"10% 极端损失不良贷款率"与"5% 极端损失不良贷款率"的直方图与经验累积分布(CDF)。

观察图 2-3 可以发现,90% 的商业银行不良贷款率均低于 4%,但分布并未呈现安全稳健的特征,并且右端肥大的形状,以及增长变化缓慢的 CDF 图为商业银行更灵活或创新性地展开业务提出了挑战。"10% 极端损失不良贷款率"与"5% 极端损失不良贷款率"的经验累积分布中表明 1999 年以来商业银行有 10% 的不良贷款率还是超过了 4%,而且极端损失也并未给出一个损失可控的右细尾特征。极端损失中,50% 以上的不良贷款率超过了 5%,20% 以上的不良贷款率超过了 10%,5% 以上的不良贷款率超过了 20%。

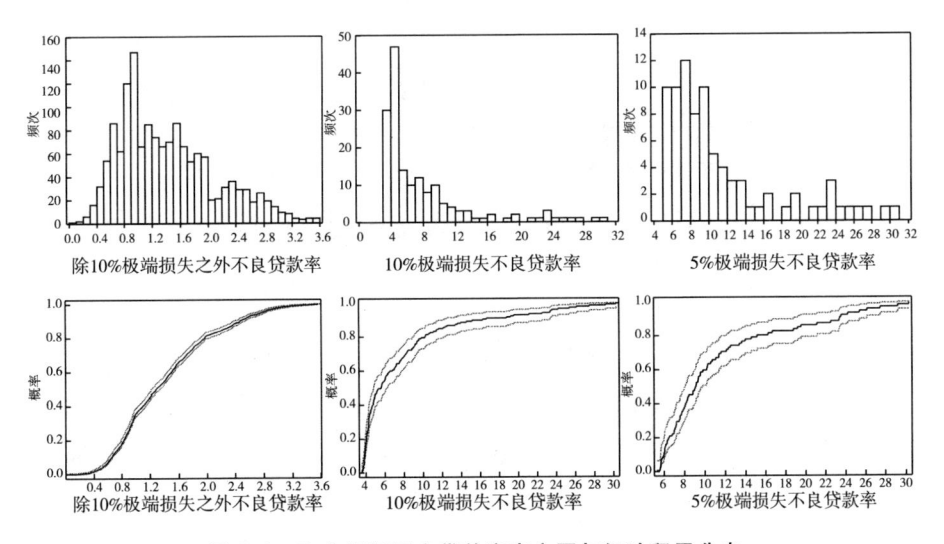

图 2-3 商业银行不良贷款率直方图与经验积累分布

资料来源：Wind 数据库, www.wind.com.cn。

考虑到我国经济地域性发展不均衡,在金融业的发展中这种不均衡更为突出,接下来对样本银行做一个简单的地域性观测,其中为数众多、历史较长、规模较大、营业网点具有全国性布局的银行由于很难划分地区，将其归属为"全国性银行"，例如工、农、中、建四大行。在 1648 个样本中，东部地区的银行样本 622 个，中部地区 165 个，西部地区 141 个，东北部地区 68 个，全国性银行 652 个。不同地区商业银行不良贷款率的经验累积分布如图 2-4 所示（东北部地区未单独列出）。

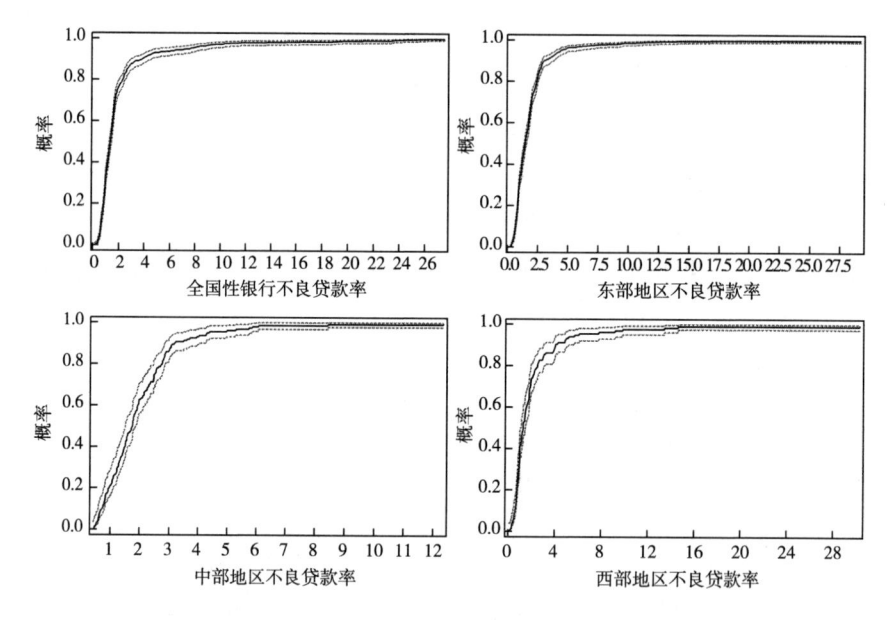

图 2-4 不同地区商业银行不良贷款率经验累积分布
资料来源：Wind 数据库，www.wind.com.cn。

表 2-2 给出了不同地区商业银行不良贷款率损失分布（东北部地区未单独列出）。按照极端值损失分布临界值观测，东部地区的经营情况最好，近 20 年来，90% 的不良贷款率控制在 3.12% 之内最为安全，而西部地区该值为 4%，超过了全国的平均损失水平，金融环境相对最弱。以 5% 和 1% 的极端损失来看，基本保持了相同的区域判断，全国性银行除相对东部地区外，经营状况最好，西部地区的金融业还有待更充分的发展。

表2-2　不同地区商业银行不良贷款率损失分布

全国性银行			东部地区			中部地区			西部地区		
不良贷款率取值	累计数	累积概率	不良贷款率取值	累计数	累积概率	不良贷款率取值	累计数	累积概率	不良贷款率取值	累计数	累积概率
[0.00, 1.35)	327	50.15	[0.00, 1.44)	311	50.00	[0.00, 1.76)	71	50.30	[0.00, 1.28)	71	50.35
[1.35, 2.32)	523	80.21	[1.44, 2.39)	498	80.06	[1.76, 2.75)	132	80.00	[1.28, 2.48)	113	80.14
[2.32, 3.92)	587	90.03	[2.39, 3.12)	560	90.03	[2.75, 3.2)	149	90.30	[2.48, 4.03)	127	90.07
[3.92, 7.87)	620	95.09	[3.12, 4.53)	591	95.02	[3.2, 4.37)	157	95.15	[4.03, 6.06)	134	95.04
[7.87, 23.43)	646	99.08	[4.53, 12.13)	616	99.04	[4.37, 8.43)	163	98.79	[6.06, 14.58)	139	98.58
[23.43, 27.52)	652	100.00	[12.13, 29.23)	622	100.00	[8.43, 12.33)	165	100.00	[14.58, 30.31)	141	100.00

数据来源：Wind 数据库，www.wind.com.cn。

总体来讲，在金融市场未完全放开的中国市场，商业银行披露的不良贷款率（尽管我们的观测期偏长）中仍有10%超过了监管方的要求。按照巴塞尔银行监管委员会颁布的1996年修正案（此修正案在1998年得以实施）。修正案要求银行不但对信用风险持有资本金，也要对市场风险持有资本金。修正案中，银行交易账户所需资本金是通过在险价值VaR（Value at Risk）来计算的（计算基础即历史上的极端损失值），银行所需要的资本金等于 k 乘以VaR（对其他特殊风险要再做调节），这里的因子由监管机构裁定，k 的值在银行与银行之间会有所不同，但无论如何，k 的值不会低于3，对于拥有建立了很好VaR检测系统的银行，其 k 接近于最小值3的可能性会很大；而对于其他没有建立完善的VaR系统的银行，k 的值会更高些。同理运用我们所观测的不良贷款率还应考虑至少3倍的倍数乘子后，仍需控制在1%~5%之内。尽管，我国并未发生过引发恐慌性的金融危机事件，但按国际水准要求，我国显然还存在一定差距。

第3章 金融安全评估分析的宏观金融工程研究方法

3.1 宏观金融工程介绍

随着全球金融一体化的不断发展，尤其是电子计算机、远程通信、系统工程等新技术在金融领域的运用，金融理论的研究有了新的突破。金融工程引入现代金融风险管理，并成为金融创新发展的必然趋势（郭树华、孙强，2002）。金融工程是在20世纪70年代金融机构为解决一些风险管理中的实际问题而出现的，在20世纪八九十年代得到迅速发展，并超越风险管理成为金融领域内独具特色的新型学科。在当今利率、汇率波动越来越剧烈，风险环境越来越复杂的情况下，人们也越来越倚重用金融工程的方法来管理风险（陈忠阳，2001）。

3.1.1 基本概念和主要内容

最早提出金融工程概念的Finnerty（1988）认为，金融工程包括创新型金融工具与金融手段的设计、开发与实施，以及对金融问题给予创造性解决。根据金融工程的定义，国内学者叶永刚（2007）提出了宏观金融工程概念，认为可以将宏观金融工程定义为通过金融工具与手段的创新设计与重新组合、金融结构的调整和金融制度的变革来解决宏观金融问题。

从微观金融工程和宏观金融工程的关系来看，微观金融工程主要侧重于微观层面的企业金融财务问题，而宏观金融工程将微观金融工程的有关思想和分析方法应用到宏观金融层面，研究部门和国家的金融风险以及金融资源使用状况。因此宏观金融工程是将微观金融工程扩展到宏观金融领域，是金融工程在微观领域运用的自然延伸。

从内容上看，宏观金融工程包括国家金融资产负债表、宏观金融风险管理和宏观经济资本管理三个方面。将宏观金融工程的内容运用到区域层面，其中，区域金融资产负债表是宏观金融工程研究的对象，区域金融风险管理和区域经济资本管理是宏观金融工程的主要方面，稳定并促进经济和金融发展是宏观金融工程研究的最终目标。

区域金融资产负债表是宏观金融工程研究的基础。传统宏观金融研究的主要对象是反映国民收入的流量表，较少关注存量分析。区域金融资产负债表的建立可以将宏观金融的研究对象由流量转变为存量，并最终转变为对区域金融资源和金融资产的研究。当区域金融资产可以进行准确的确定和估值时，宏观金融工程就可以发挥作用，即通过区域金融资产的风险管理来实现金融资产的保值，并通过经济资本管理来实现金融资源的合理配置。

对于区域金融风险管理而言，在金融市场逐步完善的情况下，所有的金融风险都必然影响到资产市场价值的变化。从资产负债表来看，当资产价值发生变化时，资产市场价值的变化也必然影响到权益价值的变化，包括股权和债权价值的变化，由此资产负债表会反映所有的金融风险。因此，依托资产负债表，一方面，通过研究资产和权益的关系，可以度量区域和部门的风险状况；另一方面，通过管理资产和权益结构，可以有效地控制和管理区域的金融风险，维护区域经济和金融安全。

区域经济资本管理是将经济资本管理延伸到宏观金融层面。在微观金融层面，经济资本有两个重要职能，分别为抵御金融风险和分配金融资源。在宏观金融层面，区域经济资本管理一方面要通过区域经济资本的合理配置来抵御各个部门和区域整体的金融风险，另一方面由于经济资本要求必要的回报率，因此要对区域经济资本在各个部门间进行分配，从而提高金融资源的使用效率（叶永刚、宋凌峰，2007）。

3.1.2　基本技术和研究方法

宏观金融工程将微观金融工程的基本技术和方法运用到宏观层面，根据资产负债表与或有权益资产负债表，结合在险价值 VaR 估计，通过对信用的考核刻画出违约概率、违约距离等相关指标，揭示公共部门、金融部门、企业部门和家户部门等的信用违约风险。

Merton（1974）将期权定价理论运用到有风险的贷款和质量的价值计算。KMV公司受Merton思想的影响开发了著名的KMV模型，其典型的思想在于采用一种从企业股票市场价格变化角度分析授信企业的信用状况，其核心是预期违约概率，围绕这一思想，Fong等（1991）对贷款组合管理中的损失概率、Crosbie和Bohn（2002）对违约风险度量开展了一系列的研究，使这一模型不断发展和完善，奠定了宏观金融工程的微观理论基础。宏观金融工程风险管理的主要方法有：资产负债表结构分析法、或有权益资产负债表分析法和宏观压力测试与敏感度分析法。

第一，资产负债表结构分析法。

Bernanke和Gertler（1989）首次提出了资产负债表效应，认为由于信贷市场的信息不对称，企业获得的贷款数量时期能够提供抵押物（或净资产）数量的倍数。随着亚洲金融危机的发展，Krugman（1999）认为，类似于东南亚金融危机的关键问题不在银行，而在企业，利率升高和本币贬值影响了企业的资产负债表，削弱了企业财务。可以说，东南亚金融危机引发了人们对于资产负债表效应的研究，Allen等（2002）提出了基于公共部门、金融部门和企业部门关于金融危机的资产负债表和资产负债表矩阵，然后以部门资产负债表为基础，研究期限错配风险、货币错配风险、资本结构风险和清偿力风险等问题，并且以资产负债表矩阵为基础，分析风险在部门间的传递。该研究对于资产负债表方法有奠基性作用，主要体现在三个方面：首先，分析各类冲击对资产负债表的影响，将对金融危机和金融风险的研究建立在存量和流量相结合的基础上；其次，从资产负债表的结构性错配入手，揭示隐藏在部门中的宏观金融风险；最后，以资产负债表矩阵反映的跨部门资产和权益的对应关系为基础，分析风险在部门间传递的机制。

Roubini和Setser（2004）将反映期限错配、货币错配和资本结构问题和清偿力问题的有关指标进行细化，如使用股权占外债的比重、直接投资占GDP比重来反映资本结构问题，同时将存量错配和流量错配指标结合起来。Pellechio和Mathisen（2006）对资产负债表分析中的部门划分、金融工具归类和数据来源等问题进行了研究，认为部门可以根据职能和行为方式进行分类，如中央银行和财政部门等具有政策制定和宏观金融管理的职能，由此可以将两个部门合并为公共部门进行分析。对于金融资产可以按照债权与股权、期限与币种进行划分。在数据可获得性和可靠性方面，公共部门和金融部门有关数据容易获得，并且可靠性较高，而企业部门和住户部门的数据很难获取。在企业部门和住户部门数据受到限制的情况下，Roubinni 和 Setser（2004）认为研究错配问题可以借用金融部门的相关指标，原因在于企业和住户部门错配与金融部门错配存在对应关系。

第二，或有权益资产负债表分析法。

或有权益分析法主要指期权方法，是宏观金融工程的核心工具。尽管资产负债表能够很好地反映企业过去和现在的资产结构、经营情况和经营风险，但是缺少对未来的动态把握，期权定价理论的发展为解决这一问题提供了可行的途径。

或有权益分析技术其应用可以追溯到 20 世纪初，但是该技术最重要的突破来自 Black 和 Scholes（1973）发表的文章，在这篇文章中定性研究提供了观察公司负债结构的统一框架，并暗示期权定价模型可以用来为公司证券定价。这一期权定价模型是或有权益分析的定量基础。Merton（1974）则实现了用期权定价模型为公司债务定价，通过将企业发行的债务视为资产的看跌期权，将企业的权益当作看涨期权，然后使用期权定价的方法来研究风险债务的确定，从而提出金融工具价值确定的或有权益资产负债表分析法（CCA，Contingent Claim Approach）。

在 1970 年代早期，Black、Scholes 和 Merton 等人在股票期权定价理论研究上有了突破性的进展，这些成就最终使得目前广泛使用的 B-S 模型出现。B-S 模型假设股票价格在短期内的百分比变化为正态分布。本书给出如下定义。

μ：股票的预期回报。

σ：股票价格的波动性。

在时间段 Δt（股票价格）的百分比变化的平均数为 $\mu \Delta t$，而这个百分比变化的标准偏差是 $\sigma \Delta t$，因此

$$\frac{\Delta S}{S} \sim \varnothing(\mu \Delta t, \sigma \sqrt{\Delta t}) \tag{3-1}$$

其中 ΔS 是股票价格 S 在时间段 Δt 的变化，而 $\varnothing(m,s)$ 代表均值为 m、标准差为 s 的正态分布。

另外根据股票价格为动态过程的假设，在零时刻无股息股票的欧式看涨期权的 B-S 公式和相应的看跌期权 B-S 公式分别为：

$$c = S_0 N(d_1) - K e^{-rT} N(d_2) \tag{3-2}$$

和

$$p = K e^{-rT} N(d_2) - S_0 N(-d_1) \tag{3-3}$$

其中

$$d_1 = \frac{\ln(S_0/K) + (r + \sigma^2/2)T}{\sigma \sqrt{T}}$$

$$d_2 = \frac{\ln(S_0/K) + (r - \sigma^2/2)T}{\sigma \sqrt{T}}$$

$$= d_1 - \sigma \sqrt{T}$$

函数 $N(d_2)$ 是标准正态分布的累积概率分布函数。变量 c 和 p 代表欧式看涨和看跌期权价格。S_0 是零时刻的股票价格。K 是期权的行使价格，r 是无风险的连续复合利率，σ 是股票价格的波动性，而 T 是期权到期日。欧式股票期权价格的通用公式是 $f(S_0, K, r, \sigma, T)$。公式中所有的变量都可以从市场上观察到或推断出来。

从欧式看跌期权卖方的角度看，在零时刻他收到买方的看跌期权贴现，如果期权到期的股票价格大于期权的行使价格，那么他将获得等于看跌贴现的利润。如果到期日的股票价格低于行使价格，那他就会相应损失一大笔费用。看跌期权的利润函数和银行简单贷款的收益方程非常相似，Merton（1974）注意到银行的贷款交易，其利润相当于出卖一个以借款企业资产为基础的看跌期权。类似于 B-S 公式，违约期权的价值可以描述成五个变量的函数，即关于风险贷款的违约期权价值等于

$f(V, L, r, \sigma_A, t)$，其中 V 是资产的市场价值；L 是债务的账面价值；r 是无风险借贷利率；σ_A 是资产价值波动率；而 t 是时间段。Merton 模型假设一个无欺诈行为、无套利机会、完全竞争的市场，在这种假设下企业账面价值的资产负债平衡表如表 3-1 所示。

表 3-1　企业账面价值的资产负债平衡表

资产	负债
A_0	L_0 E_0

其中 A_0 是企业资产在零时刻的账面价值，L_0 是企业债务在零时刻的账面价值，而 E_0 是企业股权在零时刻的账面价值。对应的企业市场价值的资产负债平衡表如表 3-2 所示。

表 3-2　企业市场价值的资产负债平衡表

资产	负债
V_0	D_0 S_0

其中 V_0 是企业资产在零时刻的市场价值，并被假设为是个离散过程，D_0 是企业债务在零时刻的市场价值，而 S_0 是企业股权在零时刻的市场价值。

企业债务被假设为到期时间为 t 的无附息债券。另外定义 r 为零时刻无违约风险的即期利率，并且是非随机变量。将看跌期权套用在企业债务上，Merton（1974）开发出债务市场价值的定价公式 $D_0 = D_0(V_0, r, t, L_0, \sigma_A)$，该公式依赖于企业资产的市场价值 V_0（包括它动态过程的参数——波动率），债务的特性参数（账面价值和到期时间），以及利率 r。因此，债务市场价值的 Merton 公式是：

$$D_0 = V_0 N(h_1) + L_0 e^{-rt} N(h_2) \qquad (3-4)$$

其中

$$h_1 = \frac{\ln(L_0 e^{-rt}/V_0) - \frac{1}{2}t\sigma_A^2}{\sigma_A \sqrt{t}}$$

$$h_2 = -h_1 - \sigma_A \sqrt{t}$$

在 B-S 公式，即式（3-3）中，所有五个需要的变量都可以直接观察到，然而在 Merton 公式，即式（3-4）中这种条件并不成立。在式（3-4）中企业资产的市场价值 V_0 和企业资产市场价值的波动率 σ_A 是无法直接观察到的。如果不做其他假设本书不可能通过式（3-4）计算两个未知变量。而且，除了少数几个公司，企业风险债务的市场价值也是无法获得的。研究人员提出了许多衍生模型来解决式（3-4）在实际应用中无解的问题。其中一种方法改变了银行贷款问题的着眼点，将原有问题变成从借款企业股权持有人的角度出发，考虑贷款归还的激励问题。这如同是标准股票期权理论中看涨和看跌比价关系，即本书可以从看涨期权的角度观察看跌期权。这样的方法被一些产品供应商采用，如 KMV 公司受 Merton 思想的影响开发了著名的 KMV 模型，其典型的思想在于采用了一种从企业股票市场价格变化角度分析授信企业的信用状况，其核心是预期违约概率，围绕这一思想 Fong 等（1991）对贷款组合管理中的损失概率、Crosbie 和 Bohn（2002）对违约风险度量开展了一系列的研究，使这一模型不断发展和完善，奠定了宏观金融工程的微观理论基础。

  Gray（2002）和 Gray 等（2006）将或有权益方法和资产负债表分析结合起来使得价格所包含的市场信息均反映到资产负债表当中，并提出了或有权益结构分析框架，从而使资产负债表分析具有动态前瞻性。或有权益结构分析方法的基本思想是将部门资产负债表中的债务和股权分别看作资产的看跌期权和看涨期权。然后以 B-S 公式为基础，使用债务账面价值和股权的市场价值获得资产市场价值，并以经过定价以后的资产和负债为基础重新编制或有权益资产负债表。或有权益结构分析方法首先使用或有权益技术构造部门和总体的经济价值资产负债表，经过期权定价模型将市场信息和资产负债表信息转化为违约距离和违约概率等风险指标，然后使用有关风险指标度量金融体系的风险和脆弱性。在研究风险在部门间传递方面，将部门间债权和股权关系视为期权进行定价，通过期权价值的变化来反映部门间风险的传递状况（叶永刚、宋凌峰，2007）。

第三，宏观压力测试与敏感度分析法。

当外部条件发生变化时，各部门的或有权益资产负债表和风险指标值将可能发生变化，风险管理将提供一种鉴别和量化资产或机构投资组合变化效应的手段，处理极端价格变动影响最适当的风险度量方法是压力测试，而判断微小变动带来的变化则适合采用敏感度分析。

宏观压力测试由于能模拟潜在金融风险以及金融危机等极端事件对金融稳定的影响，引起了货币当局、金融机构和研究学者的广泛兴趣，并在实践中迅速得到推广。虽然宏观压力测试方法应用时间较短，但在实践中得到了迅速推广，已经成为政策当局进行金融风险和安全性分析中广泛使用的工具。IMF 和世界银行在 1999 年发起的金融部门评估项目（FSAP），首次将宏观压力测试方法作为衡量金融系统风险和安全性分析工具的重要组成部分。

作为风险管理手段，压力测试包括情景分析、压力模型、波幅和相关性以及政策反应发展等工作。按照情景设置方法，压力测试共有两种类型。第一类是采用实际发生的历史情景。第二类是用人为假设的压力情景。历史法是向后看，而未来法是向前看。当风险比较明显时，历史法通过分析过去市场的数据来推断主要金融因素在市场不佳时期（如：黑色星期一的股市崩盘、1997 年亚洲金融危机、9·11 恐怖袭击、2001 年科技泡沫、2008 年全球经济衰退等）的联合波动。它的局限性在于每个事件所提供的数据是有限的，并且相互独立。历史数据的时间性越长，就越能帮助本书预测未来的资产价值波动。未来法的情景设计是虚拟的，但是基于可能导致巨大损失的合理和相关的可能性。比如，石油供应的减少，或是中东发生冲突，这些可能情景都会导致投资组合的损失。未来的情景可以由风险因子决定，也可以由用户自定义条件决定。因子决定法是通过在价值负面影响方向上对相关风险因子上调或下降一定数量来设置情景，并计算相应的组合风险价值。

压力测试的目的不是考虑和评估每一种偶然事件，而是发现潜在的风险。其本质是想获取最大的价格变动或综合价格变动的信息，并将其应用到资产或投资组合中，以判断极端情况可能引发的潜在收益或损失。压力测试或敏感度分析就是分析利率、汇率和国际资本流动中一个或多个变量的变动对或有权益资产负债表指标与风险表指标的影响。

3.2 资产负债表分析方法

将宏观金融工程理论运用到区域金融风险和安全预警中的核心是中国各区域部门的资产负债表，需要从资本结构错配风险、期限错配风险、清偿力风险和货币错配风险四个角度对各个区域的金融安全风险进行实证研究。

第一，资本结构错配风险，其风险识别表现在净金融头寸上，即金融资产减去金融负债后的余额。大量的、负的净金融头寸通常会产生偿付力问题，特别是当总债务中利用杠杆融资的债务比例很高时。资本结构错配现象，一般发生在对债务比较依赖的国家或地区。过度依赖债务融资——包括短期债务融资，会同时带来期限错配和资本结构错配的可能性。1997年，泰国和韩国的危机就是过度依赖债务融资的结果。1997年以前，泰国的税收政策鼓励公司发行债券融资，负债权益比非常高。在许多发生危机的国家都有比较高的杠杆比率。当流动性和货币危机（例如资产价值的下跌、不良贷款的增加等）冲击金融机构的资产负债表时，这种资本结构吸收风险的能力是很有限的。

第二，期限错配风险，是指资产和负债在期限上不匹配的现象，具体如净短期头寸，短期资产减去短期债务后的余额，大量的、负的净短期头寸意味着要面临利率上涨和展期风险。如果风险缓释的期限比当前风险暴露的期限短，则产生期限错配。如有期限错配且风险缓释的剩余期限不到一年，则不承认风险缓释在资本要求上的作用。期限错配通常会带来展期风险和利率风险。例如，当外汇存在期限错配时，一旦市场环境发生不利变化，国内借款者就没有足够的流动资产来偿还短期外汇借款；以固定利率借入短期债务的金融机构，把借入的短期债务投资在长期金融工具上时，就会面临利率上涨的风险。在墨西哥1994年金融危机中，金融部门的期限错配问题非常突出。

第三，清偿力风险，是由于债务大于资产而出现的资不抵债的风险。清偿力风险和资本结构错配风险、期限错配风险、货币错配风险是密切相关的。清偿力的内容与私人部门的资产负债表密切相关，私人企业的资产需要超出其负债额。一个政府的净资产就是其获得更多财政盈余的能力，如果其贴现的未来财政结余超过目前政府净负债存量，则这个政府是具有清偿力的。对一个国家来说也是如此。因此，当评估清偿力时，政府负债通常与一些流动性的指数进行比较，如 GDP 和收入相比较，一个国家的负债与 GDP 和出口额相比较。清偿力风险包括私人部门、政府部门和国家的清偿力风险。

第四，货币错配风险，是指资产和负债在币种上的不匹配。具体表现在净外汇头寸，即外汇资产减去外汇负债后的余额。一个部门如果持有大量的、负的净外汇头寸，通常会面临汇率贬值的风险；反之，则会面临汇率升值的风险。Goldstein 和 Pauzner（2005）指出"在权益的净值或净收入（或二者兼而有之）对汇率的变动非常敏感时，就出现了所谓的'货币错配'"。

从存量的角度看，货币错配风险指的是资产负债表（即净值）对汇率变动的敏感性；从流量的角度看，货币错配风险则是指损益表（净收入）对汇率变动的敏感性。净值/净收入对汇率变动的敏感性越高，货币错配的风险也就越大。宏观和微观层面货币错配风险的影响会相互作用：一方面，货币错配风险对微观主体的影响会传导至银行等金融机构，并叠加和传导至宏观层面，影响一个国家宏观经济的稳定性。另一方面，货币错配风险在宏观层面的影响，导致企业无法将汇率风险内部化，从而使得货币错配风险不断积累。

货币错配风险对中国的具体负面影响突出表现在：升值预期下资本流入导致的货币错配风险加剧，会引起通货膨胀和经济过热；升值预期下货币错配风险的不断加剧，会压缩货币政策工具的操作空间，进而影响货币政策的有效性和金融调控能力；以巨额净外币资产为特征的货币错配风险会带来高额的成本，包括机会成本、收益损失、冲销成本等；净外币资产不断大幅增加导致货币错配风险不断加大，会进一步强化人民币升值预期，导致汇率政策和货币政策相互冲突；以巨额净外币资产为特征的货币错配风险会损害经济持续增长的潜力，并导致经济结构失衡；升值预期与货币错配风险之间的相互作用会引起脆弱性上升，并有可能导致金融危机。1982年爆发于拉美的金融危机就被认为是以外币计价的有效债务累积到不堪重负的程度导致的。

如表3-3所示，在资产负债表结构分析中，本书将从资本结构风险、期限错配风险、清偿力风险和货币错配风险等角度对中国区域金融风险进行实证研究。

表3-3 资产负债表结构分析中各指标说明

风险类型	指标	公式	指标说明
资本结构错配风险	资产负债率	$\dfrac{负债总额}{资产总额}$	表示企业总资产中有多大比例是通过借债筹得的
期限错配风险	流动比率	$\dfrac{流动资产}{流动负债}$	衡量企业资产的变现能力和短期偿债能力
清偿力风险	产权比率	$\dfrac{负债总额}{所有者权益}$	衡量企业的长期偿债能力
清偿力风险	净资产比率	$\dfrac{股东权益总额}{资产总额}$	表示企业的资金实力和偿债安全性
货币错配风险	净外币头寸	$\dfrac{外币负债}{外币资产}$	衡量货币贬值引起的货币错配风险

反映企业资本结构风险的指标是资产负债率，表示企业总资产中有多大比例是通过借债筹得的。资产负债率一般低于70%，最好低于55%。

反映企业期限错配风险的指标是流动比率，一般情况下，该指标越大，表明企业短期偿债能力越强，通常该指标在150%~200%较好。过高的流动比率是反映企业财务结构不够合理的一种信息，它有可能是：①企业某些环节的管理较为薄弱，从而导致企业在应收账款或存货等方面有较高的水平；②企业可能因经营意识较为保守而不愿扩大负债经营的规模；③股份制企业在以发行股票、增资配股或长期借款、债券等方式筹得资金后尚未充分投入营运等。但总体而言，过高的流动比率主要反映了企业的资金没有得到充分利用，而该比率过低，则说明企业偿债的安全性较弱。

反映清偿力风险的指标有产权比率和净资产比率。其中净资产比率指标主要用来表示企业的资金实力和偿债安全性，它的高低与企业资金实力成正比，但该比率过高，则说明企业财务结构不够合理，一般应在50%左右，但对于一些特大型企业而言，该指标的参照标准应有所降低。产权比率表明企业借款经营的程度，是衡量企业长期偿债能力的指标之一，产权比率越低，表明企业自有资本占总资产的比重越大、长期偿债能力越强，一般情况下企业设置的标准值为50%。

反映货币错配风险的指标是净外币头寸，该指标又可以表示为外币负债对外币资产的比率，用来衡量货币贬值引起的货币错配风险，如果这一比率大于1，则说明金融体系存在贬值风险。

3.3 或有权益资产负债表分析方法

或有权益资产负债表的编制建立在资产市场价值的基础上，能够反映投资者对未来的预期和不同时期的市场风险，而不是依赖于历史的账面信息。通过观察资产市场价值的波动和其与资产账面价值的差异，能够看出资产投资价值被市场认可的程度。

编制经济部门的或有权益资产负债表，首先要确定的是资产市场价值及其波动率。一个经济实体的资产市场价值等于次级权益（junior claim）的市场价值 $J(t)$ 和风险债务（risky debt）的市场价值 $D(t)$ 之和，即

$$A(t) = J(t) + D(t) \tag{3-5}$$

其中，$J(t)$ 通常是股权的市场价值，可以看作一个看涨期权。同时，风险债务是无风险债务减去债务担保的差。无风险债务就是违约点 DB，通常用短期债务加上一半的长期债务来计算，而债务担保可以看成一个看跌期权 P，所以

$$D(t) = DB - P \tag{3-6}$$

$J(t)$ 可从金融市场价格得到，DB 可以从资产负债表中得到，所以都是已知量，下面是计算看跌期权的步骤。

第一步，将可观察到的股权的市场价值 $J(t)$ 及其波动率 σ_J、违约点

DB 和无风险利率代入以下方程组，从而解出资产的市场价值 A 和资产的波动率 σ_A。$N(d)$ 表示以标准正态分布函数计算出的概率（以 d 为积分上限），则：

$$J = N(d_2) A - DB\, e^{-rT} N(d_1) \qquad (3-7)$$

$$A \sigma_A = J \sigma_J N(d_2) \qquad (3-8)$$

$$d_1 = \frac{\ln(A/DB) + (r + \sigma_A^2/2) T}{\sigma_A T^{1/2}}, \quad d_2 = d_1 - \sigma_A T^{1/2}$$

第二步，将资产的市场价值 A 和资产的波动率 σ_A 代入看跌期权公式算出看跌期权。

$$P = DB\, e^{-rT} N(-d_1) - N(d_2) A \qquad (3-9)$$

通过以上步骤，就可以得到基于市场价值的或有权益的输入变量，计算出部门的资产市场价值，以股权 $J(t)$ 作为权益的市场价值，同时负债市值等于资产市值和权益市值之差，即可编制出上市经济部门的或有权益资产负债表。

编制或有权益资产负债表的输入变量包括无风险利率 r、股权市值波动率 σ_J、资本市值 $J_{(t)}$、违约点 DB。下文将对这些输入变量的选取和计算进行说明。

无风险利率 r 体现为租用资金的价格，通常由债券型金融商品的到期收益率来度量，可以将一项债券型资产利率写成下面的形式：利率 = 资金的纯时间价值 + 通货膨胀率 + 风险补偿，其中，风险补偿主要包括违约风险、流动性风险等。真正意义上的无风险利率应该包含风险补偿，即体现为资金的纯时间价值和通货膨胀之和，因而考虑无风险利率时应从违约风险和流动性风险入手：违约风险越小，越接近于无风险利率；流动性越好，越接近于无风险利率；同时作为无风险利率应该是市场化的，即不存在严重的市场分割。从几个方面考虑，可以比较常用的国债收益率、国债回购利率和银行定期存款利率。相较之下，用国债回购利率与一年期银行定期存款利率作为无风险利率比较合适。由于国内利率还未市场化，所以对于无风险利率一般是以银行一年期存款利率为参考。

股权市值波动率 σ_J 包括上市金融部门和上市企业部门两个部分，通过中国各区域所有金融性上市公司每日的资本市值之和来计算金融部门的资本市值波动率，通过所有非金融性上市公司每日的资本市值之和来计算企业部门的资本市值波动率，本研究数据主要来自 WIND 数据库。

根据波动率 $\sqrt{\tau}$ 法则①，资产市值波动率，即股权年波动率的计算公式如下：

$$\begin{aligned}\sigma_E &= \sqrt{\tau} \times \sqrt{\mathrm{var}(\ln(S_{t+1}/S_t))} \\ &= \sqrt{\tau} \times \sqrt{\frac{1}{n-1}(\ln(S_{t+1}/S_t) - \frac{1}{n}\sum_{t=1}^{n}\ln(S_{t+1}/S_t))^2}\end{aligned} \quad (3-10)$$

其中，S_t 为上市企业部门与上市金融部门每日收盘值；n 为样本容量；$\sqrt{\mathrm{var}(\ln(S_{t+1}/S_t))}$ 为平均日波动率；τ 为一年交易日的天数，一般为 252 天，对于年统计数据不足 252 天的，所缺数据采用 0 日波动率补齐到 252 天。

各区域上市金融部门与上市企业部门权益市值总和等于各区域股权的总资本市值 $J_{(t)}$。根据各区域各上市公司历年末数据加总可获得上市金融部门和上市企业部门的股本，也即两个部门的资本市值，可作为编制或有权益资产负债表的权益市值。

违约点 DB 包括上市金融部门和上市企业部门的违约点，通常以短期债务加一半的长期债务来计算，因此，通过统计上市金融部门和上市企业部门的长期债务和短期债务，即可得到违约点。

将观察到的股权的市场价值 $J_{(t)}$ 及其波动率 σ_J、违约点 DB 和无风险利率代入以上方程组，解出资产的市场价值 A 和资产的波动率 σ_A，按照以上步骤可以计算出中国各区域上市企业部门资产的市场价值，以及金融部门资产的市场价值，根据负债的市场价值为资产市值与权益市值之差，计算部门的负债市值。综合可得中国各区域上市金融部门和上市企业部门

---

① 资产市值 = 股权市值 + 账面负债，账面负债波动率 = 0，资产市值波动率 = 股权市值波动率。

的或有权益资产负债表。

3.4 风险指标法与宏观压力测试和敏感度分析法

利用前文得到的资产市场价值和无风险利率等相关信息，可以得到一系列反映信用风险的基准风险指标，从而在总体上反映各区域存在的金融风险，并对由这种风险产生的潜在安全危机进行有效的预警。为各区域地方政府对区域经济与金融安全进行有力监管提供理论支持。关注信用风险的原因在于部门所有风险最后都会归结到信用风险。控制部门的信用风险，基本上就可以控制各区域发生金融危机的可能性。

风险表中主要风险指标包括资产波动率 σ_A、违约距离 DD（default distance）、违约概率 DP（default probability）、信用溢价 CS（credit spread），求解模型分别如下：

(1) 资产波动率 σ_A

可由方程组直接求出，一般情况下波动率越大，风险越大。

(2) 违约距离 DD

$$DD = (A - DB)/A\sigma_A \tag{3-11}$$

违约距离越小，风险越大。

(3) 违约概率 DP

$$DP = N(-d_2) = 1 - N(d_2) = 1 - N\left[\frac{\ln(A/DB) + (r - \sigma_A^2/2)(T-t)}{\sigma_A\sqrt{T-t}}\right] \tag{3-12}$$

(4) 信用溢价 CS

信用溢价反映了市场参与者对该信用发行人的违约率以及违约条件下的回收率的评估，即信用风险的风险贴水。根据无套利原理，在一系列假设的基础上 Merton 类结构化模型内生性地推导出违约回收率，并进而给出了信用溢价的计算公式。部门的持有期到期收益率 y 可简单地表示为

$$y = -\frac{\ln(MD/DB)}{T-t} \qquad (3-13)$$

负债的市场价值=资产市值-权益价值，即

$$MD = A - E = A - C = AN(-d_1) + DB\,e^{-r(T-t)}N(d_2) \qquad (3-14)$$

由此得到信用溢价求解公式：

$$\begin{aligned}CS &= y - r = -\frac{\ln(MD/DB)}{T-t} - r \\ &= -\ln\left[N(d_2) + \left(\frac{A}{DB\,e^{-r(T-t)}}\right) \times N(-d_1)\right]/(T-t)\end{aligned} \qquad (3-15)$$

根据以上风险指标的求解模型，输入各已知变量，运用 Matlab 求解得出中国各区域上市金融部门和上市企业部门的风险指标，整理即可以得到各区域两部门的风险表。

结合风险表中的各指标值可进一步判断该区域两部门的风险情况。一般而言，资产市值波动率越大，违约距离越小，信用溢价越高，存在的风险就越显著。

当风险诱因发生极端不利变化时，金融机构或投资组合资产价值是如何变化的呢？此时 VaR 测算方法所依赖的假定和参数发生巨大变化，导致方法估计的结果出现极大误差。当风险诱因发生一个微小变动时，又会有怎样的结果发生呢？

本研究很多时候直接或间接与系统性金融风险有关。目前学界对于系统性金融风险的测度，主要分为两大类，即基于违约相关性与市场数据经验分析为基础的 VaR 方法与压力测试法，这两种方法已经得到了前所未有的发展，并衍生出许多前沿分支（刘昌科等，2012）。例如基于特定市场条件和回报的 CoVaR 方法（Adrian and Brunnermeier，2016）；个体金融机构在危机期间资金短缺引致系统性金融风险的 SES 方法，该方法的核心思想为系统期望短缺（systemic expected shortfall，SES）是边际期望短缺（marginal expected shortfall，MES）和杠杆率的线性组合；还有 Brownlees 和 Engle（2017）构建的 SRISK 指数法，旨在测度金融中介在经历市场下行背景时未来风险敞口的预判情况。这些方法都为系统性金融风险的深度有效识别及监管方维护金融安全提供了强大的理论支撑。

VaR方法更强调经验数据驱动，理论限制较少，因而更容易为实际金融从业人员和管理者所接受。压力测试法是评估极端事件对银行或金融体系潜在冲击的有效风险管理工具。与单个机构对资产组合进行压力测试的情况类似，宏观压力测试可以用来检验宏观经济整体遇到某种外部尾部事件冲击时的稳健性，这种稳健性可以用来衡量系统性金融风险的大小。压力测试的载体可以是VaR，或者一个与市场风险驱动因素相关的宏观模型，在宏观模型中可以模拟各种经济要素的冲击，以得到我们想要的各种风险背景，从而更充分地了解一国宏观经济环境或金融环境的抗压能力。本书之后的分析也正是基于这样的理念，只是涵盖的宏观环境更加复杂。2008年金融危机后，各国监管当局将宏观压力测试上升为银行业的必修科目。例如美国监管当局要求相关金融机构必须每个年度都报告压力测试情况[见2010年《多德弗兰克法案》（Dodd-Frank Act）]。与国际上做法一致，2012年6月7日我国银监会新颁布的《商业银行资本管理办法（试行）》也明确规定我国银行应当将压力测试作为内部资本充足评估程序的重要组成部分。

具体进行压力测试和敏感度分析过程中，本书在或有权益资产负债表中主要采用利率即央行一年期存款基准利率变动来分析和判断其对中国各区域上市企业部门的影响。在关联系统性金融风险的宏观经济因子压力测试中，主要利用历史数据的蒙特卡洛模拟通过信贷风险与宏观经济因子相结合的模型进行极端值的模拟测试。信贷风险与宏观经济因子相结合的压力测试模型已经相对成熟。核心思想就是将宏观经济因子与不良贷款率表示的违约率联系在一起。当模型设定合理时，通过在系统中产生一个宏观经济冲击来观测违约率的相应变化，这是对将来可能产生违约率的模拟，从而可以得到在限定宏观经济条件下，某一信贷资产组合未来的期望损失与极端损失。

第4章　中国经济与金融运行概况及区域差异分析

新中国成立以来，我国区域经济发展战略大体经历了一条从"均衡发展"到"非均衡发展"，再到"区域协调发展"的路径。我国区域经济发展战略的演变，对我国各地区的经济与金融发展产生了深远的影响，从各地区经济与金融状况的变迁也可以依稀看到我国区域经济发展战略的变迁历程。自改革开放以来，中国经济经历了40余年的高速增长，经济与金融在快速发展的同时也积聚了大量的风险，影响到中国各区域地方金融的安全，而金融风险的形成与当地经济与金融状况是密切相关的。本书以东部、中部、西部和东北部四大经济区域为分析单位，分别介绍当前各区域的经济与金融运行概况。

4.1　分析框架中区域与部门的结构划分

在中国金融安全状态的区域比较分析中，如何划分区域单元将直接影响分析结论，这是因为区域金融差异在不同的空间格局上所表现的特征是不一样的。因此，准确把握中国金融发展的区域不平衡性并在此基础上构建金融安全监测预警机制的前提是要选择合适的区域单元。国内学者在对中国区域金融风险与安全研究中对区域涵盖范围的区分大致有以下几种不同层次：两分法（沿海和内陆）、三分法（东部、中部、西部）、四分法（东部、东北部、中部、西部）、三十分法（三十个省级行政区，有的不算重庆、有的不算海南）、三十一分法（全部省级行政区），另外还有对地理位置相接、经济发展程度相近的区域经济研究，如长三角经济圈、珠三角经济圈、环渤海经济圈、成渝经济圈、京津冀等经济热点区域。根据中国区域金融差异发展的区域特征，本书主要采用两种区域单元来分析中国金融安全状态（凌涛等，2009）。

第一种，以东部、中部、西部和东北部四个地区作为单元①。改革开放以来，沿海地区经济发展速度明显加快，其与内陆地区和边疆少数民族地区之间经济发展水平的差距不断扩大。因此，东部、中部、西部和东北部的地区差异明显存在。与省区划分相比，东部、中部、西部以及东北部的区域划分不仅能够清晰地反映出中国金融宏观调控的导向，而且可以直观地勾勒出金融发展沿海—内陆—边疆的梯度差别。因此，考察东部、中部、西部以及东北部之间不同的金融安全状态以及构建具有区域差异性的金融风险预警机制具有重大的理论和现实意义。

第二种，以中国各省、自治区、直辖市为基本数据来源单位。其原因有以下几点：第一，自改革开放以来，在中央对地方经济发展放权的过程中，各省份已逐渐成为具有相对独立经济利益的经济主体，地方政府行为是影响中国金融发展区域差异化的重要因素。第二，长期以来，中国对金融资源的空间分配主要是在省级层面上展开的。基于经济和金融发展的互动，一个省份金融资源的多寡会影响该省份的经济发展。第三，中国一直按照行政区划设置金融分支机构，这种做法已对我国各省份金融发展产生重大影响。中国金融监管当局（人民银行、银监会、证监会、保监会）目前的组织架构都是按省份来设立派出机构，省级监管机构在处置金融风险、维护一方金融安全和日常监管工作中具有相当的决策权和相应的手段，而地市及以下的分支机构则没有多少决策权，更多的是业务层面的执行。第四，以国际标准而论，中国的每一个省份都非常大，每省份平均拥有4000多万人口，若把它们组成更大的区域，这些区域的面积则可能比许多国家都大，以此来进行研究可能会忽视区域内的一些重大差异和问题。而以更小的行政区域（如县、市）为单元，区域差距往往会被平均掉。

---

① 东部地区的十个省（市），包括北京、天津、河北、上海、江苏、浙江、福建、山东、广东和海南；中部地区的六个省，包括山西、安徽、江西、河南、湖北和湖南；西部地区的十二个省（区、市），包括内蒙古、广西、重庆、四川、贵州、云南、西藏、陕西、甘肃、青海、宁夏和新疆；东北部地区的三个省，包括辽宁、吉林和黑龙江。

本书沿用 Gray（2002）、Merton 和 Bodie（2004）对经济体的划分方式，将区域经济体划分为四个主要部门，分别是：公共部门、金融部门、企业部门和家庭部门。其中，公共部门包括中央政府、地方政府和中央银行等；金融部门包括四大国有商业银行，非国有股份制银行，存款机构，基金和养老金，保险、证券公司和其他非银行金融中介机构；企业部门包括各类非金融类大企业和机构，如规模以上工业企业、建筑业企业、房地产行业企业、批发零售企业等；家庭部门包括个人、家庭和各种小型企业。虽然在部门结构上本书按照四大部门进行划分，但是地区统计中公共部门的主要信息为财政收支的流量数据，公共部门资产负债表基础规模数据缺乏，同时家庭部门相关数据主要是个人存款，没有家庭资产负债细项。因此，现阶段公共部门与家庭部门难以在宏观资产负债表分析框架下进行分析，对这两个部门的分析有赖于国内统计工作的进一步完善。

4.2 中国不同区域的经济运行概况分析

4.2.1 东部地区

东部地区集中了全国最具经济活力和发展实力的长三角、珠三角和京津冀三大经济圈。改革开放以来，国家长期在东部进行实验性政策研究，先后建立了若干经济特区、保税区、经济开发区等，这些优惠政策极大地推动了东部经济的发展。自 2008 年金融危机至今，由金融危机引发的全球性经济衰退造成了国际市场需求锐减，作为我国开放程度最高、利用外资最集中、参与国际分工最广泛的区域，东部地区出口导向型代工产业首当其冲。实际上，我国金融系统并未受到金融危机的严重冲击，受影响更深的反而是实体经济。金融危机造成了东部地区，尤其是外向型产业发达的东南沿海地区很多企业生产经营困难甚至倒闭是不争的事实（张庆霖、苏启林，2010）。

如图 4-1 所示，2007 年以来，东部地区创造的 GDP 总量虽然逐年上升，2007~2016 年都占全国 GDP 总量的一半以上，但东部 GDP 占比却逐年下降，由 2007 年的 55.06%下降到 2014 年的最低点 51.16%，2015 年后开始缓慢上升。2016 年，东部实现地区生产总值 40.37 万亿元，占全国总额的 52.32%，其中广东经济总量居东部乃至全国之首，江苏、山东、浙江等地的经济总量也位居全国前列。

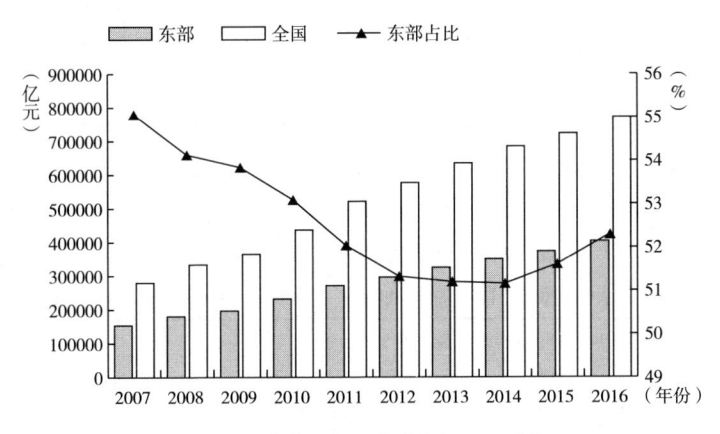

图 4-1 东部 GDP 和全国 GDP 对比

资料来源：根据国家统计局网站数据计算得到。

东部地区经济相对发达，由于自然条件、发展基础和治理策略不同，东部十省（市）经济实力的差异也很明显（张军仁，2011）。东部各省份从地区生产总值和人均生产总值看可以分为以下几种情况（见表 4-1）。北京、上海、天津近十年来一直是全国人均地区生产总值最高的三个直辖市，均已达到 11 万元以上。广东、浙江、江苏、山东经济发展程度相对较高，均是我国的经济与金融大省，其中广东经济总量历年来位居东部乃至全国各省份之首，山东、浙江和江苏等地的经济总量也位居全国前列。山东近几年得到了快速发展，人均地区生产总值从 2007 年的 2 万余元快速提高到 2016 年的 7 万元左右，可以与广东、浙江和江苏大省相媲美，而海南和河北经济实力则相对落后一些，人均地区生产总值十年来均处于最末两位，在 2016 年均为 4 万余元，与同是东部地区的广东相差较多。

表 4-1 东部各省份地区生产总值和人均地区生产总值

指标	地区生产总值（亿元）				人均地区生产总值（元）			
年份	2007	2010	2013	2016	2007	2010	2013	2016
北京	9846.81	14113.58	19800.81	24899.26	60096.00	73856.00	94648.00	114690.00
上海	12494.01	17165.98	21818.15	27466.15	62041.00	76074.00	90993.00	113731.00
天津	5252.76	9224.46	14442.01	17885.39	47970.00	72994.00	100105.00	115613.00
江苏	26018.48	41425.48	59753.37	76086.17	33837.00	52840.00	75354.00	95394.00
浙江	18753.73	27722.31	37756.59	46484.98	36676.00	51711.00	68805.00	83923.00
广东	31777.01	46013.06	62474.79	79512.05	33272.00	44736.00	58833.00	73290.00
山东	25776.91	39169.92	55230.32	67008.19	27604.00	41106.00	56885.00	68049.00
福建	9248.53	14737.12	21868.49	28519.15	25582.00	40025.00	58145.00	74288.00
河北	13607.32	20394.26	28442.95	31827.86	19662.00	28668.00	38909.00	42866.00
海南	1254.17	2064.50	3177.56	4044.51	14923.00	23831.00	35663.00	44396.00

资料来源：根据国家统计局网站数据计算得到。

东部地区雄厚的经济实力吸引了全国各地的资源，然而也面临着局部流动性过剩、区域性通货膨胀、资产价格泡沫、金融机构结构和设置不合理等一系列问题。2008 年，由美国次贷危机引发的全球性金融危机在世界范围内不断蔓延，我国东部地区对国际市场需求的依赖程度较高，实体经济受到了较大冲击。从 2009 年 1~5 月份全国各地工业经济、社会消费、进出口贸易、固定资产投资等经济运行情况看，东部地区增速明显放缓。相对实体经济来说，金融发展受金融危机的影响不大，但面对严峻的外部环境，加之在前期快速发展过程中积累的各种问题，东部地区经济发展面临着很大的压力，宏观金融风险逐步显现。

4.2.2 中部地区

自从 2004 年 3 月的政府工作报告首次明确提出促进中部地区崛起策略到现在，中部地区抓住了一系列发展政策，吸引了大量资金与企业，实现了快速发展。2008 年全球性金融危机蔓延，中部地区对国际市场需求的依赖程度相对较低，实体经济未受到太大冲击。随着国内实行适度宽松的货币政策，中部地区在金融业迅速发展的同时，也面临着局部流动性过剩、区域性通货膨胀、资产价格泡沫、金融机构结构和设置不合理等一系列问题。

中部地区横跨我国南北，人口密集，有着丰富的自然资源和人力资源。2007年以来，中部地区经济发展较快，但距离东部仍然有一定差距。2004年中部地区崛起战略提出后，中部各省份在经济建设中都取得了较好的成就，如表4-2所示。

表4-2 2016年中部各省份产业结构

单位：%

	安徽	山西	江西	河南	湖北	湖南
第一产业占比	10.65	6.07	10.37	10.67	10.83	11.45
第二产业占比	48.37	38.11	49.18	47.45	44.51	42.19
第三产业占比	40.98	55.83	40.45	41.88	44.66	46.36

资料来源：根据2017年《中国区域金融运行报告》计算得到。

从整体来看，中部地区经济具有两个明显的特点。

第一，以河南、山西、江西等为代表的资源引导型经济。自从中部地区崛起战略提出之后，河南率先提出改善产业结构、发展自有龙头工业企业的发展思路。随后，江西和安徽依靠其自身的资源优势亦提出了类似的经济战略。2016年河南三大产业结构占比分别为10.67%、47.45%和41.88%，江西分别为10.37%、49.18%和40.45%，安徽分别为10.65%、48.37%和40.98%。从这三个省的产业结构占比的变动中可以发现，从2004年起，其第二产业发展速度远远高于第一、第三产业，最终形成了现在的产业结构格局。而各省在发展方向上亦有着各自的特性，河南省依托其丰富的铝矿石储备大力发展电解铝和铝制品深加工行业；山西省则通过其自身煤矿资源的开发利用实现了连续数十年的高GDP增长；江西省依靠其丰富的稀有金属储备发展了稀有金属深加工行业并在出口创汇上取得了显著的成效。

第二，以湖北、安徽、湖南等为代表的技术引导型经济。湖北省大力发展光谷科技园区，建成了以光纤生产为核心的一系列高技术产业，与此同时，武钢等传统重工业也继续保持良好的发展。而安徽则试图在其传统优势领域机电制造方面实现新的突破，在保证经济快速增长的同时，也不断向着自主生产、自主知识产权的方向发展。

4.2.3 西部地区

2003年西部大开发战略的实施促进了西部地区经济的快速增长。基于自身资源优势，特别是土地、原材料和劳动力成本优势，以及在煤炭开采、有色金属开采和其他制造业等方面的明显优势，再加上政府在税收、金融、外商投资领域都制定了明确的支持政策，西部地区的经济发展水平迅速提高。但在区域经济的发展过程中，西部的发展比东部面临更多的问题，遇到的困难也更多（田爱国，2016）。虽然西部地区经济外向程度低，受金融危机的影响相对较小，但西部地区经济发展远远落后于东部和中部地区，表现为经济总量偏小、基础薄弱、产业结构不尽合理、企业竞争力不强，其抗风险能力也较低。

表4-3是2016年西部各省份产业结构表（内蒙古数据缺失）。西部地区产业结构差异明显：新疆、贵州和广西的第一产业相对其他省份比重偏大；陕西、青海、宁夏和广西的产业结构大致相似，第二产业在整个产业结构中所占的比例较大，第一产业所占比重较小，其中广西的第三产业是十个省份中所占份额最小的；而重庆、甘肃、云南、西藏第三产业相对比重较大，产业结构趋于合理。

表4-3 2016年西部各省份产业结构

单位：%

	四川	重庆	陕西	甘肃	宁夏	青海	云南	西藏	新疆	贵州	广西
第一产业占比	12.0	7.4	8.8	13.6	7.6	8.6	14.8	9.1	17.1	15.7	15.3
第二产业占比	42.6	44.2	49.0	34.8	46.8	48.6	39.0	37.4	37.3	39.5	45.1
第三产业占比	45.4	48.4	42.2	51.6	45.5	42.8	46.2	53.5	45.6	44.8	39.6

资料来源：根据2017年《中国区域金融运行报告》（2017）计算所得。

从整体来看，西部地区经济可以分为以下三类。

第一类：四川、重庆——经济枢纽区。四川和重庆是西南地区甚至是整个西部地区的"龙头"，具有辐射带动的独特作用。四川是地域辽阔、人口众多的内陆大省，在西部具有举足轻重的地位。重庆作为西部地区唯一的直辖市，由于国家的政策倾斜等因素，经济发展速度较快，其第三产业增加值占地区国内生产总值的比重位居全国前列。

第二类：陕西、新疆——经济发展前景良好地区。这两个省份资源丰富，很大程度上保证了经济的发展。陕西具有承东而启西的独特优势，其工业增加值占地区国内生产总值的比重位居西部前列。新疆具有很好的资源优势和向西开放的区位优势，对外贸易近年来强劲增长，人均地区国内生产总值位居西部前列。

第三类：云南、贵州、甘肃、青海、宁夏、广西、西藏——资源开发兼扶贫区。这七个省份由于历史和自然原因，经济总体仍处于低水平。很多地区虽然资源丰富但交通不便利，经济发展受到严重阻碍。而且这些地区的城镇化率和农村居民人均生活消费支出很低，贫困县也较多，需要国家政策支持。

改革开放以来，西部地区金融体系的建设取得了很大成就，但仍存在问题。西部地区金融体系仍以商业银行为主体，国有独资或控股商业银行仍处于垄断状态，股份制商业银行、城市商业银行以及外资银行等仍处于弱势地位，非银行金融机构发展滞后，多元化的金融体系格局还远未形成。

4.2.4 东北部地区

东北部地区是我国重要的经济发展板块。从近代到改革开放前期，其经济总量和比重一直领先全国。但在改革开放中期以后，由于国家区域发展战略的调整，加上结构性、体制性改革的滞后，东北部地区在社会主义市场经济的发展过程中慢慢落后了。2003年东北老工业基地振兴战略启动后，经过二十多年的改革和振兴，经济质量和效益不断提高，老工业基地重新焕发了活力。从2003年到2012年，东北部地区国内生产总值翻了两番多，年均增速达12.7%，城乡居民收入也大幅提升。其中，2008年到2012年间，东北部地区经济增速最高达12.4%，成为当时我国区域经济发展的一个亮点。但是，当中国经济发展进入新常态后，四大经济区域中，东北部地区经济却首先下滑，遭遇寒流，引起国内外广泛关注，即"新东北现象"（张占斌，2015）。当前，东北三省经济的主要特征表现在以下两个方面：第一，从2014年开始，东北三省的经济增速出现了明显下降，显著低于全国平均水平（见图4-2）。第二，经济效益下滑，且明显高于全国下滑幅度（赵昌文，2015）。究其原因，主要受产业结构较为单一、部分行业产能过剩以及占东北经济体量重头的辽宁统计数据"去水分"等影响，东北区域主要经济指标继续运行在负值区间。

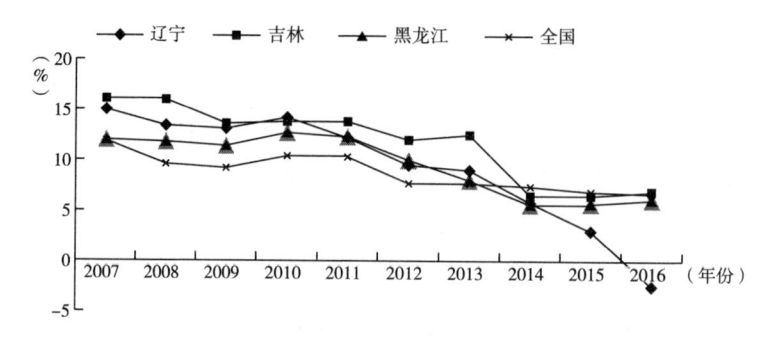

图4-2　2007~2016年东北三省GDP增长率与全国GDP增长率
资料来源：根据国家统计局和地方统计局公布数据整理所得。

毋庸置疑，在振兴东北老工业基地战略的实施下，东北三省经历了多年的快速发展。但在当前经济发展步入新常态、供给侧结构性改革以及去产能、去库存的大背景下，产业结构转型升级仍是东北三省面临的重要课题。东北三省产业结构相似度极高，产业结构同化问题严重。黑龙江和辽宁在2016年均实现了第三产业占比超过50%，产业结构完成了从"二、三、一"向"三、二、一"模式的转型（见表4-4），但从整体层面来看，东北三省不仅与发达地区仍有巨大差距，且这种差距有扩大趋势。此外，产业结构趋于分散化，没能形成专业化优势产业，在贸易往来中也没能发挥其比较优势，产业结构陷入固化陷阱（邢玉升，2016）。

表4-4　东北部各省份产业结构

单位：%

	辽宁			黑龙江			吉林		
年份	2007	2012	2016	2007	2012	2016	2007	2012	2016
第一产业占比	10.69	8.69	9.86	12.61	15.44	17.36	15.57	11.83	10.08

续表

年份	辽宁			黑龙江			吉林		
	2007	2012	2016	2007	2012	2016	2007	2012	2016
第二产业占比	52.89	53.78	38.59	53.40	47.16	28.87	45.73	53.40	48.08
第三产业占比	36.42	37.53	51.55	33.99	37.41	53.78	38.70	34.77	41.98

资料来源：根据 2008~2017 年《中国区域金融运行报告》计算所得。

东北经济发展面临的问题有多种归因，如资源枯竭、人才流失、经济结构未发生实质性变化、市场缺乏活力等，但这些只是表面原因，我们需要进一步追溯其历史原因，助力东北经济更好发展。

4.3 中国不同区域的金融运行概况分析

4.3.1 东部地区

东部地区拥有国内最发达的金融市场，如老牌的金融中心北京、发展中的国际金融中心上海等。目前，全国性金融机构总部大多集中在东部，包括两大证券交易所，以及大部分的全国性金融机构总部、期货交易所和产权交易中心等，涵盖了从国有大型股份制商业银行、非银行金融机构、地区商业银行到小额贷款公司、金融互助协会等类型的金融组织机构，这些丰富的金融资源表明了东部地区的金融实力，以及在我国金融体系中举足轻重的地位，把握东部地区金融建设的力度对于维护金融市场稳定、实现我国金融可持续发展具有重要意义。

本书选取 2007 年、2012 年和 2016 年年末的存款余额和贷款余额，来分析东部地区的存贷状况。如表 4-5 所示，2007 年末东部地区的存款余额和贷款余额分别是 247478.13 亿元和 173606.79 亿元，在全国所占比重分别是 62.45% 和 36.46%；2012 年末，存款余额和贷款余额分别增长至 568047.60 亿元和 399151.20 亿元，五年时间里均增长一倍以上，在全国所占比重也上升近半成，存款余额比重增加了 30.66%，贷款余额比重增加了 18.18%。2016 年末，东部地区的存款余额和贷款余额分别为 939550.80 亿元、627156.10 亿元，在全国所占比重均超过 50%，存款余额虽有所下降，但仍处于绝对优势比重；同年东部地区经济总量分别为中、西部地区的 2.54 倍和 2.57 倍，但它的贷款余额达到了中、西部地区的 3.64 倍和 2.84 倍。可见，区域金融市场建设与经济发展水平密切相关，同时也可以看出区域间的金融差异较经济发展差异更加明显。

表 4-5　东部地区存贷款余额及其在全国所占比重

单位：亿元，%

	2007 年		2012 年		2016 年	
	存款余额	贷款余额	存款余额	贷款余额	存款余额	贷款余额
总量	247478.13	173606.79	568047.60	399151.20	939550.80	627156.10
比重	62.45	36.46	93.11	54.64	86.87	53.16

资料来源：根据 2008~2017 年《中国区域金融运行报告》计算所得。

此外，广义货币供应量与国内生产总值的比值，即 M_2/GDP，是衡量经济货币化的一个指标。因缺乏 M_2 的省份数据，本书以存款余额与货币净投放之和代替，以此选取 2007 年和 2016 年我国东部、中部、西部、东北部地区 M_2/GDP 指标值进行比较。如表 4-6 所示，2007 年东部、中部、西部和东北部区域该指标分别为 0.68、0.64、0.36 和 0.45，2016 年该指标分别为 1.14、0.95、0.55 和 0.66，可见我国各区域的货币化程度均在不断提高，比较而言，东部地区的货币化程度最高，中部居次，东北部和西部地区位居后两位。经济货币化是金融深化的基础，金融深化又反映了市场经济下金融效率的高低。东部、中部、西部和东北部地区货币化程度的差异体现了我国金融资源在区域分布上的非平衡性，这种金融非均衡性又会加大各地区经济发展水平的差距，并将对区域间经济与金融的良性循环产生不利影响。

表 4-6　各区域货币供应量（M_2）及其在国内生产总值（GDP）中所占比重

单位：%

	2007 年				2016 年			
	东部	中部	西部	东北部	东部	中部	西部	东北部
M_2（万亿元）	2.47	0.58	0.63	0.29	9.40	2.46	2.85	0.95

续表

	2007 年				2016 年			
	东部	中部	西部	东北部	东部	中部	西部	东北部
GDP（万亿元）	3.62	0.90	1.72	0.64	8.26	2.58	5.20	1.45
M_2/GDP	0.68	0.64	0.36	0.45	1.14	0.95	0.55	0.66

资料来源：根据 2008 年和 2017 年《中国区域金融运行报告》计算所得。

总体而言，相对其他三个地区，东部地区金融发展相对成熟，但在发展过程中积累的各种风险亦不容忽视。改革开放以来，我国在东部地区相继推出多项优惠政策，发挥出巨大的虹吸效应和短期积聚效应，为东部地区经济建设提供了充足的资金支持，但同时也导致了局部流动性过剩和资产价格泡沫等问题。同时，金融体制改革实行集约化经营使得金融机构撤出农村和乡镇，并进一步聚集在城市。金融机构设置不合理和自身经营机制等问题导致城市金融资源激烈竞争和农村金融资源匮乏，不利于东部地区经济的协调发展，经济与金融发展过程中潜在的风险不断加大。目前，东部地区经济发展正处于从粗放型向集约型过渡的关键时期，在这一时期有效识别区域宏观金融风险并加大风险管理力度，是保证东部地区经济协调发展和金融稳健运行的关键。

4.3.2 中部地区

国有控股商业银行在中部地区商业银行体系中占据绝对主导地位，发展迅速，整体运营稳定。从中部地区银行存贷比重看，中部地区存贷款主要集中于四大国有控股商业银行机构。由于受到金融政策的影响和追求利益的驱动，我国的股份制商业银行的分支机构主要集中在东部地区，但中部地区亦有大量股份制商业银行分支机构。虽然从绝对数量和银行业内部地位看，中部与东部的传统金融行业仍然有着一定的差距，但不可否认的是，中部地区的传统银行业发展已经较为成熟和完善，其分支机构遍布各省，而且在二、三线城市中都有大量的网点，农村信用社也有着较好的发展。

改革开放后，外资金融机构对我国金融行业亦有着越来越显著和重要的影响。这些外资银行在我国一些经济发达地区和一些重要业务领域已占据重要地位，外资银行在银团贷款、贸易融资、零售业务、资金管理和金融衍生产品等业务方面的服务优势进一步显现。然而，中部地区由于地理位置和实际外资需求方面的限制，对外资银行的吸引力远远小于东部。整体来说，中部区域外资银行的发展缓慢，规模较小。

目前中部地区金融体系的发展有两个特点，一是传统金融业发展较为完善且国有银行占据着绝对的领导地位，二是在金融服务业方面与东部仍然有着明显的差距，国家政策支持不足。中部地区金融体系基础完善，但仍然有着较大的发展空间。

4.3.3 西部地区

西部大开发战略实施以来，西部金融体系的建设取得了很大成绩，金融支持实体经济发展的实力不断增强。但西部地区金融体系仍以商业银行为主体，非银行金融机构发展滞后，缺乏结构完善、直接融资间接融资并存的金融体系支撑，使得实体经济、整体产业发展因缺乏金融的有效支持而难以良性高效发展。而大型金融机构贷款偏向于各项条件相对较优的东部地区，而政策性金融机构的支持力度相对有限，区域性金融机构发展又相对滞后，共同造成了当今西部省份的金融发展现状。2016年西部各省份银行类金融机构营业网点数量见表4-7。

表4-7　2016年西部各省份银行类金融机构营业网点数量

单位：个

	四川	重庆	陕西	甘肃	宁夏	青海	云南	西藏	新疆	贵州	广西
机构数量	14183	4114	7034	5810	1333	1215	5647	686	3596	5259	6606

资料来源：根据2017年《中国区域金融运行报告》计算所得。

西部地区银行类金融机构营业网点设置的密度要远低于东部发达地区。2016年末，全国各地区银行类金融机构共计约22.3万个，而西部地区11个省份加起来只有55483个，仅占全国的24.8%。而且这些分支营业网点在西部各省份的分布也不尽合理，四川的银行营业网点数占西部各省份银行营业网点分布数最多，而西藏是西部地区中银行营业网点最少的地区，其次是宁夏和青海。整体来看，西部各省份银行类金融机构营业网点的个数之间差距很大。

如表 4-8 所示，2016 年西部各省份银行类金融机构法人机构个数与营业网点数的机构个数呈现类似的分布特征。各省份银行业发展差异较大，四川、陕西、重庆、云南发展较快，四省（市）银行业机构资产规模占西部地区的 55.4%。其中，四川银行业机构营业网点数和资产规模均处于西部地区前列，占地区的比重均超过 20%。2016 年，西部地区新成立地方法人银行机构 46 家。从机构类型来看，城市商业银行规模占比最大，达到 39.9%，分别比农村商业银行、农村信用社及新型农村金融机构的占比高 13.4 个、16.1 个和 37.5 个百分点。城市商业银行管理能力增强，发展加快，贵阳银行实现 A 股上市，部分城市商业银行进入主板上市排队序列。新型金融组织建设取得突破，重庆首家民营银行——富民银行开业，中西部首家互联网银行、四川首家民营银行——新网银行正式营业，消费金融公司、金融资产管理公司、金融租赁公司等金融新业态加快布局。

表 4-8　2016 年西部各省份银行类金融机构法人机构个数

单位：个

	四川	重庆	陕西	甘肃	宁夏	青海	云南	西藏	新疆	贵州	广西
城市商业银行	14	2	2	2	2	1	3	0	6	2	3
小型农村金融机构	109	1	103	84	20	31	133	0	84	84	91
新型农村金融机构	54	38	27	356	15	96	64	1	26	53	411
财务信托公司	6	6	6	4	1	2	5	0	2	4	1

资料来源：根据 2017 年《中国区域金融运行报告》计算所得。

从在资本市场上起主导作用的证券机构分布格局看，西部地区近几年证券业稳步发展，企业股权融资增加较多。截至 2016 年末，总部设在西部地区的证券公司、基金公司、期货公司数量占全国的比重分别为 15%、1.8%、10.6%，较 2015 年均有所提高，但仍明显低于东部地区。东部地区与西部地区发展不平衡，西部地区的证券机构无论是在发展层次、数量分布，还是在资金、市场占有等综合实力上，与东部发达地区相比都呈现明显劣势。

西部地区的保险业也获得了一定程度的发展，近几年保险业保费收入快速增长，民生保障功能增强。2016年末，西部地区保险公司法人和分支机构分别有12家和500家，较年初分别增加2家和90家。保险普及率明显增强，但西部地区各省份之间差异较大，其中，四川保险密度2075元/人、保险深度5.24%，为西部各省区最高水平。

4.3.4 东北部地区

自东北老工业基地振兴战略实施以来，东北三省金融业以市场为导向的金融资源配置能力不断增强，为经济社会发展提供了强力支撑。目前，东北部地区已经形成以政策性银行、国有商业银行、股份制商业银行、城市商业银行、农村金融机构、各类证券业机构以及保险机构为主体的多层次金融组织体系。

金融机构资产规模不断扩大，对地区经济发展的支持力度显著增强，金融业在调结构、促就业中的作用也不断增强。2016年末，东北部地区银行业金融机构资产总额144139.7亿元，三省共有各类金融机构网点2.1万余家，金融从业人员41万余人，金融人力资本素质不断提高。辽宁振兴银行、吉林亿联银行等2家银行获批筹建，拉开了东北部地区民营银行发展序幕。证券期货市场也平稳发展，市场筹资额也大幅增长。2016年末，东北部地区共有证券公司6家、期货公司7家。境内上市公司152家（其中境内创业板上市公司17家），境外上市公司30家，分别比年初增加8家和3家，但上市公司数量占全国的比重有所下滑。东北三省近几年的保险业也得到了较快发展，对农业和扶贫领域的保障加强。2016年末，东北部地区共有法人保险机构8家，其中财产险保险机构6家，人身险保险机构2家。保费收入快速增长。2016年，东北部地区保险业共实现保费收入2358.3亿元，同比增长20.1%。

但从金融层面看，由于市场化内涵机制培育相对不足，金融业整体发展水平相对不高，东北部地区金融体系中的一些主要矛盾还未得到根本解决。一是金融与产业资本融合不够。目前，东北部地区以间接融资为主，市场融资理念不强，融资方式不够多样。此外，产业投资基金、风险投资基金、私募股权基金等产融结合较为紧密的融资模式和产品在东北部地区发展也相对滞后。二是区域性金融市场建设仍需加大力度。从金融市场发展水平看，东北部地区金融市场业务发展整体上落后于发达地区，主要表现在相关机构参与意识不强，市场活跃程度较低，区域间金融协作和金融资源流动不足。此外，在推进三省区域性金融市场建设上还缺乏较高层次的整体框架安排。三是金融创新不足。传统融资占主体地位，新型信贷资源组合、并购等占比较低，知识产权、专利权、收益权和著作权等无形资产质押融资占比更小。在引导民间资本投资、灵活使用各类金融市场融资工具等方面创新力度不足。四是金融生态环境有待进一步改善。突出表现在金融法治环境需进一步强化，金融债权保护需不断加强，金融企业与政府的边界需更加清晰地界定。

4.4 中国金融发展的区域差异性分析

4.4.1 非均衡区域金融发展格局

非均衡区域金融发展格局是形成区域金融差异的主要原因。区域金融发展的非均衡格局源于区域性社会资金流动，而基于优先发展经济的国家宏观区域性的政策安排，进一步影响了区域资本在垄断格局下的调配，使资金的使用出现财政化倾向。

在计划经济体制下，一方面，银行信贷资金的财政化运行使得金融机构的设置和资金的接收地区成为一种中央的财政福利，地方政府专注于金融机构的设置，以争取更多的资金。另一方面，诱导地方政府严格防范和限制本地资金的外流，从而形成社会资金在全国范围内流动的政策壁垒，使得传统的区域融资机制具有强烈的区域封闭性。在这种资金运行机制上形成的区域经济与金融运行格局，抑制了资源向使用效率更高的地方流动，从而使得资源配置必然会不断偏离基于区域专业化分工和地区比较优势内在要求的合理布局。

改革开放后，财政、计划、投资等体制改革推动了社会资金在不同区域间的大规模流动，区域间金融市场的发展、整个经济市场化进程的不断推进，都在不同程度上打破了计划经济条件下行政化的区域金融运行管制性的平衡格局，导致金融运行逐步向市场化的、非均衡的状态发展。

这样，中国整体经济的同质性已被地区差异性所取代，区域金融运行状况的非均衡性特征越来越明显。区域经济与金融发展的二元性（或者说多元性）也就成为中国金融的基本特征之一，其中主要表现在东部沿海地区与中西部地区之间的差距。不同地区的金融运行规律的差异也导致金融风险累积程度的差异，在特定条件下，局部地区的金融风险可能进一步形成金融危机，并向其他地区蔓延。

在非均衡的发展格局下，区域性金融风险形成的主要原因如下。第一，同一宏观调控措施对不同区域的经济与金融运行形成不同的影响。中国单一的宏观金融政策的制定更多的是以较发达地区的经济运行力为参照，但由于金融制度和所有制结构上的差异，覆盖全国的宏观金融政策在不同地区产生了不同的效应。比如，宏观金融政策的紧缩在使经济较发达地区经济从过热状态冷却下来时，却使经济欠发达地区企业发生资金紧张，社会资金的正常流动受阻；当宏观政策趋于放松时，又会出现经济较发达地区经济再度趋热及通货膨胀的进一步蔓延。因此，在发展非均衡的格局下，单一性的宏观政策可能会成为落后地区的金融风险形成和累积的诱因。第二，地方政府对金融活动的干预，尤其是不当干预行为会增大区域性金融风险。在经济转轨的进程中，地方政府获得了大量权力和财政利益，其经济行为在区域经济与金融运行中的影响越来越明显，其对金融活动的干预已经成为金融风险形成和累积的重要原因。在地方利益导向下，会加剧地方保护主义，对区域金融运行形成十分不利的影响。地方政府的机会主义经济行为最集中的表现就是地方保护主义和重复建设，传统经济体制下的产业同构化弊端在改革开放过程中被复制和放大，重复建设、盲目建设和分散化建设极大地降低了资金的使用效率，在建设效益低下时必然是由金融系统承担最终风险，并形成区域性金融风险的累积。这些重复建设之所以能够完成，一个很重要的原因是基于金融机构行政化设置的背景，地方政府对金融机构资金运行的干预有增无减，同时，金融机构自身的约束能力、内部控制能力得不到有效提高，银行资金的财政化使用在不断转换形式，银行资金的分散化管理和区域金融运行的相对封闭性，在现实上推动了重复建设，并且加大了银行资金自身的经营风险，影响了宏观金融调控目标的实现。另一个原因是在机构准入上，根据现行的政策制度，只要地方有了金融机构，就能从国家取得资金，因此导致了金融机构在特定地区的急剧扩张。如海南在20世纪90年代达到了每3000人一个金融机构的比例，相当于国际金融中心香港的金融密度。接下来，金融机构为了获得有限的资源，陷入恶性竞争和违规经营中，导致了金融泡沫危机。

4.4.2 基于优先发展的区域性调控政策

国家优先发展区域经济的区域性宏观调控政策进一步加剧了区域资本在垄断格局下的调节，使资金的使用出现财政化倾向。国家出于优先发展经济和平衡地区差异的需要，实行地区性的优惠政策，利用优惠政策吸引和换取发展建设资金，导致社会资金迅速向这些地区集中，加上这些地区优惠的金融政策和宽松的监管环境，使这些地区在取得先发优势的同时，产生急剧的资金聚集效应，导致短期资金严重的流动性过剩，不仅使宏观金融政策的有效性遭到削弱，也使这段时期积聚的资金，难以在当地市场消化，金融机构为了取得"未来优势"，争夺未来市场，开始从事违规经营或者将资金投向低效率的企业。特别是在中国以国有大型银行为核心的总分行体制下，资金的调动和使用更为便利，信息不对称及政府调控政策削弱了银行内控机制，资金投放迅速向这些地区转移，信贷额度加大，财政化倾向明显，资金的使用效率低下，这些因素使金融风险在局部地区迅速聚集、沉淀。

宏观经济调控政策对不同区域的经济与金融运行状况的影响具有差异性。其一，国家基于战略考虑，政策制定在区域之间有一定的倾向性。我国的区域发展战略是由东部沿海地区快速发展带领中部地区崛起和西部大开发，因此在制定政策时对于先行发展的东部沿海地区及其他较发达地区有一定的倾斜。金融政策对非银行金融机构的审批、设置、政策调整均明显倾向于东部地区，而东部地区的货币市场和资本市场都比较发达，大量资金由经济欠发达地区流向经济发达地区，从而导致不同地区的企业之间、金融机构之间存在复杂冗长的债权债务链条，一方面促进了资金流动，另一方面则为金融风险的传递和扩散提供了温床，不同区域间的经济往来为区域性金融风险向其他地区的迅速传导提供了渠道，加之跨区域金融风险监管不力，微观层面的缺陷等因素，将大量积聚区域性金融风险。其二，同一宏观调控措施对不同区域的经济与金融运行产生不同的影响。由于发达地区经济走势与我国的整体走势较为一致，国家在制定全国统一的宏观政策时更多地以经济发达地区作为参考。然而由于不同区域的经济发展水平不在同一层次，统一的经济政策对不同地区却产生了不同的影响，发达地区可以通过成熟的金融市场、多样性的金融工具等手段迅速调整金融活动、化解风险并促成经济的良性发展，相反，经济欠发达地区由于金融市场不健全、金融工具单一等原因，在经济活动的运行中无法及时有效地化解经济政策的不利影响。例如，经济发达的东部沿海地区通常具有多种所有制经济，金融市场发展水平较高，企业进行融资的渠道多且较为畅通，欠发达地区以国有经济为支撑，金融市场发展的动力不足，企业融资渠道单一且不畅通，货币紧缩政策使东部经济发达地区经济降温时，却引起经济欠发达地区资金紧张，社会融资活动活跃度降低，从而影响正常实体经济的有序发展。从上文可以看出，中国经济发展不均衡导致单一的宏观政策加剧了欠发达地区的金融风险形成和积累，以至于危机爆发。

4.4.3 区域金融合作的差异性

目前，中国区域金融合作基本处于区域经济合作的框架内，一是强强联合，譬如长三角地区的区域金融联动、泛珠三角地区的区域金融合作和环渤海地区的区域金融合作，这些地区经济发展程度高，金融业也发达，监管体系比较完善，投资管理也成熟，区域金融合作的风险相对较小。二是以帮扶和经济互补为主的合作，如"泛珠三角9+2"区域经济合作，这类合作横跨不同的发展地区和经济带，既有"一国两制"下的三种货币、三种金融制度，又有三种不同的区域金融特征，各地区经济发展水平参差不齐，落后地区需要发达地区的资金支持，发达地区需要落后地区的资源。但是空间跨度大，信息不对称严重，风险管理手段不成熟，出现个别企业、新行业信贷集中，加上关联企业关联交易，在政府主导下的逆向选择和道德风险加剧，也存在风险隐患。

此外，在我国目前的金融监管体制和金融经营体制下，金融机构之间的横向合作还面临较多的政策障碍和制度限制。同时，由于存在竞争，各地方政府和金融部门往往较多地考虑自身利益，金融合作意识和意愿不强。区域金融合作缺乏统筹规划与协调。如泛珠三角地区区域金融合作的有关制度安排一般出自不同性质、不同层次的制定者，从总体看缺乏一定的系统性，且部分制度安排缺少操作性，金融互动合作关系也带有很大的自发性和分散性。而环渤海地区区域金融合作以京津冀区域金融合作为主，京津冀特别是京津同其他省区的区域金融合作为辅。区域金融合作的基础设施不够完善。一是跨地区结算渠道畅通程度不够，限制了支付清算系统的覆盖面以及运行的快捷性和安全性；二是征信体系建设尚未完成，提高了金融服务和产品的成本；三是金融信息网络的建设不完善，影响了区域金融信息的互联共享性（张国俊，2007）。

在本书关注金融聚集风险的同时，金融运行的扩散风险也应该引起关注。在中国非均衡的发展格局下，随着金融市场的发展，我国不同地区的企业与企业、银行与银行之间存在纵横交错的债权债务链条，这些债务链条从另外一个角度看，就是传递或扩散金融风险的通道，往往一个债务人的支付危机在特定情况下会诱发连锁反应。因此，如果微观层面的个别和局部的金融风险控制不力，波及范围迅速扩大，则可能演进成为全局性的金融风险。

4.4.4 中国金融发展区域性差异的统计性分析

正如前文所述，中国金融发展的区域差异形成的原因复杂多样。既有天然地区差异引发的历史上就已经形成的金融发展水平和程度的差异，也有国家政策原因导致的金融发展布局本身错位发展的差异，同时近年来不同区域性调控战略的实施，再次加剧了区域金融发展的差异。本节拟选取相关区域的金融指标从统计学角度进一步验证区域发展差异的存在。

首先，本书选用 2007~2016 年的省际面板数据，金融指标选择该省该年度金融部门的总资产规模（具体数据详见附录 1 至附录 8），进行样本数据是否具有同质性的检验，检验的目的是通过初步的统计分析证明四大经济区域的省际数据在金融发展上具有一定的差异性。

东部地区的省份指标剔除了海南省以及对金融部门进行单独统计的深圳市，共保留了 9 个省份，每个省份有 10 年的数据，共 90 个样本数据。

中部地区 6 个省份共 60 个样本数据，西部地区 12 个省份共 120 个样本数据，东北部地区 3 个省份共 30 个样本数据。

表 4-9 列出了以省际数据为样本的各大区域的双样本等方差假设检验结果。检验结果显示，除了中部与东北部地区相比较不能拒绝等方差的假设，其余结果均充分说明了观测区域在金融发展规模上的显著不同。同时，为了表明区域内的省份是大致趋同的，本书还选取了同一区域内相邻省域的数据做同样的统计检验，大部分检验结果表明了方差齐次性的存在，即金融发展规模的类似性，考虑到检验结果所占篇幅过大，在此未一一列出，但综合来看，同质性在东部省份的相邻省域相对其他地区的相邻省域表现得更为明显。

表 4-9　中国不同地区省际金融部门资产规模的双样本等方差假设检验

	东部-中部	东部-西部	东部-东北部	中部-西部	中部-东北部	西部-东北部
自由度 df	148	208	118	178	88	148
T 值	7.441	12.582	5.443	4.745	0.391	-3.089
p (T≤t) 单尾	0.000	0.000	0.000	0.000	0.348	0.001
t 单尾临界	1.655	1.652	1.658	1.653	1.662	1.655
p (T≤t) 双尾	0.000	0.000	0.000	0.000	0.697	0.002
t 双尾临界	1.976	1.971	1.980	1.973	1.987	1.976
观测值	东部：90 中部：60	东部：90 西部：120	东部：90 东北部：30	中部：60 西部：120	中部：60 东北部：30	西部：120 东北部：30

其次，除了省际数据的区域分析，本书还将四大经济区域金融部门总资产规模加总后再次进行双样本等方差假设检验，统计结果如表 4-10 所示。

表 4-10　中国不同地区金融部门资产规模的双样本等方差假设检验

	东部-中部	东部-西部	东部-东北部	中部-西部	中部-东北部	西部-东北部
自由度 df	18	18	18	18	18	18
T 值	5.452	4.986	6.484	-0.925	3.302	3.738

续表

	东部-中部	东部-西部	东部-东北部	中部-西部	中部-东北部	西部-东北部
p (T≤t) 单尾	0.000	0.000	0.000	0.184	0.002	0.001
t 单尾临界	1.734	1.734	1.734	1.734	1.734	1.734
p (T≤t) 双尾	0.000	0.000	0.000	0.367	0.004	0.002
t 双尾临界	2.101	2.101	2.101	2.101	2.101	2.101
观测值	10	10	10	10	10	10

表4-10的结果表明，除了中部-西部地区不能拒绝等方差的原假设，其余地区的金融发展差异均显著存在。以上两个表格的统计性分析进一步证明了，在金融发展上我国东部地区与其他地区的显著不同，同时也在一定程度上说明了中部、西部及东北部地区尽管有差异，但也有模糊边界，并未在金融发展上表现出极其不同的发展特征。

第5章　中国金融安全区域比较的资产负债表分析

本章将分别针对中国东部、中部、西部、东北部四大经济区域的两大经济部门——金融部门和企业部门，根据国家统计局及东部、中部、西部、东北部各省（区、市）统计机构公布的相关数据，编制账面价值的宏观资产负债表，并对两大部门的资本结构错配风险、期限错配风险、货币错配风险和清偿力风险等金融风险指标进行分析。

5.1　中国不同区域金融部门资产负债表编制与分析

5.1.1　东部地区

金融部门通常涵盖政策性银行、商业银行、金融资产管理公司、保险公司、信托投资公司、证券公司、财务公司、信用合作组织等多种形式的金融企业，即金融企业体系中除中央银行之外的组织机构。随着金融市场建设步伐的加快，东部地区金融部门规模持续扩大，金融体系趋于完善。2016年末，东部地区银行业金融机构网点数量为8.8万个，法人机构为1486个，存款余额和贷款余额分别达到87.5万亿元和58.7万亿元，在全国的占比分别为58.3%和55.9%；同时，辖区内设有证券公司84个、基金公司112个、期货公司105个；上市公司达2472家，当年通过A股筹资共计12116.7亿元，通过国内债券筹资共计28833亿元；此外，总部设在辖区内的保险公司有146个，保险公司分支机构有769个，财产险和人寿险的保费收入分别为4633.8亿元和12407.9亿元。根据现有数据编制的东部地区金融部门资产负债表主要涵盖银行类金融机构，包括各省份国有商业银行、政策性商业银行、股份制商业银行、城市商业银行、城市信用社、农村合作机构、财务公司、邮政储蓄银行、外资银行和农村新型金融机构等。

(一) 东部地区金融部门资产负债表编制

东部地区金融部门资产负债表如表 5-1 所示。

(二) 东部地区金融部门资产负债表分析

第一，资本结构错配风险分析。

金融部门的资本结构直接关系到金融安全，以及能否支持经济健康快速发展。如图 5-1 所示，贷款余额和存款余额分别是金融部门总资产和总负债中的主要项目。2007 年东部金融部门的存贷比为 70%，除了 2008 年下跌到 68%，一直到 2013 年均在 70% 附近，呈上下稳定波动趋势。从 2014 年起，东部金融部门的存贷比出现上升态势，于 2015 年达到十年最高点 79%，但在 2016 年又突然跌破 70%，为 67%。

如图 5-2 所示，2007~2016 年，东部地区金融部门资产规模持续扩大，总资产由 2007 年 326620.90 亿元增长至 2016 年 1280864.36 亿元。金融部门属于负债经营，其负债主要来自存款，东部地区金融部门的资产负债率从 2009 年的最高点 78.22% 开始缓慢下降，2015 年达到最低点 61.85%，但在 2016 年却出现反弹，为 73.35%，究其原因是 2016 年东部地区的存款总额出现大幅上涨。

第二，期限错配风险分析。

如图 5-3 所示，东部地区金融部门的各项贷款余额中，中长期贷款占比由 2007 年的 50% 逐年上升，在 2010 年达到 59%，说明在这期间东部地区对中长期贷款的需求上升，资金运用投向从短期转向中长期资产。但是，自 2010 年达到最高点之后，中长期贷款的占比开始下降，徘徊在 52%，从 2014 年起又出现缓慢上升，在 2016 年达到 57%。

如图 5-4 所示，2007~2014 年东部地区的居民储蓄是比较稳定的，但居民储蓄在存款余额中的占比除了 2008 年和 2015 年呈上升趋势，其他各年均呈下降趋势。自 2011 年起企业存款绝对量上升很快。

表 5-1 东部地区金融部门资产负债表

	2007 年	2008 年	2009 年	2010 年	2011 年	2012 年	2013 年	2014 年	2015 年	2016 年
总资产（亿元）	326620.90	378204.10	478925.68	571007.60	676437.90	786451.10	877596.70	992322.80	1142185.70	1280864.36
贷款余额（亿元）	173606.79	198332.86	262769.71	311049.70	352324.69	399151.20	446657.34	498642.00	555704.02	627156.10
其中，短期贷款	75166.53	80635.54	94634.72	108924.10	138095.11	165576.70	186915.05	197964.90	205564.85	209485.80
中长期贷款	86920.44	101906.98	145095.43	182688.10	193196.31	205842.20	230903.26	263301.70	298641.06	355467.00
票据融资	7048.75	11555.80	13926.83	8499.10	9139.88	12924.10	12045.51	17862.70	26122.53	30465.50
本币贷款（亿元）	159975.92	184590.93	240504.05	286100.70	325167.60	365174.60	410471.06	460829.30	519010.87	589835.60
外币贷款（亿美元）	1868.07	2010.60	3260.79	3767.20	4310.01	5405.80	5935.27	6179.62	5650.65	5379.90
总负债及权益（亿元）	326620.90	378204.10	478925.68	571007.60	676437.90	786451.10	877596.70	992322.80	1142185.70	1280864.36
存款余额（亿元）	247478.13	292998.58	374636.98	445191.40	498805.28	568047.60	637589.96	691371.00	706486.92	939550.80
其中，企业存款	100400.31	110815.51	152474.73	164676.20	271901.43	304897.60	342809.41	369468.90	278233.46	347337.00
居民储蓄	100132.26	128371.03	150583.75	176157.20	194393.32	222100.70	244262.88	264233.80	298994.20	311239.60
本币存款（亿元）	237863.86	283590.23	363415.75	433595.00	485239.86	546285.30	614936.18	664086.00	817967.69	900331.60
外币存款（亿美元）	1318.54	1376.62	1643.41	1751.10	2152.97	3462.10	3715.54	4458.83	5007.87	5653.50

注：东部地区金融部门资产负债表为东部银行类金融机构资产负债表，主要涵盖银行类金融机构，包括东部十个省份的国有商业银行、股份制商业银行、城市商业银行、城市信用社、农村信用社、农村合作机构、财务公司、邮政储蓄银行、外资银行和农村新型金融机构等。数据来自 2008~2017 年《中国区域金融运行报告》东部十个省份的数据。

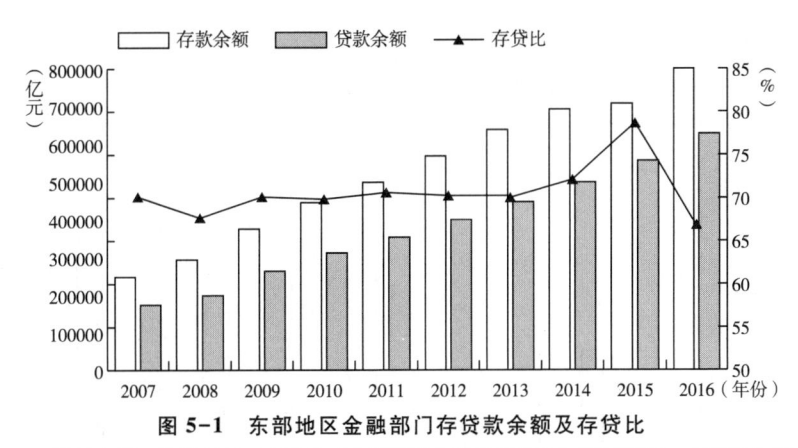

第 5 章 中国金融安全区域比较的资产负债表分析

图 5-1 东部地区金融部门存贷款余额及存贷比

资料来源：根据 2008~2017 年《中国区域金融运行报告》整理所得，本章剩余图的资料来源与此相同，不再单独说明。

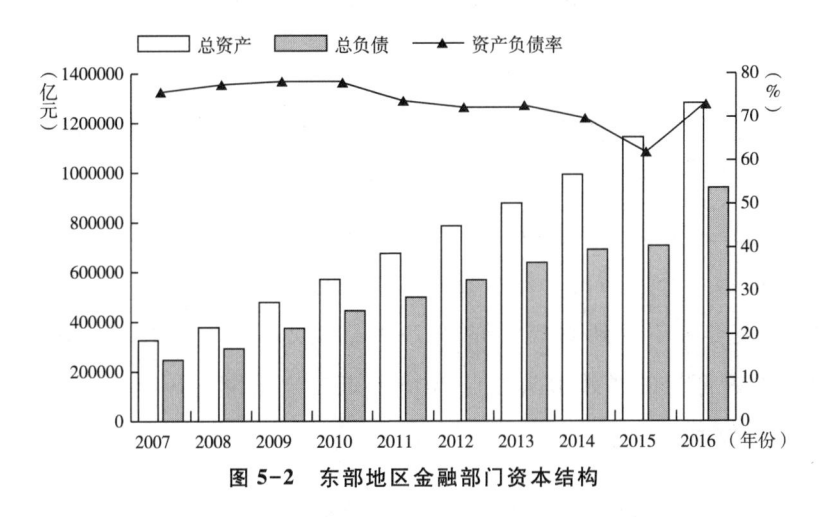

图 5-2 东部地区金融部门资本结构

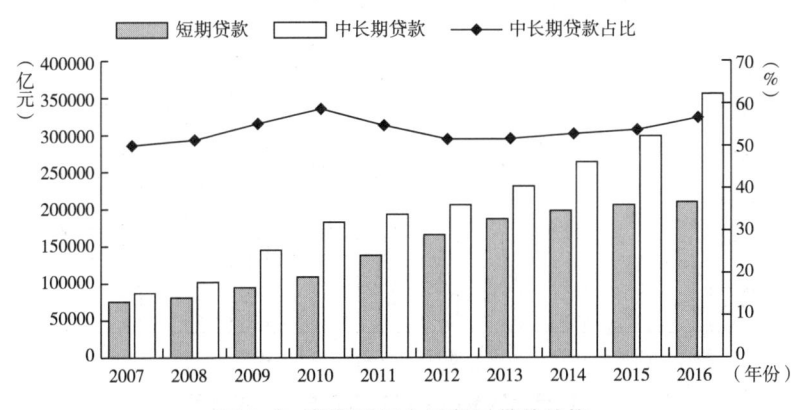

图 5-3 东部地区金融部门贷款结构

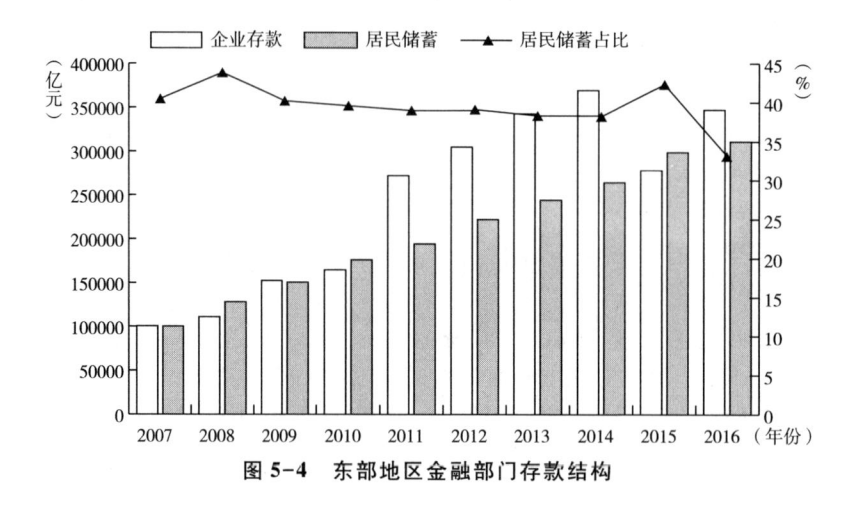

图 5-4　东部地区金融部门存款结构

第三，货币错配风险分析。

从东部金融部门外币结构来看，2007~2010 年，外币贷款在缓慢增长的同时外币存款无明显上升。自 2011 年起，外币存款和外币贷款均出现快速上升趋势，外币存款增长幅度要明显高于外币贷款。但自 2015 年起，外币存款稳步上升的同时，外币贷款却出现绝对数值下降，从 2014 年的 6179.62 亿美元下降到 2016 年的 5379.8 亿美元，平均跌幅为 6.47%。东部地区金融部门的净外币头寸自 2013 年起逐年下降，2016 年变为负值，如图 5-5 所示。

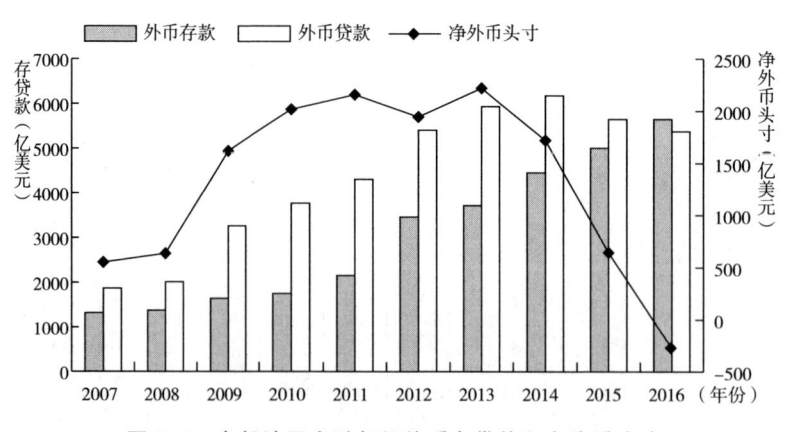

图 5-5　东部地区金融部门外币存贷款和净外币头寸

5.1.2 中部地区

中部地区金融部门发展不断加快，融资规模持续扩大，金融体系日趋完善。截至 2016 年底，中部六个省份的银行类金融机构总数为 53044 个，法人机构为 1092 个，金融机构资产总计为 312057.13 亿元；辖区内有证券公司 12 个、期货公司 14 个、上市公司 498 家，通过 A 股筹资共计 2137.7 亿元，通过国内债券筹资共计 12929.3 亿元；总部设在辖区内的保险公司有 7 个，保险公司分支机构有 359 个，财产险和人寿险的保费收入分别为 1579.9 亿元和 4098.9 亿元。金融部门在快速发展的同时也面临着各种风险，下面本书编制中部地区金融部门资产负债表并进行分析。

（一）部门资产负债表编制

中部地区金融部门资产负债表主要涵盖六个省份的银行类金融机构，如表 5-2 所示。

（二）金融部门资产负债表分析

第一，资本结构错配风险分析。

2003 年开始的金融体制改革，特别是剥离四大商业银行及其分支机构的不良资产，极大地改善了中部地区商业银行的资产负债状况。2007～2016 年十年间，中部地区金融部门资本结构发展良好，有大量富余资金，存款余额和贷款余额保持稳定增长，且存款余额相较于贷款余额增加幅度更大，中部地区金融部门发展状况良好，存款增长率始终高于贷款增长率。中部地区金融部门存贷比也一直比较稳定，2008 年下降到低点 63% 之后出现小幅上升，此后就稳定保持在 65% 左右，2014 年后出现上升，在 2016 年达到最高点 70%（见图 5-6）。

表 5-2 中部地区金融部门资产负债表

	2007 年	2008 年	2009 年	2010 年	2011 年	2012 年	2013 年	2014 年	2015 年	2016 年
总资产（亿元）	67942.00	86874.70	109069.20	131566.00	155092.10	185111.00	212096.90	236099.66	269740.10	312057.13
贷款余额（亿元）	39313.91	43992.90	58922.81	71484.70	82220.70	96069.10	111380.50	128667.20	148815.80	172181.40
其中：短期贷款	18438.67	18850.10	22546.94	25522.00	31088.50	37446.10	44756.90	48797.30	52885.90	54439.50
中长期贷款	18479.14	21925.40	31546.32	41951.00	48529.20	54808.00	62781.90	74381.00	86744.00	105675.30
票据融资	1773.96	2605.40	3642.402	2378.10	2159.10	3009.10	2845.50	4097.20	6781.00	8765.10
本币贷款（亿元）	38543.09	43277.00	57917.74	70189.70	80429.80	93697.40	108602.60	125811.80	145806.20	168977.00
外币贷款（亿美元）	105.54	104.70	147.14	195.50	284.20	377.40	455.70	474.20	421.30	433.30
总负债及权益（亿元）	67942.00	86874.70	109069.20	131566.00	155092.10	185111.00	212096.90	236099.66	269740.10	312057.13
存款余额（亿元）	57587.97	70365.40	89509.30	108684.20	125239.80	147943.00	170159.80	187468.10	214359.10	245560.30
其中：企业存款	15979.34	18833.50	25978.60	30905.70	55192.20	70893.70	73823.30	84613.60	60686.90	72739.40
居民储蓄	32145.62	39911.80	47249.95	55059.80	63607.30	75454.50	86556.90	91819.00	109895.50	123140.20
本币存款（亿元）	57101.27	69869.10	88930.40	108058.90	124495.20	146436.80	168721.00	185736.90	212149.70	242572.80
外币存款（亿美元）	66.66	72.60	84.88	94.40	118.20	182.50	235.90	283.10	381.70	431.30

注：表格的编制过程如下。①根据 2008～2017 年的《中国区域金融运行报告》得出中部地区六省份金融部门总资产、贷款余额、短期贷款、中长期贷款、票据融资的各项数值。加总得出中部地区金融部门的各项数值。②同样根据 2008～2017 年《中国区域金融运行报告》统计中部六省份本外币贷款余额和本外币存款余额，分别加总后计算得出中部地区本外币贷款余额和本外币存款总额。③继续使用 2008～2017 年《中国区域金融运行报告》统计中部六省份各省份存款余额、企业存款与居民储蓄，并将其加总得到中部地区存款余额、企业存款与居民储蓄总额。

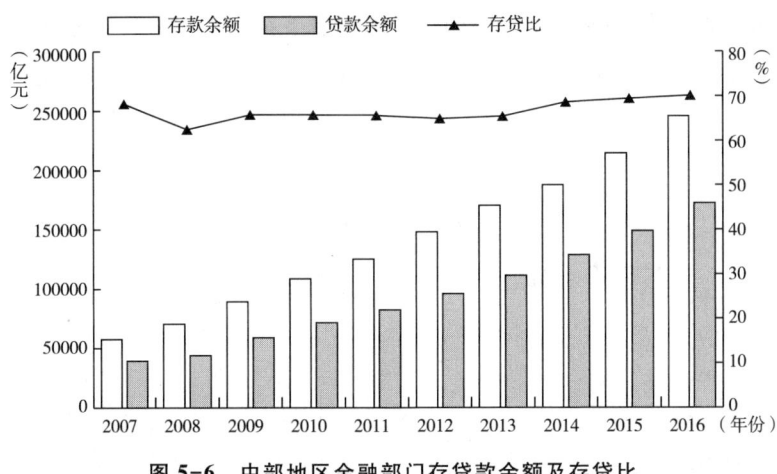

图 5-6 中部地区金融部门存贷款余额及存贷比

第二,期限错配风险分析。

中长期贷款作为长期资产的一部分,主要投向基础设施行业。如图 5-7 所示,中部地区短期贷款和中长期贷款总体呈稳定健康的增长趋势。中长期贷款占比从 2007 年到 2010 年持续攀升,在 2010 年达到最高点 59%,中部金融部门资产负债期限结构错配的问题开始凸显。2012 年中长期贷款占比出现下降,风险也随之得到一定缓解,但仍一直接近 60%,从 2013 年开始,中长期贷款占比又开始上升,在 2016 年达到 61%,由此可能产生一定的流动性风险和利率风险,需要予以关注。

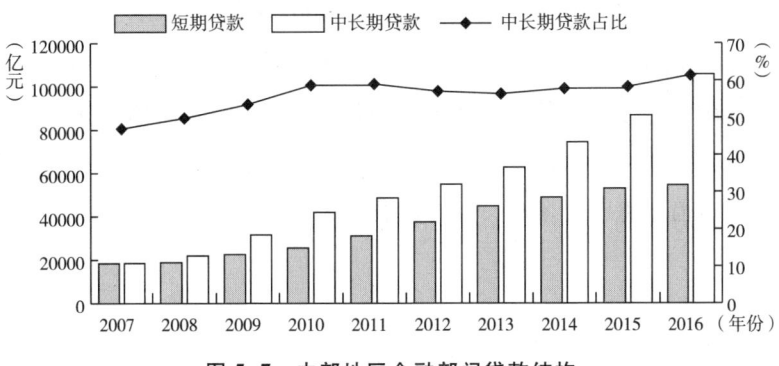

图 5-7 中部地区金融部门贷款结构

如图 5-8 所示，中部金融部门的居民储蓄占比 2007~2016 年总体上呈现下降态势，从 2008 年的最高点 57% 开始下降，在 2014 年达到最低点 49%，虽然在 2015 年之后出现上升，但 2016 年居民储蓄占比仍勉强维持在 50%。

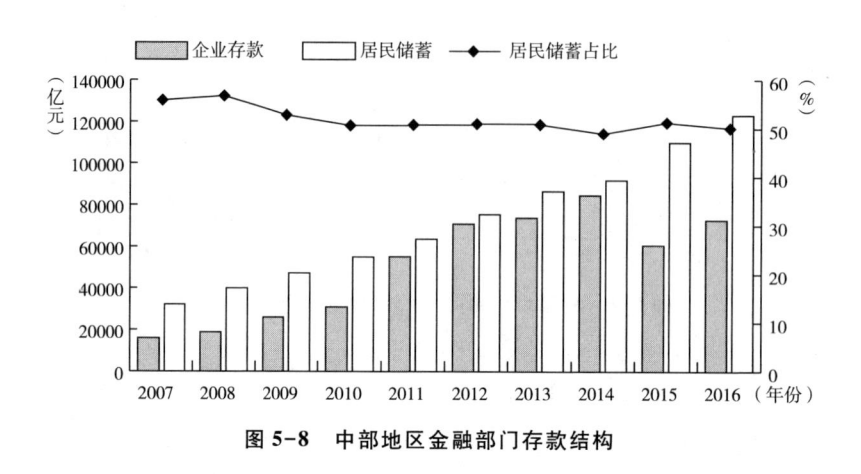

图 5-8 中部地区金融部门存款结构

第三，货币错配风险分析。

中部金融部门存贷款余额中仅有少量的外币存款和贷款。中部各省所处的地理位置决定了其对外贸易不发达的特性，中部地区对外贸易并不具有优势，且没有强烈的对外贸易的需求。如图 5-9 所示，2011 年起中部地区的外币存款开始上涨；外币贷款则从 2009 年开始出现上涨趋势，在 2014 年达到最高点 474.2 亿美元，但在 2015 年和 2016 年出现绝对数额的下降。从净外币头寸角度看，该指标从 2008 年开始呈现上涨趋势，在 2013 年达到最高值 219.8 亿美元，之后开始下降，2016 年净外币头寸几乎为零。金融危机之后，长三角和珠三角等以出口为主的制造业产业逐渐向中部各省转移，给中部地区经济发展带来机遇的同时也可能带来货币错配的风险，目前虽未凸显风险，但也应密切关注。

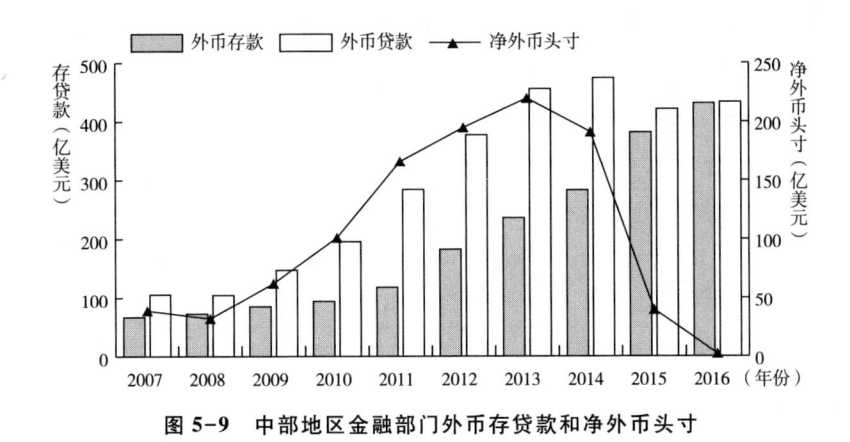

图 5-9　中部地区金融部门外币存贷款和净外币头寸

5.1.3　西部地区

西部地区金融部门发展相对滞后，金融网点不足且布局不合理，国有商业银行所占比重较大，政策性银行、股份制商业银行所占比重较小。截至 2016 年底，西部十二个省份的银行类金融机构总数达到 60418 个，法人机构 1353 个，金融机构资产总计为 37.9 万亿元；辖区内有证券公司 18 个、期货公司 15 个，年末境内外上市公司达 432 家，通过 A 股筹资共计 2313 亿元，通过国内债券筹资共计 10650.3 亿元；总部设在辖区内的保险公司有 12 个，保险公司分支机构有 500 个，财产险和人寿险的保费收入分别为 1863.5 亿元和 3944.1 亿元。金融部门在快速发展的同时也面临着各种风险，下面本书编制中部地区金融部门资产负债表并进行分析。

（一）西部地区金融部门资产负债表编制

本书将西部十二个省份的 2007~2016 年数据汇总，编制了西部地区金融部门资产负债表，如表 5-3 所示。

表 5-3　西部地区金融部门资产负债表

	2007 年	2008 年	2009 年	2010 年	2011 年	2012 年	2013 年	2014 年	2015 年	2016 年
总资产（亿元）	73584.70	94855.70	124810.10	155391.60	189911.90	230287.60	267086.78	299386.16	338007.92	379950.80
贷款余额（亿元）	44214.43	52105.83	71860.36	88496.50	105383.40	124650.00	146004.09	170344.06	195282.59	220427.20
其中：短期贷款	16432.94	18160.80	21716.29	22020.00	28252.30	37450.60	46229.95	52026.47	55133.53	55175.23
中长期贷款	25791.72	31166.58	46373.79	63654.90	74049.40	82789.90	94814.74	110989.00	128377.55	150326.60
票据融资	1590.63	2412.75	3076.50	1992.10	2139.10	2785.10	2798.25	4529.24	8016.92	10555.05
本币贷款（亿元）	43538.95	51412.46	70767.79	87083.60	103232.90	121465.90	142313.76	166366.00	191454.10	216515.53
外币贷款（亿美元）	94.63	100.16	157.05	213.40	337.30	506.60	510.45	650.38	589.58	564.02
总负债利权益（亿元）	73584.70	94855.70	124810.10	155391.60	189911.90	230287.60	267086.78	299386.16	338007.92	379950.80
存款余额（亿元）	62596.81	78480.16	103063.56	125967.50	146689.00	173766.00	201250.33	222843.39	255133.02	285478.50
其中：企业存款	19130.50	23091.13	33410.99	39203.70	73359.80	91313.90	99552.52	108717.66	76208.09	88167.28
居民储蓄	30957.67	39026.51	47414.04	56585.30	66602.80	79585.70	91886.49	101312.10	114599.12	127498.80
本币存款（亿元）	62059.65	77963.12	102412.37	125185.80	145646.20	172149.00	199484.80	220618.10	251788.80	281593.72
外币存款（亿美元）	80.78	74.63	95.57	117.98	163.10	257.20	289.54	363.22	515.00	559.98

注：表格的编制过程如下。①根据 2008~2017 年的《中国区域金融运行报告》得出西部十二个省份金融部门总资产、贷款余额、短期贷款、中长期贷款、票据融资的各项数值。加总得出西部地区金融部门的总资产、贷款余额、短期贷款、中长期贷款、票据融资的各项总额（以本外币表示）。②同样根据 2008~2017 年《中国区域金融运行报告》统计西部各省份 2007~2016 年本外币贷款余额和本外币存款余额，分别加总后计算得出西部地区本外币贷款余额总额和本外币存款余额总额。③继续使用 2008~2017 年《中国区域金融运行报告》统计西部各省份存款余额、企业存款余额、居民储蓄，并将其加总得到西部地区居民储蓄余额、企业存款与居民储蓄总额。

(二) 西部地区金融部门资产负债表分析

2016 年末,全国各地区银行业金融机构资产总额为 204.88 万亿元,西部地区银行业金融机构总资产仅占全国的 18.53%。但是,从西部地区银行业金融机构自身的发展看,其总资产近年来保持稳步发展,年增长率保持在两位数以上。

第一,资本结构错配风险分析。

如图 5-10 所示,2007~2016 年,西部地区金融部门资产负债规模平稳扩大,贷款和投资仍然是总资产的主要部分,占七成以上。截至 2016 年底,西部地区金融部门总资产额达 37.96 万亿元;负债的主要部分来自存款,总额达 28.55 万亿元。从 2007 年开始,西部地区金融部门的资产负债率逐年下降,2007 年最高点为 85.07%,2016 年降至 75.21%。由于金融业务创新不足,西部地区金融机构的竞争集中在存贷款业务上,业务品种比较单一。

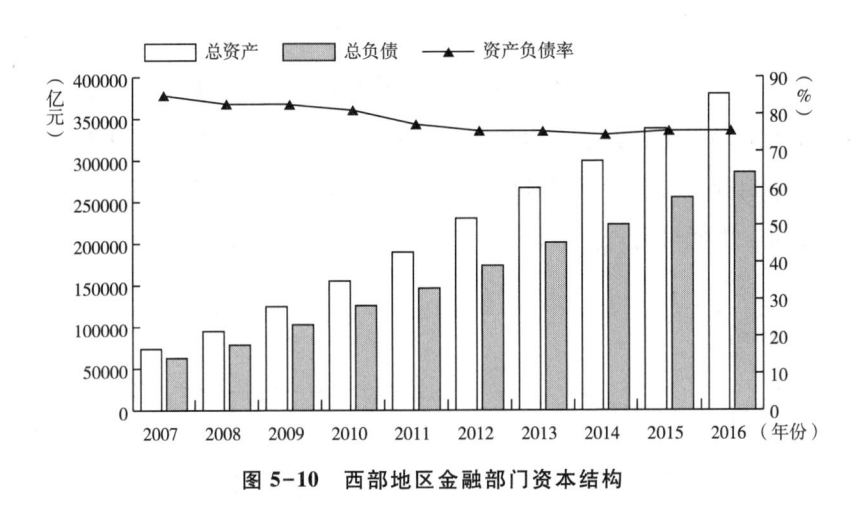

图 5-10 西部地区金融部门资本结构

如图 5-11 所示,2008 年西部地区金融部门存贷比下降到最低点 66%,2008 年金融危机之后西部地区金融部门的存款和贷款余额之间的差距不断变化,存贷比逐年上升,2016 年达到最高点 77%。

第二,期限错配风险分析。

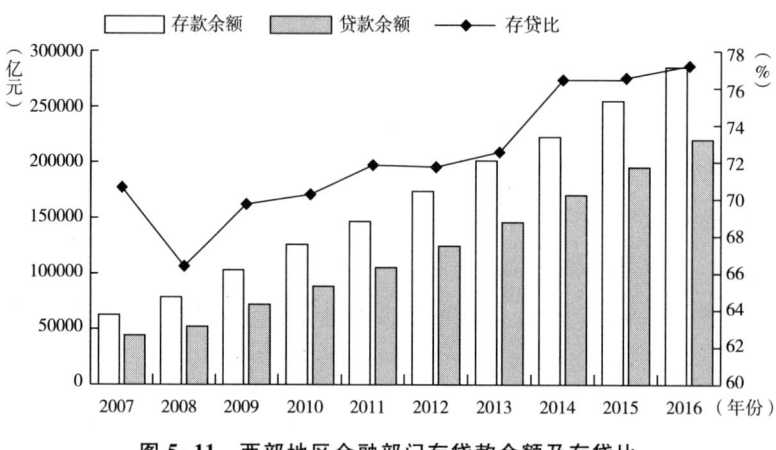

图 5-11 西部地区金融部门存贷款余额及存贷比

如图 5-12 所示,从西部地区金融部门资产负债的期限结构看,以 2010 年为界,2007~2010 年,中长期贷款增长相对较快,中长期贷款占比从 2007 年的 58% 升至 2010 年的最高点 70%。2010 年后,中长期贷款占比虽然开始缓慢下降,但仍基本稳定在 65% 的高位。西部地区经济增长对固定资产投资的依赖度较高、对中长期信贷资金的需求较大,银行业金融机构资金来源短期化、资金运用长期化趋势明显。与此相对应出现的负债短期化、长期资产占比持续攀升的情况,令西部地区金融部门期限错配问题日益突出,由此可能产生流动性风险和利率风险。

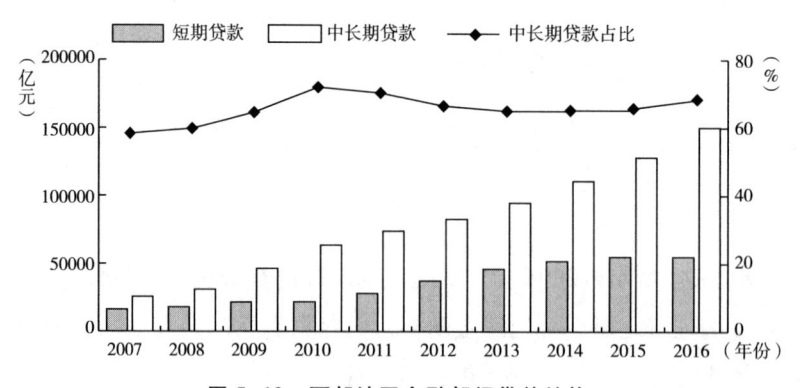

图 5-12 西部地区金融部门贷款结构

从西部地区金融部门存款结构看,居民储蓄和企业存款均呈稳步增长的态势,其中居民储蓄占比自 2008 年开始出现下降,从 2008 年的 50%下降到 2016 年的 45%,但总体上保持稳定的态势,如图 5-13 所示。

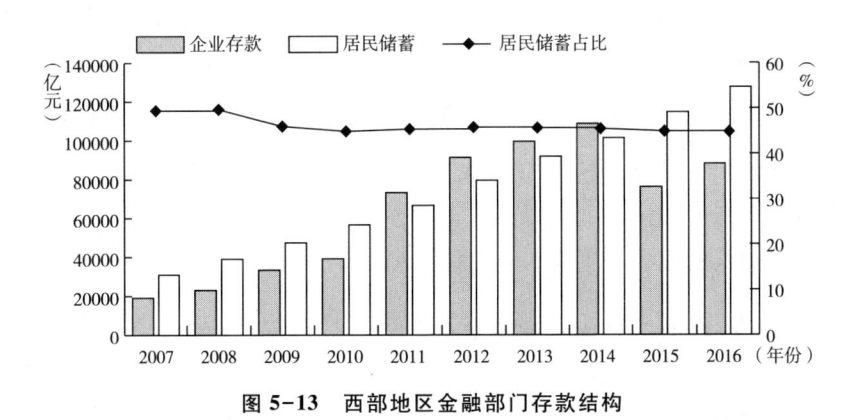

图 5-13　西部地区金融部门存款结构

第三,货币错配风险分析。

西部地区经济外向程度低,外汇资产在总资产中的比重向来较低。2016 年末,西部地区的外币存款占比和外币贷款占比仅为 1.31%和 1.96%,远远低于全国平均水平 3.03%和 4.23%。如图 5-14 所示,从西部金融部门外币贷款和外币存款看,外币存款从 2011 年开始出现一波明显的快速上升趋势;外币贷款余额从 2013 年起出现较大的波动,2014 年增加幅度较大,达到最高点 650.38 亿美元,比前一年增长 27.41%,2015 年和 2016 年均出现绝对数量下降,分别比前一年下降 9.35%和 4.34%。

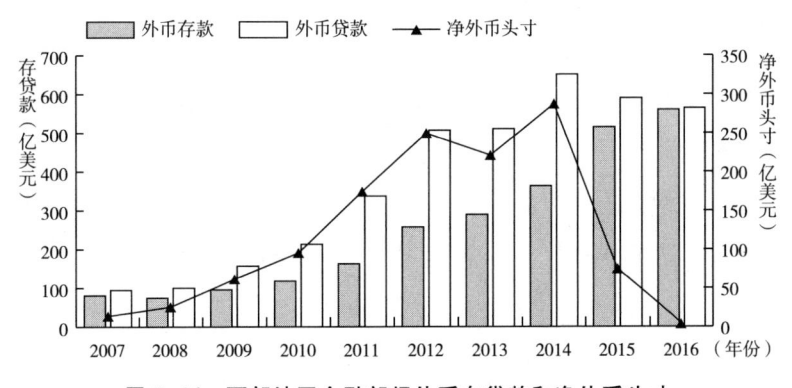

图 5-14　西部地区金融部门外币存贷款和净外币头寸

5.1.4 东北部地区

随着金融市场建设步伐的加快，东北部地区金融部门规模持续扩大，金融体系趋于完善。截至 2016 年底，东北部地区银行类金融分支机构（总部除外）数量为 20954 个，法人机构为 380 个；同时，辖区内设有证券公司 6 个、期货公司 7 个，2016 年末境内外上市公司达 182 家，当年通过 A 股筹资共计 811.5 亿元，通过国内债券筹资共计 1971.3 亿元，此外，总部设在辖区内的保险公司有 8 个，保险公司分支机构有 195 个，财产险和人寿险的保费收入分别为 576.9 亿元和 1781.4 亿元。

（一）金融部门资产负债表编制

东北部地区金融部门资产负债表主要涵盖黑龙江、辽宁、吉林三个省份的银行类金融机构，如表 5-4 所示。

（二）金融部门资产负债表分析

第一，资本结构错配风险分析。

如图 5-15 所示，东北部地区金融部门总资产保持着快速增长态势，2007 年金融部门总资产约为 3.55 万亿元，2016 年为 14.44 万亿元，是 2007 年的 4.07 倍。如图 5-16 所示，金融部门存贷款余额在 2007~2016 年保持稳定增长。存贷比自 2008 年下降到最低点 64% 之后，出现缓慢上升的态势，在 2015 年和 2016 年都达到高点 78%。

第二，期限错配风险分析。

如图 5-17 所示，东北部地区短期贷款和中长期贷款在 2007~2016 年呈快速增长趋势。中长期贷款占比自 2007 年上升幅度较大，在 2009 年突破贷款总额的一半，在 2011 年达到高点 59.47%，虽然之后出现下降态势，但仍维持在 55% 左右。中长期贷款占比较高会使金融部门资产负债期限错配问题显现，由此可能产生流动性风险和利率风险。

第5章 中国金融安全区域比较的资产负债表分析 | 109

表 5-4 东北部地区金融部门资产负债表

	2007 年	2008 年	2009 年	2010 年	2011 年	2012 年	2013 年	2014 年	2015 年	2016 年
总资产（亿元）	35457.40	43340.00	55728.30	64473.00	76527.00	88886.50	97120.70	108671.80	127637.50	144361.60
贷款余额（亿元）	19454.50	21833.40	28668.20	34292.20	39834.00	45836.90	52309.70	59510.80	68236.70	73982.70
其中，短期贷款	9278.80	9595.40	11003.90	12034.80	14648.80	17439.90	20661.20	23718.60	27775.20	23899.90
中长期贷款	9176.20	10507.70	15114.00	20310.20	23690.90	26566.10	29730.50	33119.30	35933.90	32698.30
票据融资	822.30	1522.10	2120.20	1349.10	1256.00	1474.80	1474.20	2135.20	3787.00	4069.40
本币贷款（亿元）	19037.40	21259.70	27772.60	33126.40	38295.90	43792.50	49999.90	57229.00	66153.00	72157.10
外币贷款（亿美元）	57.10	84.00	131.10	176.10	244.10	325.30	378.80	372.80	320.50	263.10
总负债和权益（亿元）	35457.40	43340.00	55728.30	64473.00	76527.00	88886.50	97120.70	108671.80	127637.50	144361.60
存款余额（亿元）	28624.10	34289.20	42873.60	50683.70	56210.40	64656.30	72597.30	78002.50	87871.60	95241.50
其中，企业存款	8374.30	9284.30	12824.40	14724.80	24174.40	27467.20	30307.40	31698.80	22417.00	24945.60
居民储蓄	16079.90	19931.50	23411.60	26388.20	29612.20	34219.80	37787.40	41668.10	46176.40	50140.10
本币存款（亿元）	28056.10	33689.60	42099.40	49815.40	55418.60	63600.00	71581.20	76787.90	86562.50	93899.90
外币存款（亿美元）	92.80	87.80	113.40	131.30	125.70	168.10	166.60	198.50	201.90	193.80

注：表格的编制过程如下。①根据 2008~2017 年的《中国区域金融运行报告》得出东北部三个省份金融部门总资产、贷款余额、短期贷款、中长期贷款、票据融资的各项数值。加总得出东北部地区金融部门的总资产、贷款余额、短期贷款、中长期贷款、票据融资的各项总额（以本外币表示）。②同样根据 2008~2017 年《中国区域金融运行报告》统计东北部各省份本外币贷款余额和本外币存款余额，分别加总后计算得出东北部地区本外币贷款总额和本外币存款总额。③继续使用 2008~2017 年《中国区域金融运行报告》统计东北部地区各省份存款余额、企业存款与居民储蓄，并将其加总得到东北部地区存款余额、企业存款与居民储蓄总额。

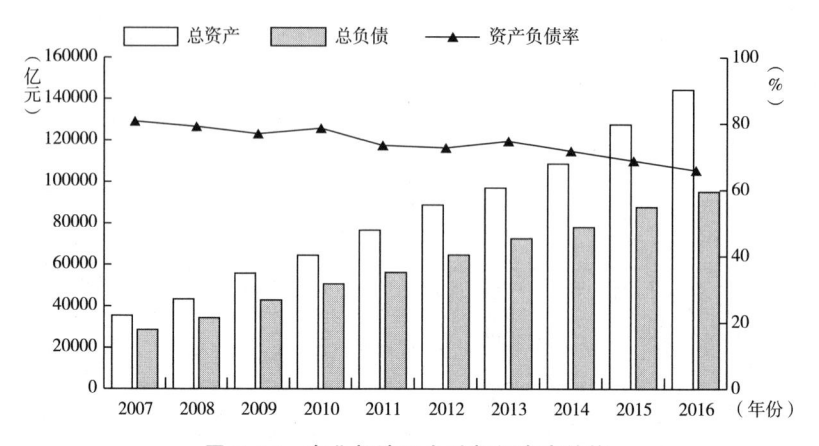

图 5-15　东北部地区金融部门资本结构

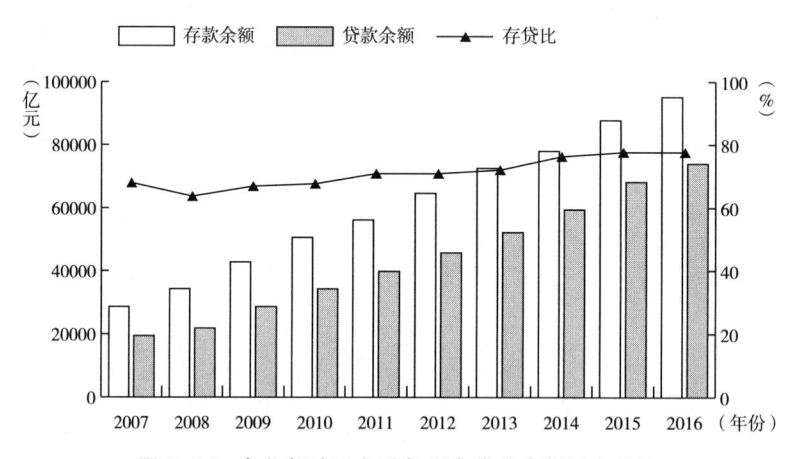

图 5-16　东北部地区金融部门存贷款余额及存贷比

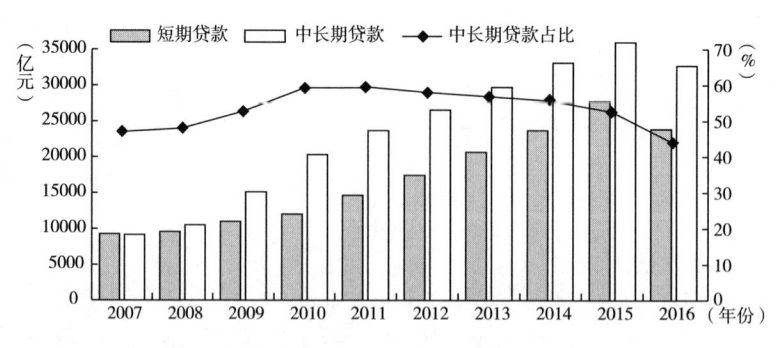

图 5-17　东北部地区金融部门贷款结构

如图 5-18 所示，2007~2016 年，东北部地区存款余额处于稳步增长态势，企业存款自 2010 年后出现一波快速增长，居民储蓄增长则比较稳定。居民储蓄占比从 2008 年的 58% 开始出现下降态势，到 2016 年占比为 53%。

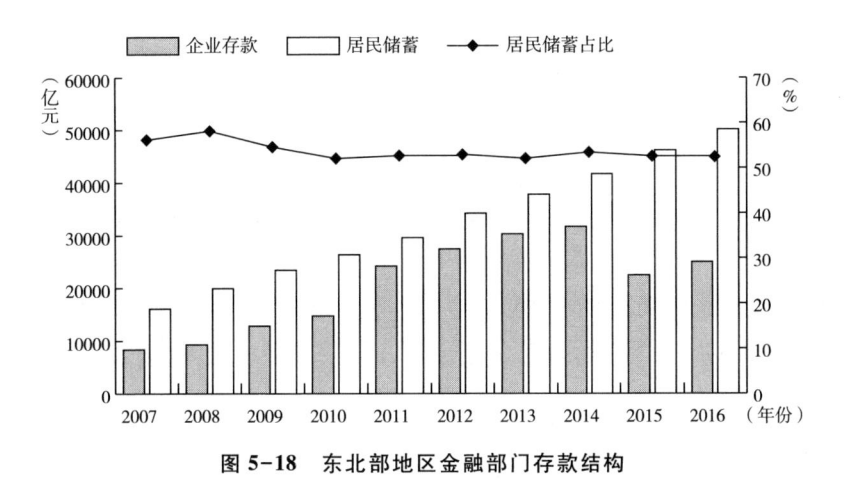

图 5-18 东北部地区金融部门存款结构

第三，货币错配风险分析。

如图 5-19 所示，2007~2016 年，东北部地区金融部门外币存款波动幅度较大，每年年底的外币存款极不稳定，忽高忽低；外币贷款则以 2013 年为界，2007~2013 年期间外币贷款呈快速增长态势，外币贷款增长率要明显高于外币存款增长率。但从 2013 年之后，外币贷款余额的绝对数量出现下降，从 2013 年的 378.8 亿美元下降到 2016 年的 263.1 亿美元，年均下降幅度为 7.64%。与此同时，净外币头寸同样以 2013 年为界，与外币贷款呈现同样态势，2007 年东北部金融部门的净外币头寸为 -35.7 亿美元，在 2009 年转为正值，之后逐年上升；2013 年开始下降，从当年的 212.2 亿美元下降到 2016 年的 69.3 亿美元，存在一定的货币错配风险。

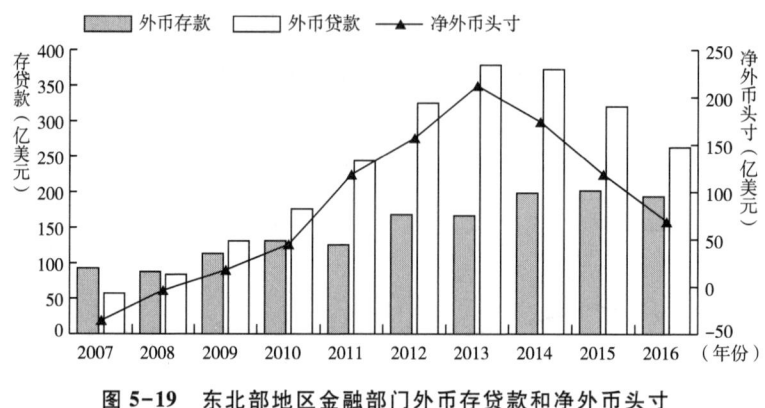

图 5-19 东北部地区金融部门外币存贷款和净外币头寸

5.2 中国不同区域企业部门资产负债表编制及分析

5.2.1 东部地区

东部地区企业部门资产负债表主要考察十个省份的规模以上工业企业、餐饮业、批发零售业以及建筑业资产负债情况。2006~2015 年东部地区企业部门资产负债表详见表 5-5。

根据东部地区企业部门资产负债表，分析企业部门的资本结构错配风险、期限错配风险以及清偿力风险，可识别东部地区企业部门内部潜在的风险。

第一，资本结构错配风险分析。

如图 5-20 所示，2006 年，东部地区企业部门的资产负债率为 58.85%，2007 年该数值开始上升，平均保持在 59.5%，2010 年后出现一波快速上升期，2014 年达到最高点 61.04%。但是，2015 年该指标跌破 60%，下降到 59.84%。

表 5-5 东部地区企业部门资产负债表

单位：亿元

	2006 年	2007 年	2008 年	2009 年	2010 年	2011 年	2012 年	2013 年	2014 年	2015 年
流动资产	124151.76	153112.47	188818.12	214992.20	269229.16	319723.76	358825.60	410691.50	451835.02	474006.68
固定资产	76002.58	87584.51	105161.56	115101.94	131596.52	135858.74	149623.74	168082.85	182783.10	193007.15
资产合计	227675.15	275008.13	336584.67	381547.66	462158.15	532406.23	600177.09	679802.98	756136.45	804642.57
流动负债	94178.14	115208.27	134796.26	150022.38	179832.63	207154.49	229495.52	263072.63	281630.64	293305.50
长期负债	18860.04	21258.58	27324.69	32783.93	38003.03	42735.84	47441.43	43937.76	62390.73	67895.04
负债合计	133861.77	162902.05	200802.95	227007.62	275312.55	323780.00	364523.65	414144.19	461265.05	481529.35
所有者权益	93735.87	112075.69	135771.04	154054.52	186290.88	208275.00	234515.65	265768.83	293139.66	321425.97

注：本表数据来源于国家统计局网站 2007~2016 年数据和各地区 2007~2016 年统计年鉴，具体如下。

①工业企业数据来源于各地区规模以上工业企业主要指标统计表，批发零售业数据来源于各地区限额以上批发和零售业资产负债统计表，餐饮业数据来源于各地区限额以上餐饮业资产负债统计表，建筑业数据来源于各地区建筑业企业资产负债统计表、各地区建筑业企业负债及所有者权益统计表，按照国家统计局的规定，规模以上工业是指全部国有及年主营业务收入达到 500 万元及以上的工业法人企业；从 2007 年开始，纳入规模以上工业统计范围的工业企业起点标准从年主营业务收入达到 500 万元提高到 2000 万元。

②1998 年至 2006 年，规模以上工业企业固定资产合计在 2008 年及以前为固定资产原价。

③餐饮业固定资产合计、批发零售业固定资产合计在 2008 年及以前为固定资产原价。

④企业负债由流动负债和长期负债构成。各地区规模以上工业企业统计表中只有流动负债，无长期负债，因此规模以上工业企业长期负债由规模以上工业主营业务收入达到 500 万元及以上的非国有国务院批准、纳入规模以上工业统计范围的工业企业起点产生的偏差对总体分析的影响不大。

⑤对工业企业、餐饮业、建筑业、批发零售业部分缺失数据进行估算处理。相对餐饮业、批发零售业、工业企业的资产负债在企业部门总的资产负债中占比较低，统计数据存在个别缺失情况，对于缺失数据进行估算补齐后产生的偏差对总体分析的影响不大。

⑥各地区 2013 年建筑业资产负债统计表中流动资产、固定资产、流动负债、长期负债、所有者权益数据缺失，均以 2012 年各指标的年增长率估算出2013 年流动资产、固定资产、流动负债、长期负债、所有者权益数据；各地区 2013~2015 年建筑业资产负债表中长期负债数据缺失，则以当年负债总额减去流动负债所得作为当年长期负债。

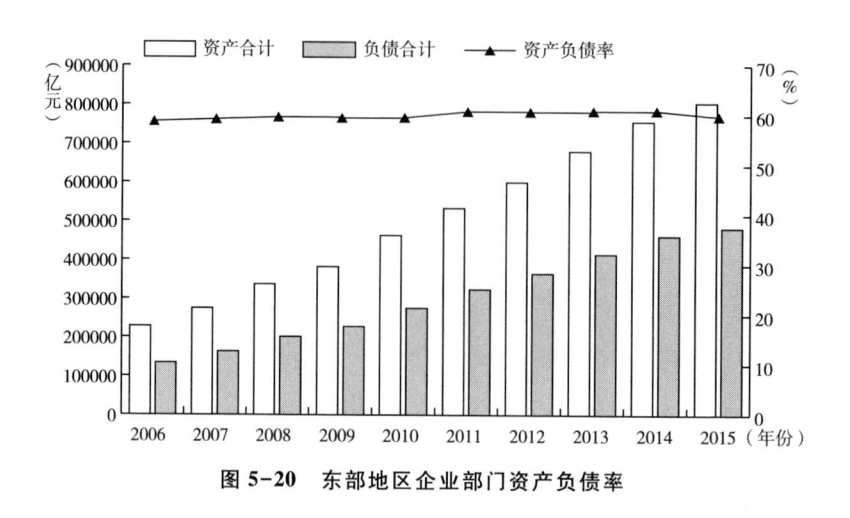

图 5-20 东部地区企业部门资产负债率

第二，期限错配风险分析。

自 2006 年以来，东部地区企业部门流动资产和流动负债上升幅度明显，固定资产上升幅度比较缓慢，长期负债则一直在较低水平徘徊。从 2006 年到 2015 年，长期负债由 18860.04 亿元增加到 67895.04 亿元，年均增幅为 26%；流动负债由 94178.14 亿元增加到 293305.50 亿元，年均增幅为 21.14%。[①]

如图 5-21 所示，2006 年东部地区企业部门总资产中流动资产占比为 54.43%，表明企业部门流动资产占比较大；流动负债为 94178.14 亿元，长期负债为 18860.04 亿元，流动负债与长期负债比约为 4.99，流动负债远高于长期负债。企业流动资产与长期资产之比接近于 1，但负债主要是流动负债，企业对到期负债没有十分充足的流动资产予以偿付，资产负债期限结构存在错配问题。特别是非流动资产多为固定利率而流动负债多为浮动利率的，如果利率上升，企业部门的利息支付增加，企业将面临较高的利率风险。2006 年后，东部地区企业资产中流动资产占比呈缓慢上升趋势，2011 年和 2013 年都达到 60% 以上；同时，流动负债率则呈现下降趋势，从 2006 年的 70.35% 下降到 2015 年的 60.91%，流动资产率和流动负

---

① 数据来源：国家统计局网站，www.stats.gov.cn。

债率逐渐趋于一致。

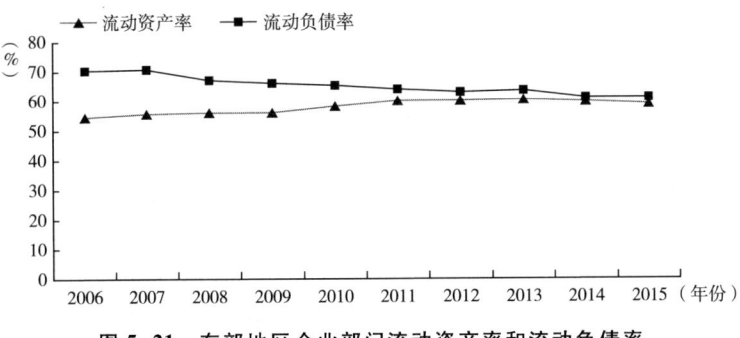

图 5-21 东部地区企业部门流动资产率和流动负债率

如图 5-22 所示，2006 年东部地区企业部门流动比率为 1.32，之后开始逐步提高，在 2015 年达到 1.62。随着流动比率的逐步提高，东部地区企业日常经营状况受负债压力影响变小，期限错配风险不断下降。

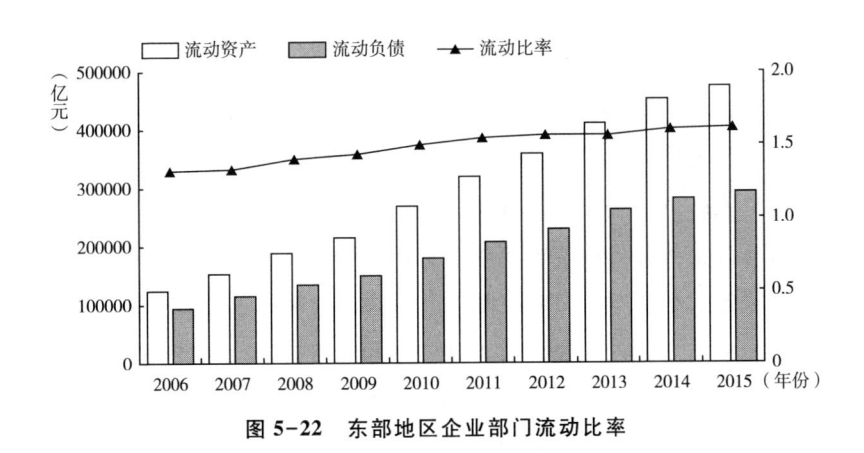

图 5-22 东部地区企业部门流动比率

第三，清偿力风险分析。

企业部门的产权比率用于考察东部地区企业部门的清偿力风险。如图 5-23 所示，2006 年产权比率是 1.43，之后开始上升，在 2008 年达到 1.48 后一直维持稳定状态，于 2011 年小幅上升到 1.55 后就一直保持在 1.55 左右，在 2014 年达到 1.57，相对处于较高水平，表明东部地区企业部门杠杆率较高，但在 2015 年下降为 1.50。从综合资产负债率和产权比率来讲，东部地区企业财务结构还是比较稳健的，总体来说，企业部门未出现资不抵债的情形，权益为正，权益占比亦处于较为合理的水平，整体清偿力风险不大。

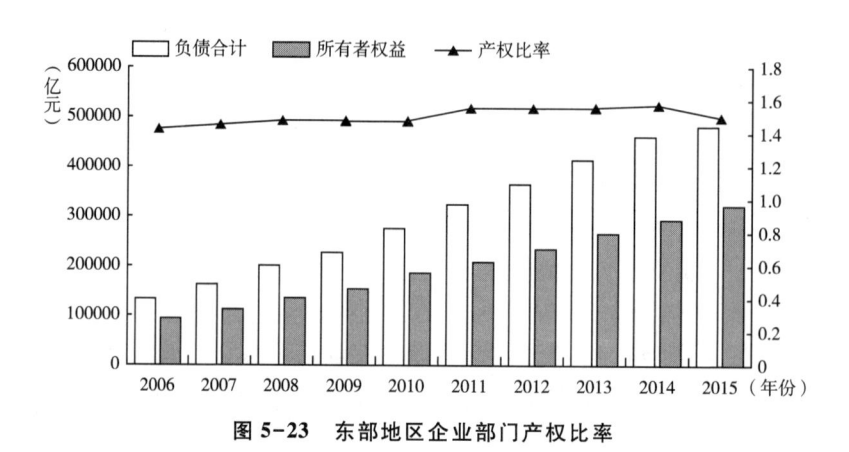

图 5-23 东部地区企业部门产权比率

5.2.2 中部地区

中部地区企业部门资产负债表主要考察六个省份的规模以上工业企业、餐饮业、批发零售业以及建筑业资产负债情况。2006~2015 年中部地区企业部门资产负债表详见表 5-6。

中部地区企业部门的资产负债表分析如下。

第一，资本结构错配风险分析。

从中部地区企业部门资本结构看，2006~2015 年中部地区企业部门的总资产、总负债和所有者权益均呈增长态势，企业规模不断扩大，数量不断增加，整体来说，中部地区企业部门发展形势良好。如图 5-24 所示，2006 年中部地区企业部门的资产负债率为 62.03%，2008 年受金融危机影响降到 59.91%，之后开始上升，2009 年到 2011 年稳定维持在 61% 左右。从 2012 年起，中部地区企业部门资产负债率呈现明显下降趋势，在 2015 年降到 58.30%。这意味着中部地区企业部门正在逐渐减少对债务融资的依赖，企业的盈利能力有所提升。

第 5 章 中国金融安全区域比较的资产负债表分析 | 117

表 5-6 中部地区企业部门资产负债表

单位：亿元

	2006 年	2007 年	2008 年	2009 年	2010 年	2011 年	2012 年	2013 年	2014 年	2015 年
流动资产	24843.87	31141.23	39547.63	47533.30	61020.78	75659.08	90837.78	105988.90	118280.50	129671.70
固定资产	25282.60	30429.47	38116.13	43719.97	50411.80	57140.60	63743.37	72911.33	81624.93	87871.27
资产合计	55814.94	69192.43	88352.52	103963.70	125858.70	151073.80	179039.00	208522.10	233709.80	256120.60
流动负债	25276.35	31565.43	39652.15	47184.46	58365.42	70653.17	83227.63	96038.23	105550.20	115261.10
长期负债	9348.05	10768.31	13277.79	16126.16	18366.90	21354.50	24580.19	28254.13	31118.25	33406.54
负债合计	34624.41	42333.73	52929.95	63310.60	76737.85	92211.84	108325.80	124802.90	137334.10	149328.40
所有者权益	21000.56	26683.26	35412.43	40320.26	48784.21	58467.92	70090.75	82862.81	95488.12	105696.70

注：本表相关说明同表 5-5。

图 5-24 中部地区企业部门资产负债率

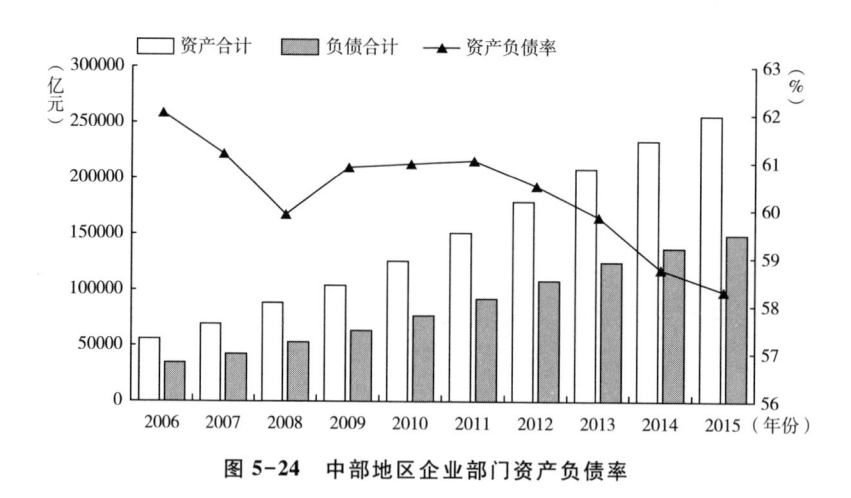

第二，期限错配风险分析。

2006~2015年，中部地区企业部门的流动资产和流动负债均呈稳步增长的态势，其中，流动资产的增长速度要明显快于流动负债。这在流动资产和流动负债的差额上也有所体现。

2006~2015年中部地区企业部门长期负债和流动负债均呈现快速增长态势，流动负债增长相对偏快，易聚集风险。流动负债的大幅增加意味着中部地区企业部门倾向于使用短期融资杠杆解决资金问题，短期负债的增长率远高于长期负债的增长率，中部地区企业部门的债务流动性较强。短期债务的快速增长，一方面说明中部地区企业在经营过程中利用各种融资渠道提高了资金周转的能力，但另一方面也增加了企业经营的风险，容易受到外部经济与金融环境变化的影响。

如图 5-25 所示，流动资产率和流动负债率均在 2009 年出现了小幅上涨，之后保持比较稳定的态势。其中，流动资产率在 2009 年后基本稳定在 50%左右，说明中部地区企业部门整体资产负债结构稳定。中部地区企业部门流动负债率自 2009 年后始终高于 76%，存在潜在的期限错配风险，当大量短期负债到期时，流动资产能否保证企业按时按量地偿还贷款，这是需要注意的短期债务风险。

流动比率（流动资产/流动负债）越高，说明企业资产的变现能力越

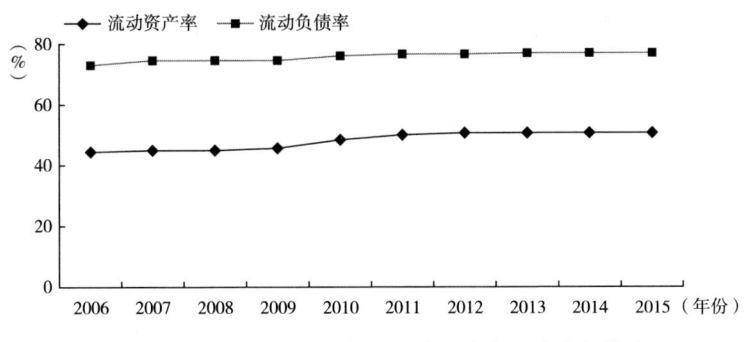

图 5-25 中部地区企业部门流动资产率和流动负债率

强，短期偿债能力越强。如图 5-26 所示，2006~2008 年中部地区企业部门的流动资产与流动负债基本保持平衡，但从 2009 年起流动资产总额超过流动负债总额，两者差额呈逐渐扩大的趋势，企业部门的流动性状况在逐年向好的方面发展。中部地区企业部门流动比率逐年上升，表明中部地区企业日常经营状况并未因负债压力而受到影响，期限错配风险相对较小。

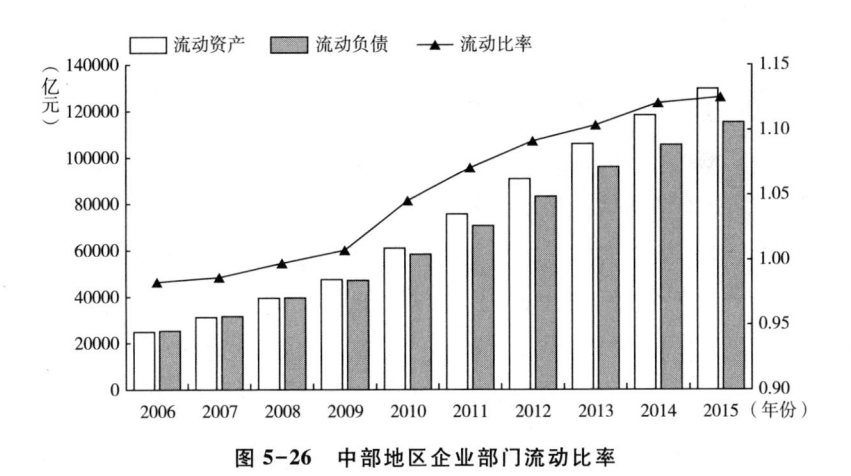

图 5-26 中部地区企业部门流动比率

第三，清偿力风险分析。

如图 5-27 所示，中部地区企业部门的产权比率从 2006 年起下降，在 2008 年达到一个阶段性低点 1.49，之后开始出现小幅上涨，维持在 1.57 左右，但从 2011 年又开始下降，从当年的 1.58 下降到 2015 年的 1.41。

综合资产负债率和产权比率来讲，中部地区企业财务结构尚处在稳定状态，资本结构错配风险较小，资本结构配置比较合理。

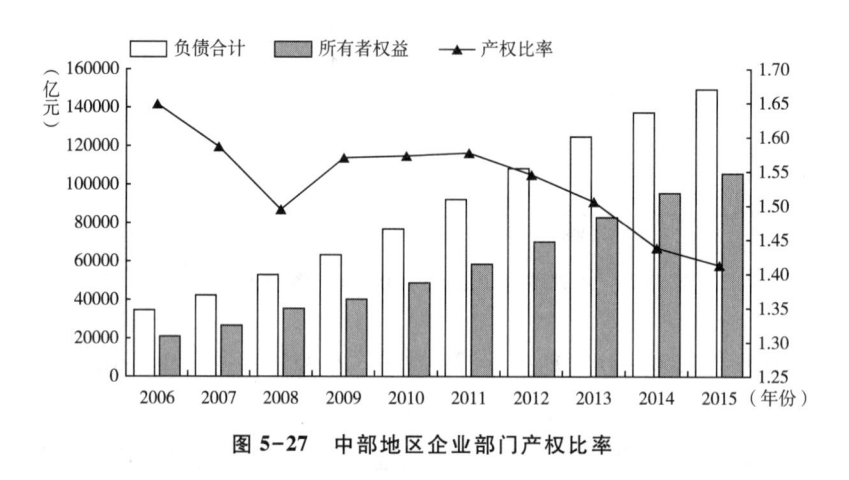

图 5-27 中部地区企业部门产权比率

5.2.3 西部地区

西部地区企业部门资产负债表主要考察西部地区各省份的规模以上工业企业、餐饮业、批发零售业以及建筑业资产负债情况。2006~2015 年西部地区企业部门资产负债表详见表 5-7。

西部地区企业部门的资产负债表分析如下。

第一，资本结构错配风险分析。

西部大开发战略实施以来，西部地区产业结构得到调整，资产负债的规模持续扩大。如图 5-28 所示，2006 年企业部门总资产为 5.69 万亿元，经过十年快速发展，截至 2015 年底，总资产达到 27.27 万亿元，增加了 3.79 倍。2007~2015 年，西部地区企业部门资产负债率整体呈不断上升的趋势，从 2007 年的 59.89%上升至 2014 年的 64.04%，虽然 2015 年出现下降，但仍维持在 64%的高位，这表明西部地区企业的资本结构有待调整，错配风险有所上升，可以认为西部地区企业对债务融资的依赖程度并没有降低。

第5章 中国金融安全区域比较的资产负债表分析 | 121

表 5-7 西部地区企业部门资产负债表

单位：亿元

	2006 年	2007 年	2008 年	2009 年	2010 年	2011 年	2012 年	2013 年	2014 年	2015 年
流动资产	25846.66	31697.00	40911.14	48007.43	61097.90	76267.30	92300.33	105052.74	120249.42	126715.41
固定资产	25311.37	30095.55	37021.46	44840.56	51924.32	57154.83	67857.68	77578.90	90901.57	97773.60
资产合计	56901.89	69962.62	90815.46	106613.50	131626.39	158662.68	190276.66	223153.28	254967.26	272673.67
流动负债	24928.74	30029.34	38873.00	45751.23	57692.32	71798.82	87114.23	102514.97	117908.98	123189.39
长期负债	9717.27	11871.58	16086.60	19483.97	23469.37	27415.59	32909.61	39551.07	44364.12	49678.87
负债合计	34646.04	41900.95	54959.57	65235.22	81167.59	99318.85	120487.01	142766.61	163289.52	174437.67
所有者权益	22212.88	28063.60	35853.47	40973.09	50113.28	59095.59	69269.37	79658.40	91127.06	98064.57

注：本表相关说明同表 5-5。

图 5-28 西部地区企业部门资产负债率

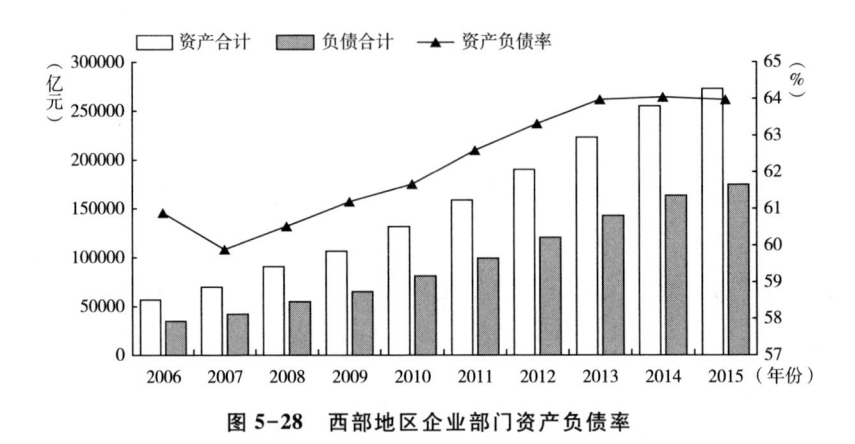

第二，期限错配风险分析。

从流动资产和流动负债的数额来看，流动资产增速要快于流动负债增速，逐渐扭转了企业部门流动资产不足以支付流动负债的局面。如图 5-29 所示，2006~2015 年西部地区企业部门的流动比率均稳定维持在 1.05 之上；随着西部地区产业结构的不断调整升级，企业部门发展逐步合理化，虽然 2013~2015 年流动比率有所下降，但仍维持在 1.02 之上，资本结构期限错配风险不大。西部地区资本市场不够发达，多数企业无论是融短期资金还是长期资金都需要寻求银行机构，因而银行部门的信用风险和流动性风险不断累积，一定程度上破坏了金融部门的清偿力。

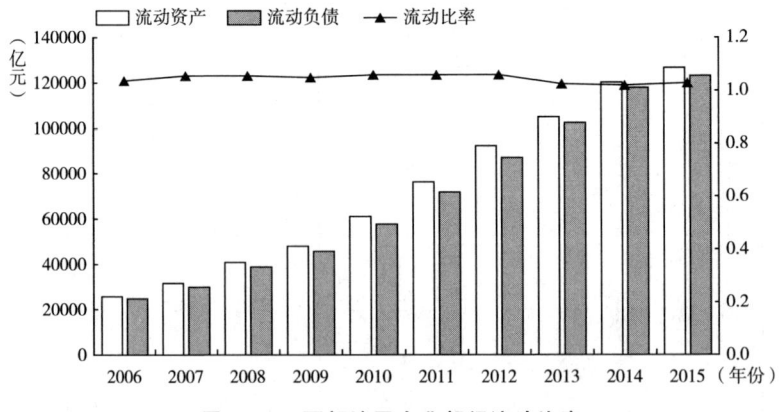

图 5-29 西部地区企业部门流动比率

第三，清偿力风险分析。

如图 5-30 所示，西部地区企业部门的产权比率在 2007 年跌到低点 1.49 后开始缓慢上升，在 2013 年达到 1.79，之后两年虽有所缓和但仍维持在 1.78。可以认为西部地区企业部门的产权比率并未出现合理化，对债务融资的依赖性也没有降低。

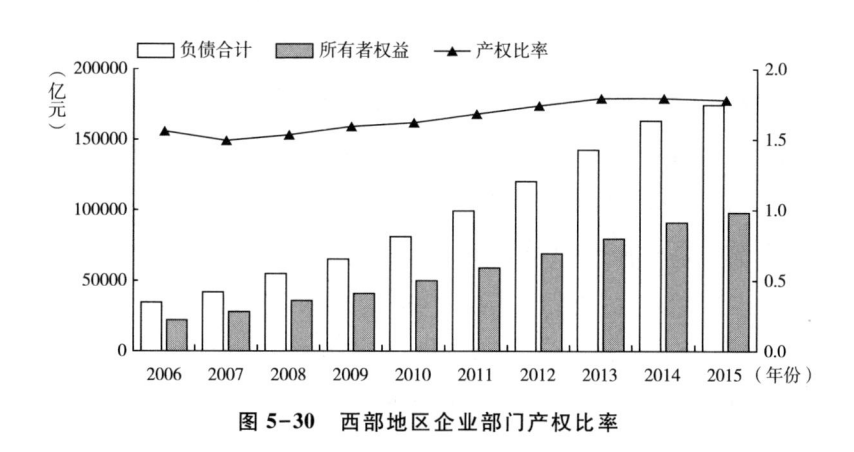

图 5-30　西部地区企业部门产权比率

随着西部地区资本市场的发展，企业部门对债务融资的依赖程度可能会出现降低，但在当前国内外经济与金融环境存在诸多不确定因素的情形下，企业部门面临的清偿力风险不容忽视。尽管西部也有部分地区发展程度相对较高，但从整体看，内外因素共同决定了西部的发展处于要素推动阶段。西部地区地域广阔、自然资源丰富、生产技术水平较低，长期以来依靠自然资源来推动经济发展，农业、采掘业及原材料工业构成其发展的支柱性产业。尽管新中国成立后，国家在西部地区投资建设了一批技术水平较高的航空、航天等企业，但这些企业带有国家计划的典型特征，并没有与西部地区的经济发展紧密结合起来促进技术进步、带动经济增长，因而未能从根本上改变西部经济增长主要依赖自然资源的特征。西部地区资本不足，无法实现产业的升级换代。此外，东部地区市场发育程度高引起了西部地区的资本外流。

5.2.4　东北部地区

东北部地区企业部门资产负债表主要考察东北三个省份的规模以上工

业企业、餐饮业、批发零售业以及建筑业资产负债情况。2006~2015年东北部地区企业部门资产负债表详见表5-8。

东北部地区企业部门的资产负债表分析如下。

第一，资本结构错配风险分析。

从东北部地区企业部门资本结构看，2006~2015年东北部地区企业部门的总资产、总负债和所有者权益总体上均呈增长态势，企业规模不断扩大，数量不断增加。但自2013年起，总资产和总负债的增长速度放慢。总资产增长率在2008年达到前所未有的最高点26.69%，第二年却急速下降到13.58%，所有者权益在2015年则出现绝对数量下降，增长率为-1%。究其原因是辽宁省统计数据"去水分"，东北部地区主要经济与金融指标均自2015年起在负值区间徘徊。

如图5-31所示，2006~2012年间东北部地区企业部门的资产负债率较稳定，一直维持在59%~60%，从2013年起开始上升到60%以上。这表明东北部地区企业部门对债务融资的依赖并没有减少，企业的盈利能力提高有限。

第二，期限错配风险分析。

2006~2013年东北部地区企业部门的流动资产、流动负债、固定资产和长期负债总量均维持稳步增长的态势。但2014年后流动资产增长率和流动负债增长率出现下跌，分别从2013年的13.48%和16.26%下降到2015年的3.01%和3.68%。与此同时，固定资产在2015年则出现负增长，增长率为-2.56%。东北部地区企业部门的流动资产占比和流动负债占比在2006~2015年基本保持稳定。其中，流动资产率在2009年降至47.15%，之后一直保持在51%左右；流动负债率则在2009年跌至76.66%，之后一直保持在78%左右。需要注意的是，流动负债长年处于高位，存在潜在的期限错配风险，当大量短期负债到期时，需要持有充足的流动资产才能保证企业按时按量偿还贷款。

第5章 中国金融安全区域比较的资产负债表分析 | 125

表5-8 东北部地区企业部门资产负债表

单位：亿元

	2006年	2007年	2008年	2009年	2010年	2011年	2012年	2013年	2014年	2015年
流动资产	14685.23	17441.28	21729.10	24237.96	30215.95	35239.31	40265.33	45693.84	47487.07	48916.96
固定资产	13262.21	14814.72	18725.37	21524.00	23940.52	25168.28	27373.27	30687.11	31858.27	31042.45
资产合计	30678.89	35728.96	45263.98	51410.76	60692.18	68820.13	78828.67	88496.00	92258.12	93849.87
流动负债	14398.91	17103.62	21192.84	23450.15	27999.93	31791.87	36063.17	41928.60	43588.26	45192.09
长期负债	3588.35	4261.55	5719.32	7139.55	7853.75	8963.40	10591.68	11038.05	11539.87	12255.95
负债合计	17987.26	21365.17	26912.15	30589.69	35855.35	40781.04	47054.32	53389.78	55663.09	57833.73
所有者权益	12506.51	14313.58	18315.32	20686.20	24654.87	27854.39	31500.33	34756.38	36271.83	35911.39

注：本表相关说明同表5-5。

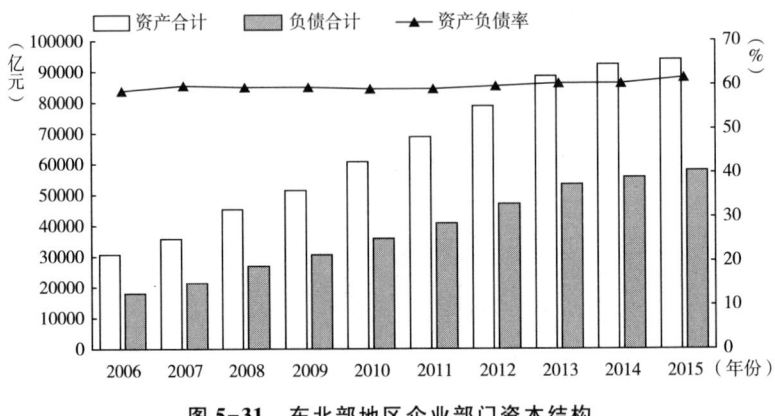

图 5-31 东北部地区企业部门资本结构

如图 5-32 所示，东北部地区企业部门流动比率从 2006 年的 1.0 一直稳步提高，在 2009 年达到 1.03 后快速上升，在 2012 年达到最高点 1.12，之后又呈下降态势，但均保持在 1.0 以上。虽然 2013~2015 年东北部地区企业部门流动比率在下降，企业日常经营状况可能因负债压力而受到一定影响，但期限错配风险仍不大。

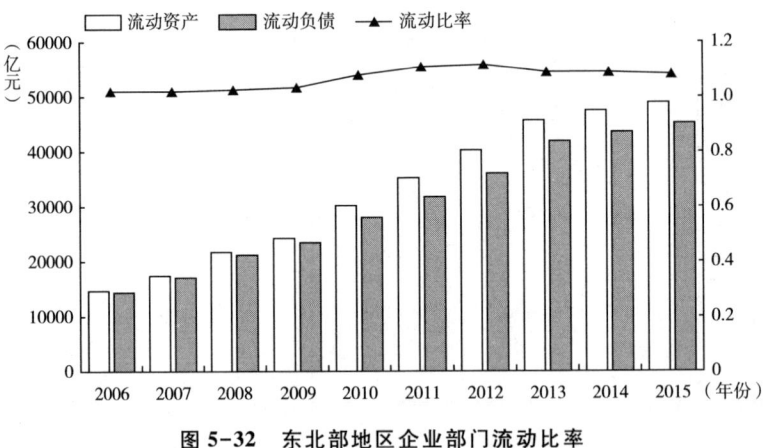

图 5-32 东北部地区企业部门流动比率

第三，清偿力风险分析。

如图 5-33 所示，东北部地区企业部门的产权比率趋势图与其资产负债率趋势图惊人地相似，近几年东北部地区企业部门杠杆率在逐步提高，究其原因是所有者权益自 2013 年起增长缓慢，于 2015 年出现绝对数值下降。综合资产负债率和产权比率来讲，东北部地区企业部门财务结构尚处在稳定状态，但还是需要注意资本结构错配风险的扩大。

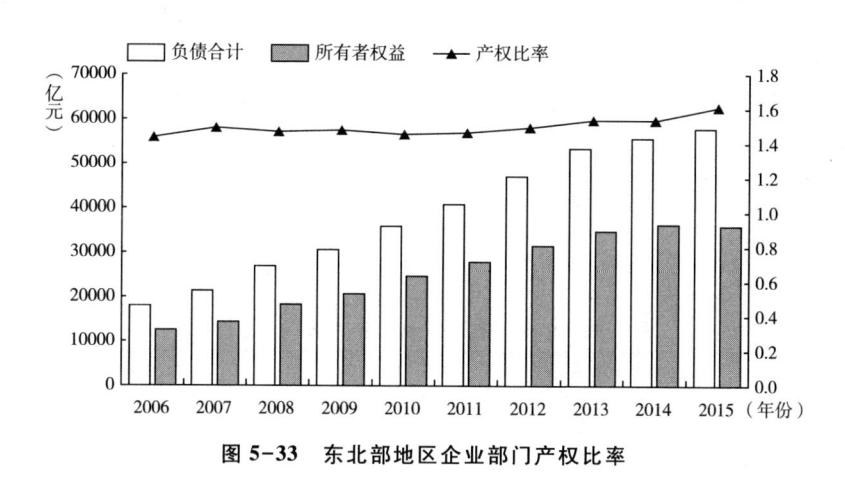

图 5-33 东北部地区企业部门产权比率

5.3 基于资产负债表分析的各区域金融风险比较

在中国经济 40 多年的高速增长过程中，区域经济的不平衡性也在加剧，东部、中部、西部三大经济区域和东北部老工业基地的发展呈现出明显的梯度差异，其中东部是发展最快的地区，中部次之，而西部和东北部地区的经济实力则远弱于东部、中部地区。相应地，四大经济区域在发展过程中面临的金融风险也各具特征。

5.3.1 各区域金融部门金融风险比较

中国东部、中部、西部、东北部地区金融部门资产负债表主要涵盖银行类金融机构 2007~2016 年的数据，包括资产总额，以及存款余额、贷款余额等存贷数据。以下从两个方面就金融部门的宏观风险进行比较，一是各区域的金融资源总量，二是各区域的金融部门存贷结构，以此来揭示东部、中部、西部和东北部地区金融部门的发展水平与风险特征。

(一) 各区域金融资源总量比较

中国各区域金融市场建设基础和发展速度不同，无论从金融部门资产总量，还是从金融机构和从业人员的数量来看，东部地区远超过中部、西部和东北部地区，历年来金融资源大多集中在东部，尤其是沿海发达地区，金融资源总量存在明显梯度差异。如表5-9所示，截至2016年底，中国各地区银行类金融机构为222824个，资产规模达2116833.89亿元。东部地区的银行类金融机构个数和资产规模分别占全国的39.68%和60.51%。

表5-9 2016年中国各地区金融部门资源比较

	银行类金融机构（个）	法人机构（个）	资产规模（亿元）
东部	88408	1486	1280864.36
中部	53044	1092	312057.13
西部	60418	1353	379550.80
东北部	20954	380	144361.60
全国	222824	4311	2116833.89

资料来源：根据2017年《中国区域金融运行报告》整理所得。

东部地区在金融发展中所体现出的绝对优势，与我国的经济发展战略有着不可分割的关系，如在改革开放初期率先建立的四个经济特区均位于东部沿海发达地区，其在利用外资技术、获得外商销售渠道，以及引进先进技术和现代企业理念等方面开创了走向国际的通道，加快了金融资源的积累。随着金融部门资源的持续增加，东部地区一度出现流动性过剩等金融问题，东部地区金融风险也比中部、西部、东北部地区更为显著。

近几年来，在国家实施西部大开发和中部地区崛起战略的背景下，中西部地区各省份加快了经济建设步伐，金融资源总量不断提高。从各地区金融部门资产增长速度来看，2007年以来均保持在10%以上，如图5-34所示。2007~2009年我国资本市场非常活跃，为金融业发展最快的东部地区提供了新的增长动力，金融部门资产进一步扩大，在2007年和2009年增长率分别达到24.9%和26.63%。2008年受国际金融危机的影响，东部地区因外向程度高等因素经济增长回落，金融部门的资产增长率也下降为 15.79%。但与此同时，另外三个地区由于金融市场建设处于初期阶段，且经济与金融运行并未受到危机影响，相对东部地区发展较稳健，因此在 2008 年，中部、西部、东北部地区的金融部门资产增长率均维持在 20% 以上。从 2010 年起，四个地区的金融部门资产增长率均出现不同程度的下滑。这里需要说明的是，尽管中部、西部地区在国家政策的支持下加快了经济与金融建设步伐，但由于历史原因和地区建设基础差距，区域间经济与金融的绝对差距依然在扩大，区域金融发展不平衡性仍旧显著。

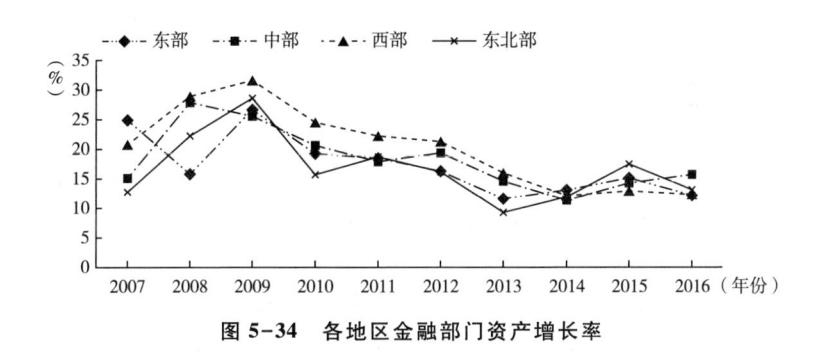

图 5-34　各地区金融部门资产增长率

（二）各区域金融部门存贷结构比较

如图 5-35 所示，2007~2016 年东部、中部、西部、东北部四个地区金融部门存贷比的变化趋势相对来说较为一致。除了 2008 年因金融危机影响出现下跌以外，四个地区金融部门存贷比总体上均呈上升趋势。2009 年到 2013 年，东部、中部、西部三个地区的存贷比结构基本保持平稳，中部地区的存贷比处于低位，在 65% 和 68% 之间小幅波动，东部和西部地区稳定维持在 70% 左右；从 2011 年后东北部地区金融部门的存贷比上升较快，几乎与西部地区走势相同。2013 年后，四个地区的存贷比均出现了明显的快速上升，除了中部地区，另外三个地区的存贷比均超过了中国人民银行规定的 75% 存贷比红线。但在 2016 年，东部地区的存贷比则意外地从 2015 年的最高点 78% 下跌到最低点 67%。2015 年全国人大常委会表决通过了关于修改《中华人民共和国商业银行法》的决定，取消了商业银行

75%存贷比监管规定。这在一定程度上放松了商业银行信贷规模扩张的约束，但是，即使没有存贷比的约束，银行的放贷节奏还会受到合意贷款、资本充足率、存款准备金率等多项指标约束。取消75%红线所释放出的资金能否进一步转化为信贷投放、更好地支持当地经济的发展，还需要银行根据自身经营情况进一步考察。

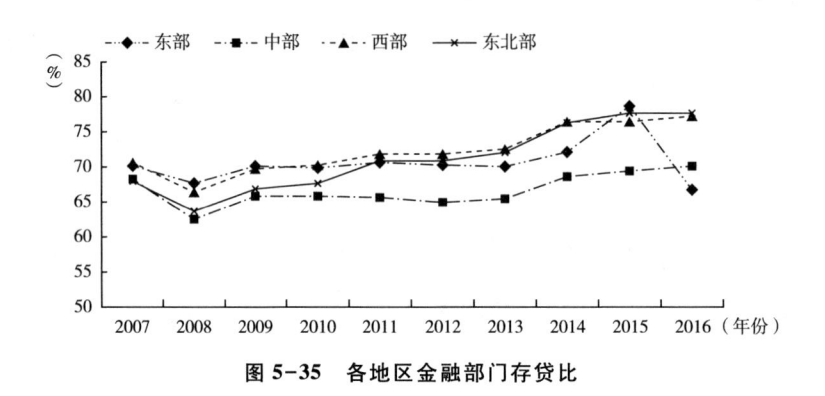

图 5-35　各地区金融部门存贷比

如图 5-36 所示，金融部门的资产中贷款余额占很大比重，从贷款余额占总资产的比重看，西部地区最高，东部地区和中部地区次之，东北部地区最低。但从近几年的走势来看，中西部地区的贷款余额占比呈上升趋势；东部地区的贷款余额占比从 2010 年起一直呈下降趋势，从 2010 年的 54.87% 下降到 2016 年的最低点 48.96%；东北部地区也呈下降趋势。

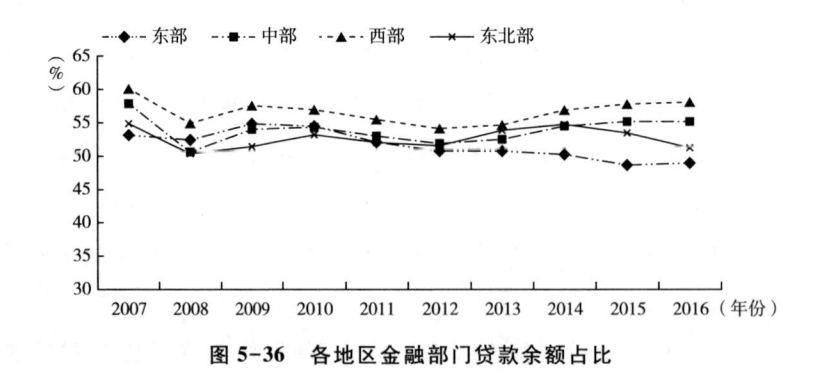

图 5-36　各地区金融部门贷款余额占比

如图 5-37 所示，在各地区的贷款余额中，2007~2010 年，中长期贷款占比总体呈上升趋势，在 2010 年均达到最高点，但这之后均出现不同程度的下降，直到 2014 年，东部、中部、西部地区又开始缓慢上升，而东北部地区中长期贷款占比则不改下降态势，在 2016 年达到最低点 44%。中长期贷款作为长期资产的一部分，主要投向基础设施行业。中部、西部地区金融机构多元化发展滞后，经济增长对固定资产投资的依赖度较高，中长期信贷资金的需求要大于东部地区，2016 年中部、西部地区的中长期贷款占比均在 60% 左右，明显高于东部地区。因此，当前中部、西部地区银行业金融机构资金来源短期化，资金运用长期化趋势明显，期限错配风险较为显著。

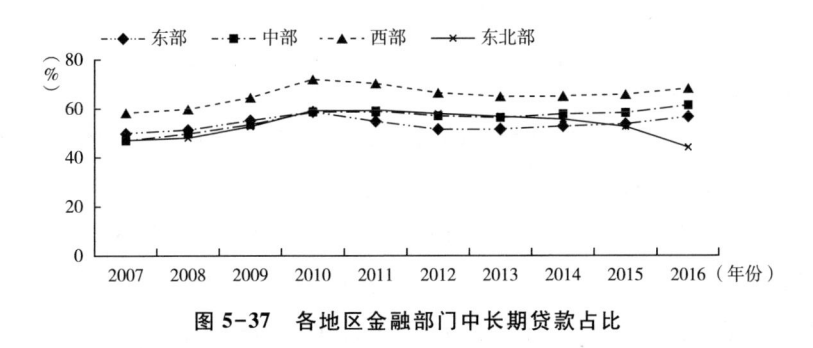

图 5-37 各地区金融部门中长期贷款占比

5.3.2 各区域企业部门金融风险比较

对于各区域企业部门风险的比较，主要基于 2006~2015 年全国规模以上工业企业、餐饮业、批发零售业以及建筑业四大行业数据构成的资产负债表进行分析。

自改革开放以来，中国经济保持了 40 多年的高速增长，各地区企业部门迅速发展。2006~2015 年，东部、中部、西部、东北部地区企业部门总资产保持稳定增长，但东部地区企业部门资产总量要远大于其他三个地区。从企业部门的资产增长率来看，如图 5-38 所示，2006~2008 年，各地区增长速度都比较高，如中西部地区年均增长率达到 23.22%。但在 2009 年，各地区均出现大幅下降，平均下降幅度高于 10%，虽然第二年有所上升，但从 2010 年开始，各地区企业部门资产增长率呈下降态势，其中东北部地区下降幅度最大，2015年增长率仅为1.73%。

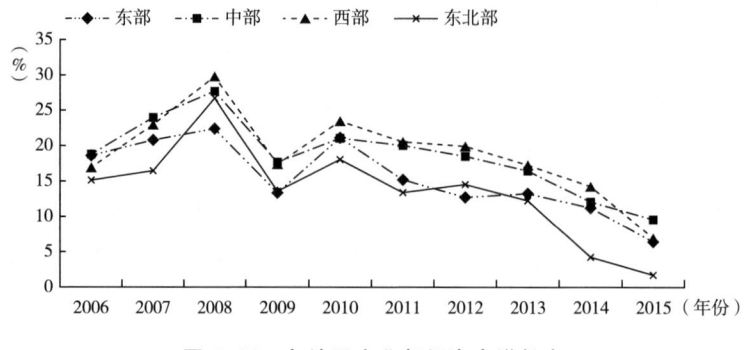

图 5-38 各地区企业部门资产增长率

2006~2015年各地区企业部门的流动比率变化幅度较小。如图5-39所示，2006~2015年东部地区企业部门流动比率最大，其他三个地区企业部门流动比率几乎保持一致，与上市企业部门比较，结构有显著差异。这十年间，四个地区的流动比率均保持在1.0以上，其中东部地区有几年均维持在1.5以上，因此四个地区企业部门的期限错配风险不大。结合各地区企业部门的资产负债率，如图5-40所示，2006年以来西部和东北部地区资产负债率上升趋势非常明显，2013~2015年均保持在60%以上，而中部地区则下降趋势明显，东部地区也有所下降，在2015年跌破60%。

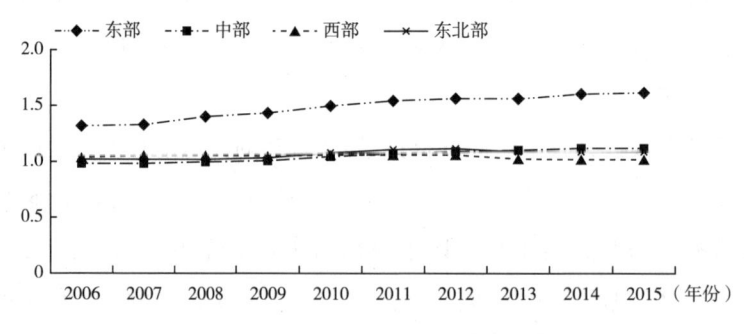

图 5-39 各地区企业部门流动比率

图 5-40　各地区企业部门资产负债率

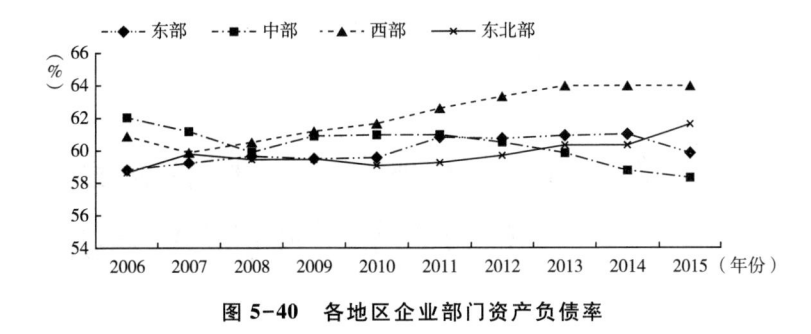

5.4　小结

本章在对中国东部、中部、西部、东北部金融风险进行区域比较和归纳分析的基础上，从资产负债表对各地区的金融部门、企业部门开展了分析，发现四大经济区域的金融风险不仅存在绝对差异，而且也存在相对差异。

第一，无论是金融部门资产总量，还是金融机构和从业人员的数量，东部地区均远超过中部和西部地区，金融资源大多集中在东部地区。从金融部门的存贷比看，2014 年前各地区银行业金融部门的存贷比均低于中国人民银行规定的 75% 的标准，相应风险也不大，但从 2014 年起，东部、西部、东北部地区的存贷比均超过 75%，特别是西部和东北部地区在 2016 年继续维持在 78%，因此存在一定的资本结构错配风险；从中长期贷款来看，2016年，中西部地区都在 60% 左右，金融部门期限错配风险较为显著。

第二，从各区域企业部门资产负债表来看，各地区企业部门的资产规模均保持稳定增长，但增长率呈下降趋势。各地区的流动比率变化幅度较小，其中东部地区最大，维持在 1.5 左右，不存在期限错配风险，中部、西部、东北部地区则几乎一直在波动，且一度存在流动资产不足以偿付流动负债的情形，期限错配风险显现。从各区域的资产负债率来看，西部和东北部地区资产负债率均呈上升趋势，对债务融资依赖度加大，特别是西部地区相对较高，东部和中部地区则呈下降趋势。

第6章　中国金融安全区域比较的或有权益资产负债表分析

上一章通过分析中国东部、中部、西部、东北部地区的金融部门和企业部门资产负债表，初步了解了各个区域经济与金融的风险状况，但由历史信息和账面价值反映的风险状况并不代表各部门的实际风险。本章运用或有权益分析进行的实证研究反映的是部门和整体的实际风险。

权益市值和权益市值波动率可以根据WIND数据库的东部十省（市）板块、中部六省板块、西部十二省（区、市）板块、东北部三省板块中的数据得到，无风险利率可从中国人民银行统计数据获得。股票价格采用前复权的方法后，每个企业（不包括金融企业）的股权市值可以通过股票价格乘以现有股本数得到，加总处理后可得四大经济区域上市企业部门日股权市值，进一步计算即可得上市企业部门的年权益市值波动率；输入参数中的股权市值采用年末数据；上市企业部门的违约点通过短期债务加一半的长期债务获得。具体可得到2007~2016年东部、中部、西部和东北部地区上市企业部门或有权益资产负债表的输入参数，最后根据或有权益资产负债表编制范式和输入参数，通过MATLAB编程计算，可以分别得到中国四大经济区域的上市企业部门或有权益资产负债情况、风险指标，与上市企业部门的账面价值进行对比分析后，基于现实数据可以分别对四大经济区域进行压力测试和敏感度分析。本章中的图表资料来源不再另行说明。

6.1 中国不同区域或有权益资产负债表分析

6.1.1 东部地区

东部地区上市企业部门或有权益资产负债表输入参数和东部地区上市企业部门或有权益资产负债情况分别见表6-1和表6-2。

表6-1 东部地区上市企业部门或有权益资产负债表输入参数

单位：亿元，%

年份	权益市值	违约点	权益市值波动率	无风险利率
2007	188177.07	19747.13	58.19	4.14
2008	70236.72	24652.63	44.58	2.25
2009	137128.32	29550.34	29.56	2.25
2010	147427.95	35275.01	22.67	2.75
2011	119352.33	43893.58	19.37	3.50
2012	126388.91	49696.75	18.68	3.00
2013	138837.18	55906.34	18.50	3.00
2014	204935.94	60031.06	16.79	2.75
2015	320493.23	64819.09	40.99	1.50
2016	302227.10	72693.84	25.86	1.50

表6-2 东部地区上市企业部门或有权益资产负债情况

单位：亿元

年份	资产市值	负债市值	权益市值
2007	207123.21	18946.14	188177.07
2008	94334.46	24097.74	70236.72
2009	166021.20	28892.88	137128.32
2010	181746.11	34318.16	147427.95
2011	161736.21	42383.88	119352.33

续表

年份	资产市值	负债市值	权益市值
2012	174616.90	48227.99	126388.91
2013	193091.23	54254.06	138837.18
2014	263338.63	58402.69	204935.94
2015	384347.21	63853.98	320493.23
2016	373838.67	71611.56	302227.10

本书对东部地区上市企业部门 2007~2016 年或有权益资产负债表进行分析，认为基于市场价值的资本结构是较为合理的，权益市值在总资产市值中占有很高的比例，这与账面价值的分析一致。总体来看，资产市值从 2007 年的 207123.21 亿元上升到 2016 年的 373838.67 亿元。2008 年国际金融危机蔓延，国内资本市场受到严重影响，股指大幅下跌，与 2007 年相比，资产市值和权益市值分别下降 54.45%、62.68%，而负债市值增加 27.19%。2009 年，随着全球经济的复苏，资本市场开始活跃，从 2014 年起，股票市场波动性增大、收益率增加，资产市值和股权市值均大幅提升，2015 年资产市值达到最大值 384347.21 亿元，同时，权益市值也达到最大值 320493.23 亿元（见图 6-1）。

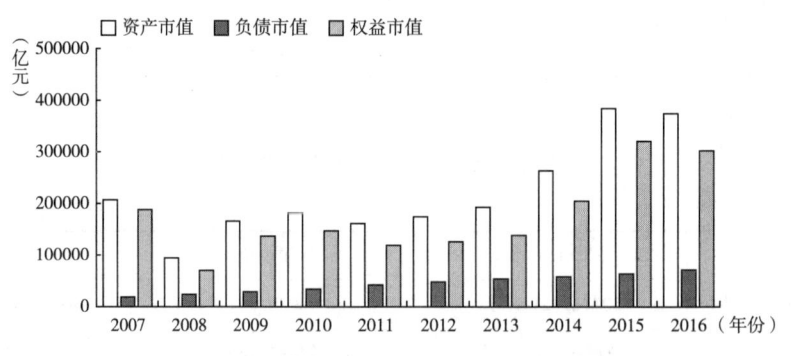

图 6-1 东部地区上市企业部门或有权益资产负债表资本结构

从东部地区上市企业部门的资产市值与账面价值在 2007~2016 年的走势看，2007 年股市大涨从而使资产市值达到一个前所未有的高度，资产市值是资产账面价值的 3.94 倍，之后随着金融危机的爆发急剧下降为 1.49 倍。在 2009~2013 年金融危机后的复苏期，资产市值和资产账面价值差距不大，说明这段时间东部地区上市企业部门的市值评价是合理的。2015 年股市再次大涨使资产市值与资产账面价值之比达到 2.26，2016 年随着股市回落该值有所减少，但总体来看，仍处于合理范围内（见图 6-2）。

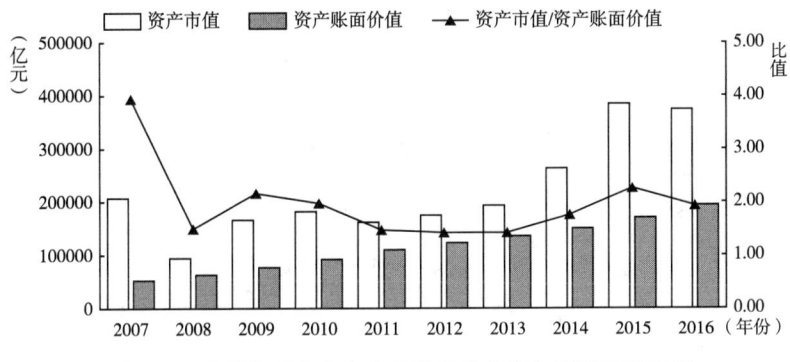

图 6-2　东部地区上市企业部门资产市值与资产账面价值

如图 6-3 所示，2007~2016 年东部地区上市企业部门负债市值小于负债账面价值。与资产市值以及资产账面价值的差额相比，负债市值与负债账面价值的差额很小，说明资产市值的增长主要是因为权益市值的增长。东部地区上市企业部门负债市值随着负债账面价值上升而上升，看跌期权的价值较小，违约风险较小。

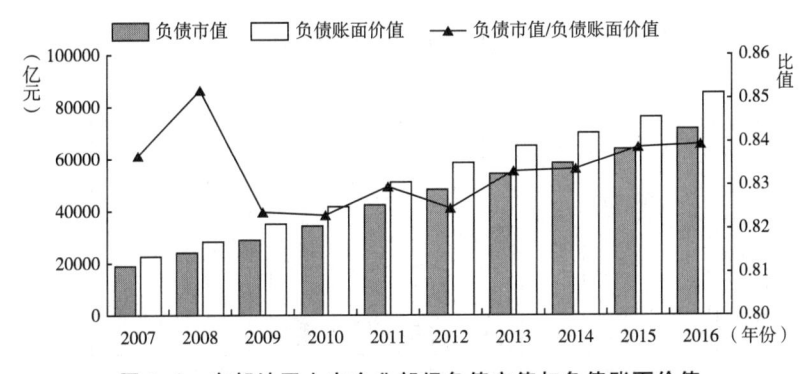

图 6-3　东部地区上市企业部门负债市值与负债账面价值

如图 6-4 所示，2007~2016 年或有资产负债率均低于 30%，且低于账面资产负债率，与 2007 年的最低点 9.15% 相比，2008 年东部地区上市企业部门或有资产负债率增加了约 16 个百分点。2007 年账面资产负债率为低点 43.06%，但 2008 年之后资本市场融资受阻，上市企业的债务融资有所增加，2014~2015 年股市上涨时上市企业的股权融资又开始活跃，或有资产负债率也有所下降。总体来看，随着资本市场的快速发展，越来越多的东部地区上市企业开始通过资本市场融资，股权融资比例不断提高。

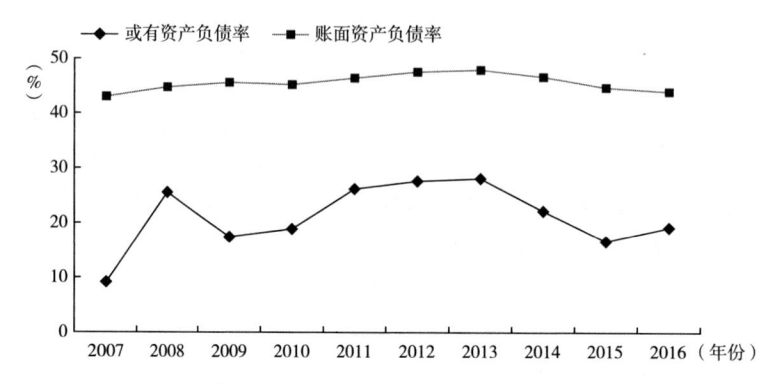

图 6-4　东部地区上市企业部门或有资产负债率和账面资产负债率

如图 6-5 所示，随着东部地区上市企业数量的增加，上市企业部门违约点也在逐年递增，2016 年，东部地区上市企业部门违约点为 72693.84 亿元；而资产市值受股市行情影响较大，资本市场较为活跃时，资产市值

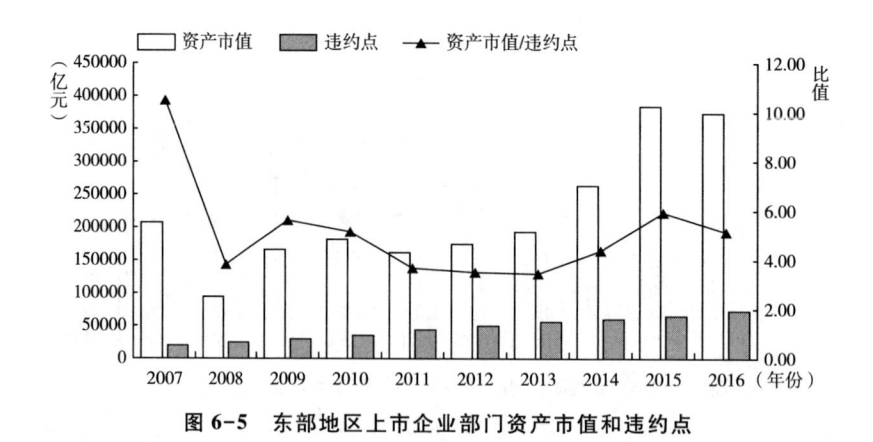

图 6-5　东部地区上市企业部门资产市值和违约点

一般较高。2007年资本市场活跃，股价上涨，资产市值达到历史最高点，为违约点的10倍以上，其中也隐含了资产价格泡沫。2009~2013年，资产市值与违约点之比小幅波动，但随着资本市场的重新活跃，从2014年起该比值开始增大，不过仍在合理范围内。

6.1.2 中部地区

中部地区上市企业部门或有权益资产负债表输入参数和中部地区上市企业部门或有权益资产负债情况分别见表6-3和表6-4。

表6-3 中部地区上市企业部门或有权益资产负债表输入参数

单位：亿元，%

年份	权益市值	违约点	权益市值波动率	无风险利率
2007	23589.42	3542.48	41.61	4.14
2008	8590.36	4151.82	49.78	2.25
2009	21266.23	4952.21	36.19	2.25
2010	27136.03	5967.17	27.91	2.75
2011	20283.86	7015.94	23.77	3.50
2012	21725.69	7892.84	24.28	3.00
2013	22811.17	8865.64	21.20	3.00
2014	31199.79	10035.93	18.32	2.75
2015	47961.15	11029.39	43.17	1.50
2016	46545.15	12087.57	28.05	1.50

表6-4 中部地区上市企业部门或有权益资产负债情况

单位：亿元

年份	资产市值	负债市值	权益市值
2007	26988.23	3398.82	23589.42
2008	12636.34	4045.99	8590.36
2009	26108.26	4842.03	21266.23
2010	32941.34	5805.31	27136.03

续表

年份	资产市值	负债市值	权益市值
2011	27058.49	6774.63	20283.86
2012	29385.26	7659.57	21725.69
2013	31414.79	8603.62	22811.17
2014	40963.50	9763.70	31199.79
2015	58826.22	10865.07	47961.15
2016	58452.77	11907.61	46545.15

如图 6-6 所示，从中部地区上市企业部门或有权益资产负债表资本结构看，资产市值从 2007 年的 26988.23 亿元上升到 2016 年的 58452.77 亿元。2008 年国际金融危机蔓延，国内资本市场受到严重影响，股指大幅下跌，与 2007 年相比，资产市值和权益市值分别下降 53.18%、63.58%，而负债市值增加 19.04%。2009 年，随着全球经济的复苏，资本市场开始活跃，从 2014 年起，股票市场波动性增大、收益率增加，资产市值和权益市值均大幅提升，2015 年资产市值达到最大值 58826.22 亿元。同时，权益市值也达到最大值 47961.15 亿元。

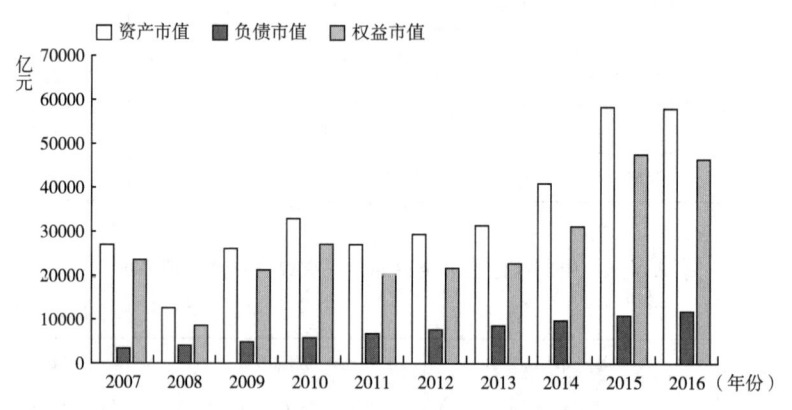

图 6-6 中部地区上市企业部门或有权益资产负债表资本结构

从中部地区上市企业部门的资产市值与资产账面价值在 2007~2016 年的走势看，2007 年股市大涨从而使资产市值达到一个前所未有的高度，资产市值是资产账面价值的 3.49 倍,之后随着金融危机的爆发急剧下降为 1.39 倍。在 2009~2013 年金融危机后的复苏期,资产市值和资产账面价值差距不大,说明这段时间中部地区上市企业部门的市值评价是合理的。2015 年股市出现一波上涨使资产市值与资产账面价值之比达到 2.19,2016 年随着股市回落该值有所减小,但总体来看,仍处于合理范围内(见图 6-7)。

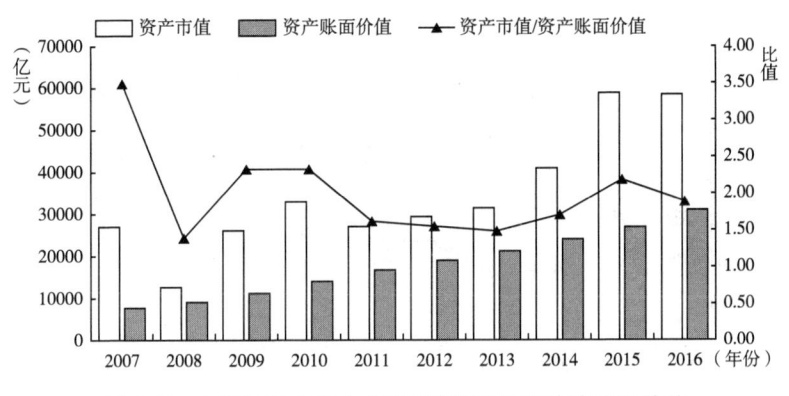

图 6-7 中部地区上市企业部门资产市值与资产账面价值

如图 6-8 所示,2007~2016 年中部地区上市企业部门负债市值小于负债账面价值。与资产市值以及资产账面价值的差额相比,负债市值与负债账面价值的差额很小,说明资产市值的增长主要是因为权益市值的增长。中部地区上市企业部门负债市值随着负债账面价值上升而上升,看跌期权的价值较小,违约风险较小。

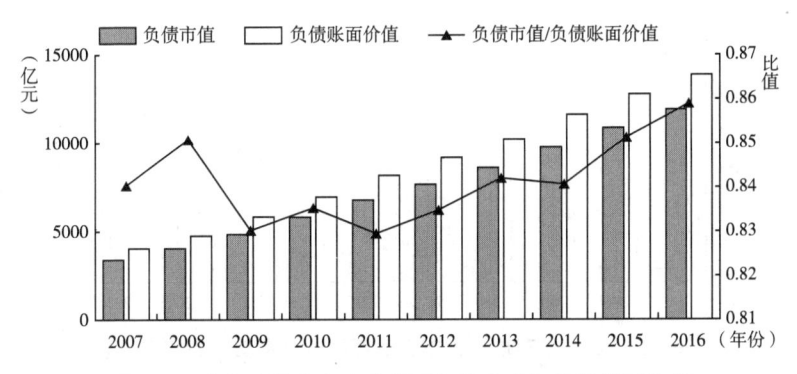

图 6-8 中部地区上市企业部门负债市值与负债账面价值

如图 6-9 所示，2007~2016 年或有资产负债率均低于 35%，且低于账面资产负债率，与 2007 年的最低点 12.59% 相比，2008 年中部地区上市企业部门或有资产负债率增加了约 20 个百分点。2007~2009 年账面资产负债率均维持在 50% 以上，之后开始出现下降趋势，表明随着资产市场的快速发展，越来越多的中部地区上市企业开始通过资本市场融资，股权融资比例不断提高。

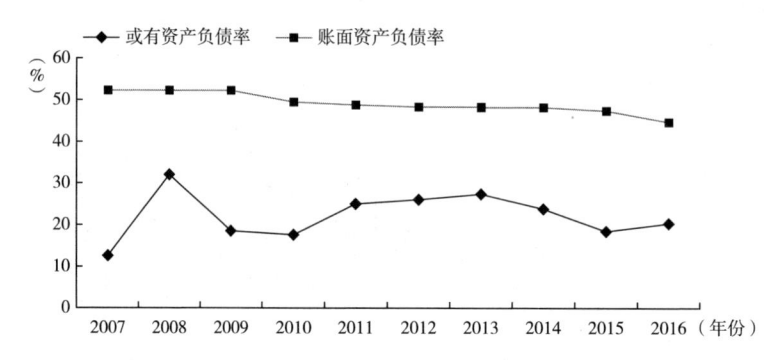

图 6-9 中部地区上市企业部门或有资产负债率和账面资产负债率

如图 6-10 所示，随着中部地区上市企业部门数量的增加，上市企业违约点也在逐年递增，2016 年，中部地区上市企业部门违约点为 12087.57 亿元；而资产市值受股市行情影响较大，资本市场较为活跃时，资产市值一般较高。2007 年资本市场活跃，股价上涨，资产市值达到历史最高点，

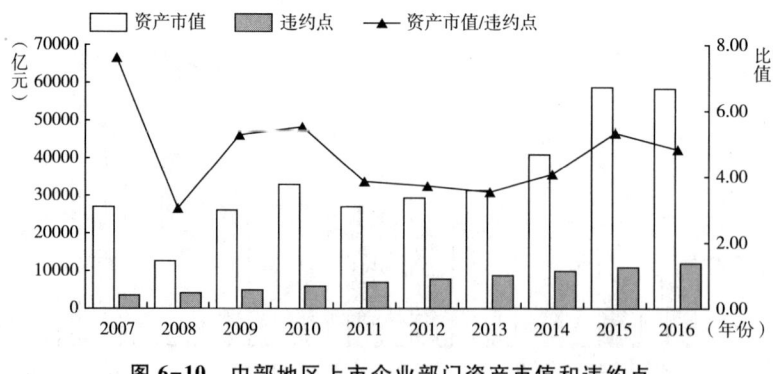

图 6-10 中部地区上市企业部门资产市值和违约点

为违约点的 7 倍以上,其中也隐含了资产价格泡沫。2009~2013,资产市值与违约点之比小幅波动,但随着资本市场的重新活跃,从 2014 年起该比值开始增大,不过仍在合理可控范围内。

6.1.3 西部地区

西部地区上市企业部门或有权益资产负债表输入参数和西部地区上市企业部门或有权益资产负债情况分见如表 6-5 和表 6-6。

表 6-5 西部地区上市企业部门或有权益资产负债表输入参数

单位:亿元,%

年份	权益市值	违约点	权益市值波动率	无风险利率
2007	24298.52	2597.12	41.20	4.14
2008	9962.69	3456.74	45.47	2.25
2009	22679.79	4275.40	33.54	2.25
2010	29432.30	5166.30	26.78	2.75
2011	21939.81	6502.06	22.86	3.50
2012	23346.24	7896.36	23.22	3.00
2013	23439.73	9025.87	19.74	3.00
2014	35654.01	10114.59	18.25	2.75
2015	53368.68	10919.46	43.11	1.50
2016	54924.53	11594.81	26.66	1.50

表 6-6 西部地区上市企业部门或有权益资产负债情况

单位:亿元

年份	资产市值	负债市值	权益市值
2007	26790.31	2491.79	24298.52
2008	13341.46	3378.77	9962.69
2009	26860.07	4180.28	22679.79
2010	34458.46	5026.16	29432.30
2011	28218.24	6278.42	21939.81
2012	31009.23	7662.99	23346.24

续表

年份	资产市值	负债市值	权益市值
2013	32198.85	8759.12	23439.73
2014	45494.25	9840.23	35654.01
2015	64125.53	10756.84	53368.68
2016	66346.72	11422.19	54924.53

如图6-11所示，2007~2016年西部地区上市企业部门资产市值总体呈上升趋势，2007~2013年增长较慢（2008年受金融危机影响下降幅度较大），2014年增速提高，2016年资产市值为66346.72亿元。2007~2016年负债市值增长较为平稳，因此资产市值增长主要受权益市值的影响，而权益市值则明显受到股市景气程度影响。2014年下半年到2015年上半年股市的一波上涨，使权益市值在2015年达到53368.68亿元，虽然2015年下半年股市下跌，但西部地区上市企业部门的权益市值仍有所增长，达到54924.53亿元。

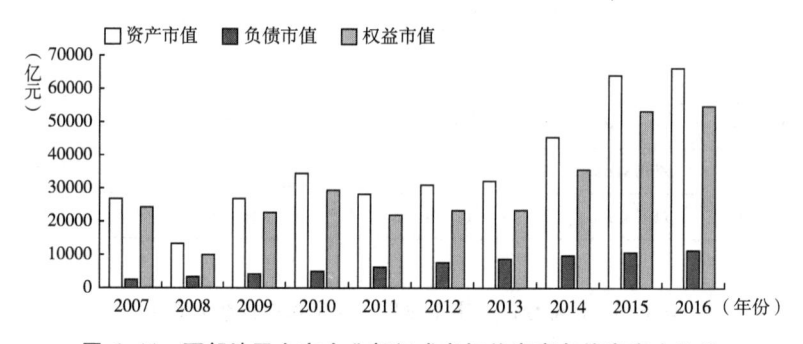

图6-11 西部地区上市企业部门或有权益资产负债表资本结构

从西部地区上市企业部门的资产市值与资产账面价值在2007~2016年的走势看，2007年股市大涨从而使资产市值达到一个前所未有的高度，资产市值是资产账面价值的4.65倍，之后随着金融危机的爆发急剧下降为1.75倍。在2009~2013年金融危机后的复苏期，资产市值和资产账面价值差距不大，说明这段时间西部地区上市企业部门的市值评价是合理的。2015年股市再次大涨使资产市值与账面价值之比达到2.50，2016年随着股市回落该值有所减小，但总体来看，仍处于合理范围内（见图6-12）。

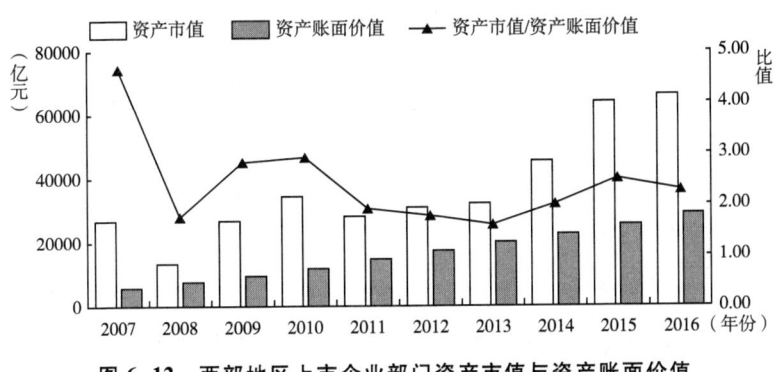

图6-12 西部地区上市企业部门资产市值与资产账面价值

如图6-13所示，2017~2016年西部地区上市企业部门负债市值小于负债账面价值。与资产市值以及资产账面价值的差额相比，负债市值与负债账面价值的差额很小，说明资产市值的增长主要是因为权益市值的增长。西部地区上市企业部门负债市值随着负债账面价值上升而上升，看跌期权的价值较小，违约风险较小。

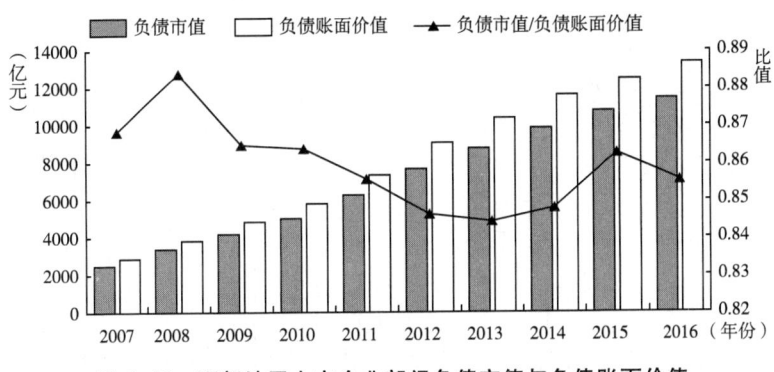

图6-13 西部地区上市企业部门负债市值与负债账面价值

如图6-14所示，2007~2016年或有资产负债率均低于30%，且低于账面资产负债率，与2007年的最低点9.30%相比，2008年上市企业或有资产负债率增加了约16个百分点。2007~2009年账面资产负债率呈上升趋势，之后开始出现下降趋势，表明随着资产市场的快速发展，越来越多的西部地区上市企业开始通过资本市场融资,股权融资比例不断提高。

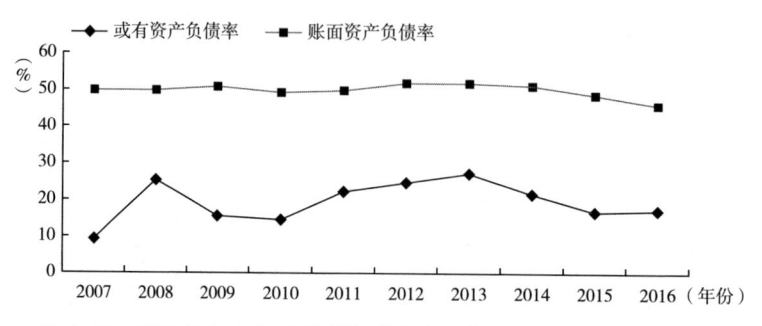

图 6-14 西部地区上市企业部门或有资产负债率和账面资产负债率

如图 6-15 所示,随着西部地区上市企业部门数量的增加,上市企业部门违约点也在逐年递增,2016 年,西部地区上市企业部门违约点为 11594.81 亿元;而资产市值受股市行情影响较大,资本市场较为活跃时,资产市值一般较高。2007 年资本市场活跃,股价上涨,资产市值达到历史最高点,为违约点的 10 倍以上,这其中也隐含了资产价格泡沫。2009~2013 年,资产市值与违约点之比小幅波动,但随着资本市场的重新活跃,从 2014 年起该值开始增大,不过仍在合理可控范围内。

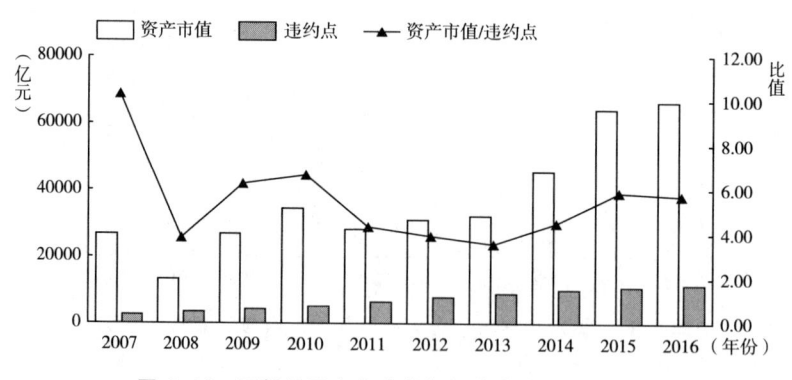

图 6-15 西部地区上市企业部门资产市值和违约点

6.1.4 东北部地区

东北部地区上市企业部门或有权益资产负债表输入参数和东北部地区

上市企业部门或有权益资产负债情况分别见表 6-7 和表 6-8。

表 6-7　东北部地区上市企业部门或有权益资产负债表输入参数

单位：亿元，%

年份	权益市值	违约点	权益市值波动率	无风险利率
2007	9407.82	1362.55	0.41	4.14
2008	3601.62	1593.49	0.53	2.25
2009	8068.79	2036.83	0.34	2.25
2010	8639.25	2391.81	0.26	2.75
2011	5842.55	2945.02	0.22	3.50
2012	6155.83	3428.59	0.23	3.00
2013	6924.24	3670.97	0.21	3.00
2014	11404.30	3933.50	0.18	2.75
2015	18048.42	4195.33	0.46	1.50
2016	16870.98	4375.81	0.28	1.50

表 6-8　东北部地区上市企业部门或有权益资产负债情况

单位：亿元

年份	资产市值	负债市值	权益市值
2007	10715.11	1307.29	9407.82
2008	5153.98	1552.36	3601.62
2009	10060.30	1991.51	8068.79
2010	10966.18	2326.93	8639.25
2011	8686.27	2843.72	5842.55
2012	9483.09	3327.26	6155.83
2013	10486.71	3562.47	6924.24
2014	15231.10	3826.80	11404.30
2015	22181.13	4132.72	18048.42
2016	21181.65	4310.67	16870.98

从东北部地区上市企业部门 2007~2016 年或有权益资产负债表资本结构看，基于市场价值的资本结构是较为合理的，权益市值在总资产市值中

占有很高的比例,这与账面价值的分析一致。总体来看,资产市值从 2007 年的 10715.11 亿元上升到 2016 年的 21181.65 亿元。2008 年国际金融危机蔓延,国内资本市场受到严重影响,股指大幅下跌,与 2007 年相比,资产市值和权益市值分别下降 51.90%、61.72%,而负债市值增加 18.75%。2009 年,随着全球经济的复苏,资本市场开始活跃,从 2014 年起,股票市场波动性增大、收益率增加,资产市值和股权市值均大幅提升,2015 年资产市值达到最大值 22181.13 亿元。同时,权益市场也达到最大值 18048.42 亿元(见图 6-16)。

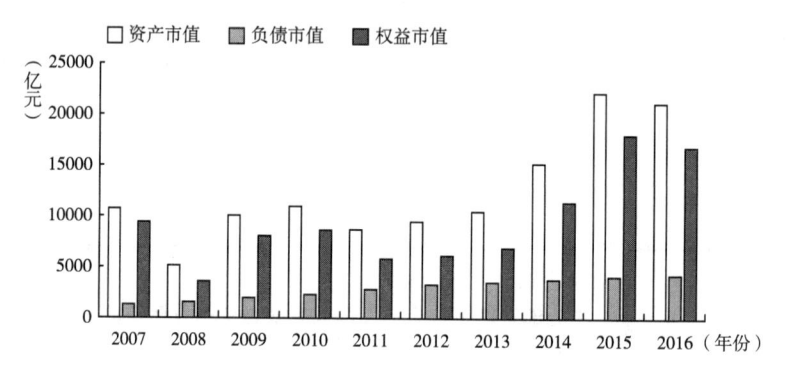

图 6-16 东北部地区上市企业部门或有权益资产负债表资本结构

从东北部地区上市企业部门的资产市值与资产账面价值在 2007~2016 年的走势看,2007 年股市大涨从而使资产市值达到一个前所未有的高度,资产市值是账面价值的 2.98 倍,之后随着金融危机的爆发急剧下降为 1.27 倍。在 2009~2013 年金融危机后的复苏期,资产市值和资产账面价值差距不大,说明这段时间东北部地区上市企业部门的市值评价是合理的。2015 年股市再次大涨使资产市值与账面价值之比达到 2.23,2016 年随着股市回落该值有所减少,但总体来看,仍处于合理范围内(见图 6-17)。

如图 6-18 所示,东北部地区上市企业部门负债市值小于负债账面价值。与资产市值以及资产账面价值的差额相比,负债市值与负债账面价值的差额很小,说明资产市值的增长主要是因为权益市值的增长。东北部地区上市企业部门负债市值随着负债账面价值上升而上升,看跌期权的价值较小,违约风险较小。

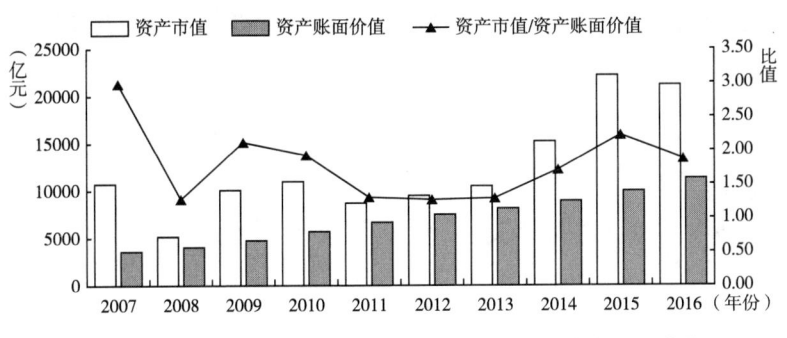

图 6-17　东北部地区上市企业部门资产市值与资产账面价值

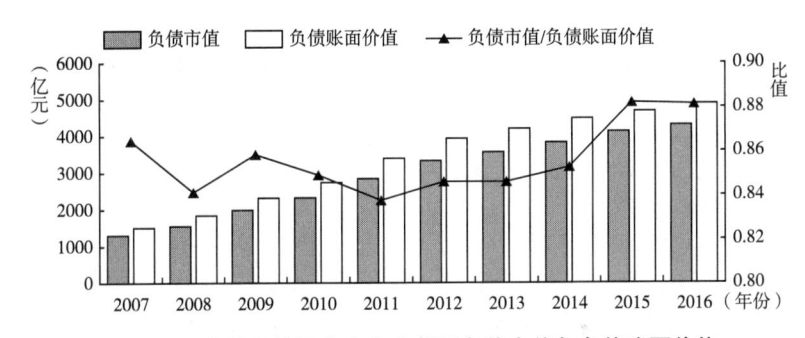

图 6-18　东北部地区上市企业部门负债市值与负债账面价值

如图 6-19 所示，2007~2016 年或有资产负债率均低于 40%，且低于账面资产负债率，与 2007 年的最低点 12.20% 相比，2008 年上市企业或有资产负债率增加了约 18 个百分点。2011~2014 年账面资产负债率均维持在 50% 以上，之后开始出现下降趋势，表明随着资产市场的快速发展，越来越多的东北部地区上市企业开始减少债务融资，通过资本市场融资，股权融资比例不断提高。

如图 6-20 所示，随着东北部地区上市企业部门数量的增加，上市企业部门违约点也在逐年递增，2016 年，东北部地区上市企业部门违约点为 4375.81 亿元；而资产市值受股市行情影响较大，资本市场较为活跃时，资产市值一般较高。2007 年资本市场活跃，股价上涨，资产市值达到历史最高点，为违约点的 7.86 倍，这其中也隐含了资产价格泡沫。2009~2013

年，资产市值与违约点之比小幅波动，但随着资本市场的重新活跃，从 2014 年起该比值开始增大，为此需要防范资产价格泡沫，并关注资本市场所隐藏的风险。

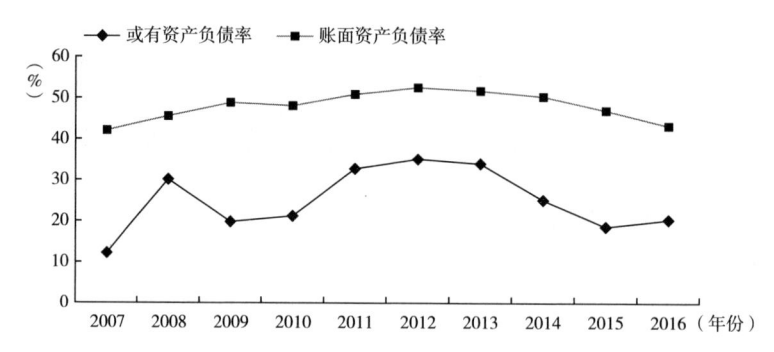

图 6-19 东北部地区上市企业部门或有资产负债率和账面资产负债率

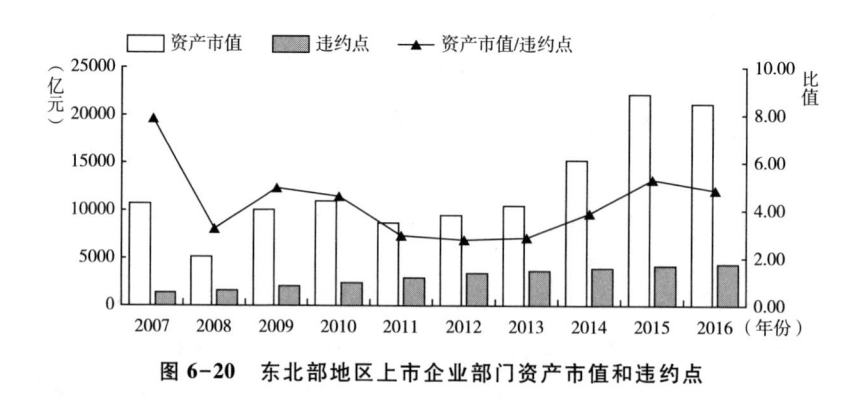

图 6-20 东北部地区上市企业部门资产市值和违约点

6.2 基于或有权益资产负债表的风险测度分析

6.2.1 东部地区

利用前面得到的资产市场价值和无风险利率等相关信息，我们可以得到一系列基准风险指标，从而在总体上反映宏观金融风险并对由这种风险所产生的潜在危机进行有效的预警，为中央和地方政府对宏观经济进行有力监管提供理论支持。

结合东部地区上市企业部门各风险指标值可进一步判断上市企业部门的风险情况（见表6-9）。一般而言，资产市值波动率越大，违约距离越小，信用溢价越高，相应的风险就越显著。从东部地区上市企业部门资产市值波动率看（见图6-21），2007~2014年上市企业部门的资产市值波动率从最高点52.88%下降到最低点13.07%，2015年波动率又显著提高至34.19%。

表 6-9 东部地区上市企业部门风险指标

	2007年	2008年	2009年	2010年	2011年	2012年	2013年	2014年	2015年	2016年
σ_A（%）	52.88	33.19	24.41	18.39	14.29	13.52	13.30	13.07	34.19	20.91
DD	1.7109	2.2259	3.3677	4.3822	5.0990	5.2913	5.3417	5.9076	2.4318	3.8533
DP	0.0405	0.0487	0.0012	0.0000	0.0000	0.0000	0.0000	0.0000	0.0164	0.0004
CS	0.0590	0.0308	0.0135	0.0156	0.0198	0.0170	0.0170	0.0156	0.0186	0.0087

注：σ_A为资产市值波动率，DD为违约距离，DP为违约概率，CS为信用溢价，下同。

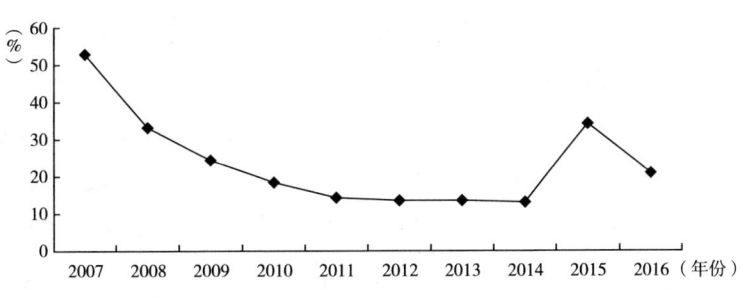

图 6-21 东部地区上市企业部门资产市值波动率

从图6-22可以看出，东部地区上市企业部门违约距离在2007~2014年整体呈上升趋势，说明违约风险有所下降，风险状况比较良好，而在2015年由于股市下跌违约距离减至2.4318，2016年该值有所增加，违约风险变小。值得注意的是，违约距离的图形和资产价值波动率图形之间的对称性比较明显，由此本书可以推断，资产市值波动率是影响违约距离的主要因素。从2007~2016年的发展趋势来看，整个东部地区上市企业部门的资产市值波动率和违约距离波动幅度都比较大，违约概率虽然比较小，

图 6-22 东部地区上市企业部门违约距离

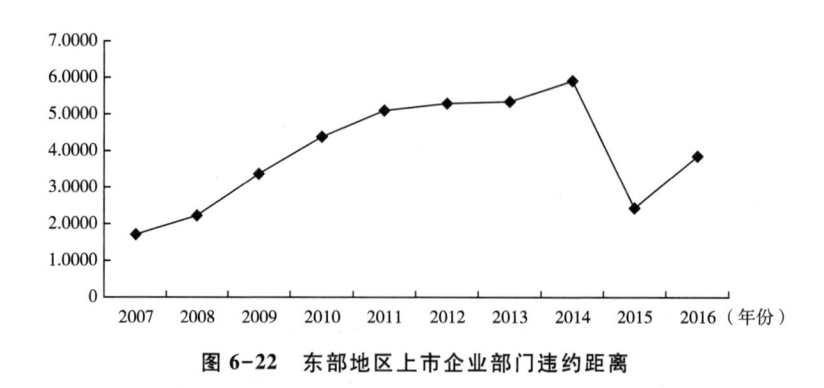

但 2015~2016 年违约概率在增大,相应地,信用溢价也在增高,由此可以判断东部地区上市企业部门的违约风险呈潜在上升趋势。

6.2.2 中部地区

结合中部地区上市企业部门各风险指标值可进一步判断上市企业部门的风险情况（见表 6-10）。一般而言，资产市值波动率越大，违约距离越小，信用溢价越高，相应的风险就越显著。从中部地区上市企业部门资产市值波动率看（见图 6-23），2007~2014 年上市企业部门的资产市值波动率从最高点 36.37% 下降到最低点 13.96%，2015 年波动率又显著提高至 35.20%。从图 6-24 可以看出，中部地区上市企业部门违约距离在 2007~2014 年整体呈上升趋势，说明违约风险有所下降，风险状况比较良好，而在 2015 年由于股市下跌违约距离也随之减至 2.3083，2016 年该值有所增大，违约使风险变小。

表 6-10 中部地区上市企业部门风险指标

	2007 年	2008 年	2009 年	2010 年	2011 年	2012 年	2013 年	2014 年	2015 年	2016 年
σ_A（%）	36.37	33.86	29.47	22.99	17.82	17.95	15.39	13.96	35.20	22.33
DD	2.3885	1.9832	2.7492	3.5614	4.1573	4.0744	4.6647	5.4085	2.3083	3.5516
DP	0.0125	0.1041	0.0107	0.0009	0.0007	0.0010	0.0002	0.0000	0.0294	0.0016
CS	0.0306	0.0369	0.0177	0.0160	0.0200	0.0172	0.0170	0.0156	0.0230	0.0092

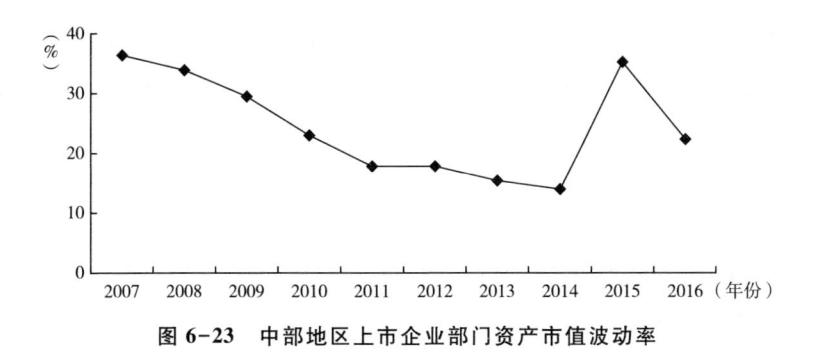

图 6-23 中部地区上市企业部门资产市值波动率

图 6-24 中部地区上市企业部门违约距离

从 2007~2016 年的发展趋势来看，整个中部地区上市企业部门的资产市值波动率和违约距离波动幅度都比较大，违约概率虽然比较小，但 2015 年违约概率有所增加，相应地信用溢价也在增高，由此可以判断中部地区上市企业部门的违约风险呈潜在上升趋势。

6.2.3 西部地区

结合西部地区上市企业部门各风险指标值可进一步判断上市企业部门的风险情况（见表 6-11）。一般而言，资产市值波动率越大，违约距离越小，信用溢价越高，相应存在的风险也就越显著。由图 6-25 和图 6-26 可以看出，西部地区上市企业部门在 2007 年、2008 年和 2015 年面临的风险较大，资产市值波动率较高，其中 2015 年的较高波动率主要源于股市的波动。2015年,西部地区上市企业的违约距离也明显变小,由2014年的5.4377减至2015年的2.3123,违约概率也增加了2.48个百分点,相应的违约溢价也在增高,虽然在2016年各指标有所缓和,但由此可以判断西部地区上市企业部门的违约风险呈潜在上升趋势。

表6-11 西部地区上市企业部门风险指标

	2007年	2008年	2009年	2010年	2011年	2012年	2013年	2014年	2015年	2016年
σ_A(%)	37.37	33.95	28.31	22.87	17.77	17.48	14.37	14.30	35.88	22.06
DD	2.4164	2.1820	2.9696	3.7169	4.3312	4.2652	5.0066	5.4377	2.3123	3.7400
DP	0.0058	0.0597	0.0037	0.0002	0.0002	0.0005	0.0001	0.0000	0.0248	0.0004
CS	0.0277	0.0321	0.0148	0.0157	0.0199	0.0171	0.0170	0.0156	0.0219	0.0087

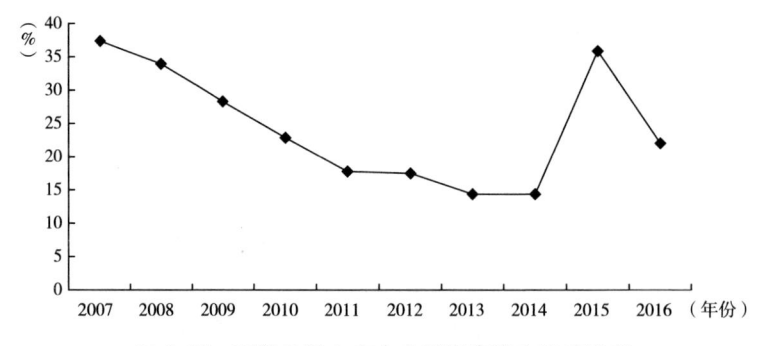

图6-25 西部地区上市企业部门资产市值波动率

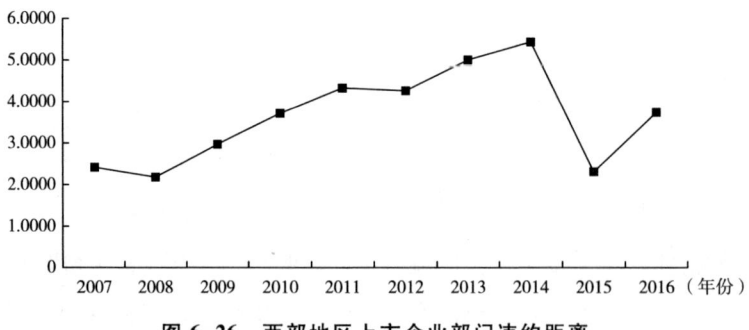

图6-26 西部地区上市企业部门违约距离

6.2.4 东北部地区

结合东北部地区上市企业部门各风险指标值可进一步判断上市企业部门的风险情况（见表6-12）。一般而言，资产市值波动率越大，违约距离越小，信用溢价越高，相应存在的风险也就越显著。由图6-27和图6-28可以看出，西部地区上市企业部门在2007年、2008年和2015年面临的风险较大，资产市值波动率较高，其中2015年波动率为37.63%，当年东北部地区上市企业的违约距离也明显减至2.1549，违约概率也比上一年增加了4.15个百分点，相应的违约溢价增加了的1.3个百分点，这些风险指标数据变化比2008年金融危机带来的变化更显著，虽然在2016年各指标有所缓和，但可以由此判断东北部地区上市企业部门的违约风险呈潜在上升趋势。

表 6-12　东北部地区上市企业部门风险指标

	2007 年	2008 年	2009 年	2010 年	2011 年	2012 年	2013 年	2014 年	2015 年	2016 年
σ_A（%）	35.80	36.74	27.13	20.55	14.79	14.72	13.89	13.83	37.63	22.08
DD	2.4382	1.8804	2.9396	3.8046	4.4690	4.3384	4.6804	5.3651	2.1549	3.5938
DP	0.0101	0.1143	0.0077	0.0009	0.0010	0.0017	0.0007	0.0000	0.0415	0.0014
CS	0.0294	0.0408	0.0161	0.0159	0.0199	0.0172	0.0171	0.0156	0.0283	0.0091

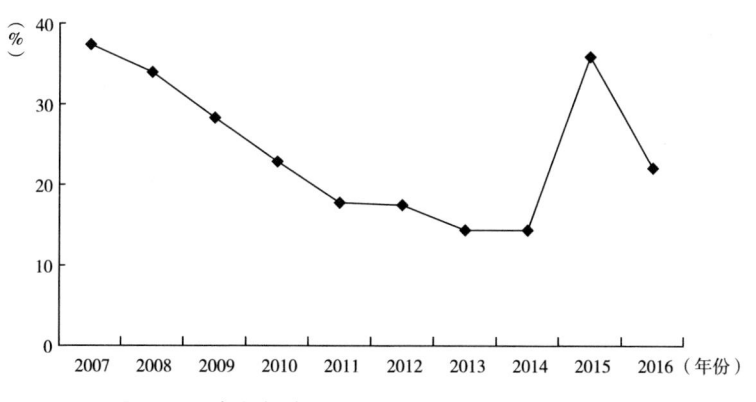

图 6-27　东北部地区上市企业部门资产市值波动率

图 6-28　东北部地区上市企业部门违约距离

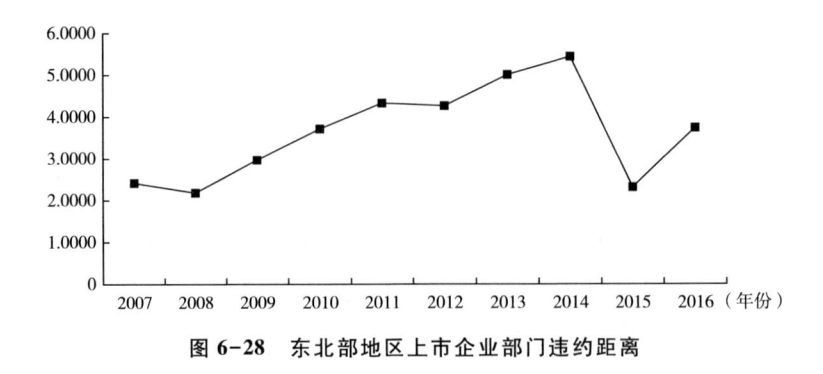

6.3　基于或有权益资产负债表的压力测试和敏感度分析

6.3.1　东部地区

东部地区上市企业部门压力测试和敏感度分析以 2016 年的现实利率以及或有权益资产负债表和各风险指标为基础，通过上下调节利率，对上市企业部门进行压力测试。结果如表 6-13 所示，可以观察到，若无风险利率由 1.5% 上调至 10%，资产市值下降，因为权益市值不变，负债市值相对亦下降，同时资产波动率和违约溢价变大，违约概率和违约距离变小，但变动幅度不大。反之，若无风险利率由 1.5% 下调至 1% 时，上市企业部门的资产市值、负债市值、违约距离、违约概率、信用溢价和资产波动率的变化更不显著。

表 6-13　东部地区上市企业部门压力测试结果

指标		情景 1 现实利率 1.5%	情景 2 利率上调至 10%	情景 3 利率下调至 1%
或有权益	资产市值（亿元）	373838.67	368003.21	374197.62
	负债市值（亿元）	71611.56	65776.10	71970.52
	权益市值（亿元）	302227.10	302227.10	302227.10

续表

指标		情景 1 现实利率 1.5%	情景 2 利率上调至 10%	情景 3 利率下调至 1%
风险 指标	资产市值波动率（%）	0.2091	0.2123	0.2088
	违约距离	3.8533	3.7790	3.8587
	违约概率	0.0004	0.0001	0.0004
	信用溢价	0.0087	0.0566	0.0059

同样，表 6-14 的敏感度分析结果表明东部地区上市企业部门由利率的变动引发的各指标变化很小，违约概率几乎没有变化，可见上市企业部门对利率的变化很不敏感，能够抵抗利率变化冲击带来的压力。

表 6-14　东部地区上市企业部门敏感度分析结果

指标		情景 1 现实利率 1.5%	情景 2 利率上调至 1.75%
或有 权益	资产市值（亿元）	373838.67	373659.86
	负债市值（亿元）	71611.56	71432.76
	权益市值（亿元）	302227.10	302227.10
风险 指标	资产市值波动率（%）	0.2091	0.2092
	违约距离	3.8533	3.8506
	违约概率	0.0004	0.0004
	信用溢价	0.0087	0.0101

6.3.2　中部地区

中部地区上市企业部门的压力测试和敏感度分析基于上市企业部门在 2016 年的现实利率及或有权益资产负债表和各风险指标。如表 6-15 和表 6-16 所示，从违约距离看，利率调高时违约距离变小，利率调低时违约距离变大，存在一定的变动幅度；从信用溢价看，利率上调至 10%时，变动约 4.7 个百分点，而利率下调时则变动不显著。同样，敏感度分析的结果表明中部地区上市企业部门随利率的变动各指标的变化较小，违约概率的变化也不显著。可见，中部地区上市企业部门对利率的变化不敏感，能够较好抵抗利率变化带来的压力，利率的变化不会带来无法抵御的风险，从这一方面看，中部地区上市企业部门经济与金融运行是较为安全的。

表 6-15　中部地区上市企业部门压力测试结果

指标		情景 1 现实利率 1.5%	情景 2 利率上调至 10%	情景 3 利率下调至 1%
或有 权益	资产市值（亿元）	58452.77	57482.44	58512.45
	负债市值（亿元）	11907.61	10937.29	11967.30
	权益市值（亿元）	46545.15	46545.15	46545.15
风险 指标	资产市值波动率（%）	0.2233	0.2271	0.2231
	违约距离	3.5516	3.4771	3.5565
	违约概率	0.0016	0.0005	0.0013
	信用溢价	0.0092	0.0568	0.0064

表 6-16　中部地区上市企业部门敏感性分析结果

指标		情景 1 现实利率 1.5%	情景 2 利率上调至 1.75%
或有 权益	资产市值（亿元）	58452.77	58423.03
	负债市值（亿元）	11907.61	11877.88
	权益市值（亿元）	46545.15	46545.15
风险 指标	资产市值波动率（%）	0.2233	0.2235
	违约距离	3.5516	3.5492
	违约概率	0.0016	0.0012
	信用溢价	0.0092	0.0106

6.3.3　西部地区

西部地区上市企业部门的压力测试和敏感度分析基于上市企业部门在 2016 年的现实利率及或有权益资产负债表和各风险指标。如表 6-17 和表 6-18 所示，从违约距离看，利率调高时违约距离变小，利率调低时违约距离变大，存在一定的变动幅度；从信用溢价看，利率上调至10%时，变动约6.4个百分点，而利率下调时则变动不显著。同样，敏感度分析的结果表明西部地区上市企业部门随利率的变动各指标的变化较小，违约概率的变化也不显著。可见，西部地区上市企业部门对利率的变化不敏感，能够较好抵抗利率变化带来的压力，利率的变化不会带来无法抵御的风险，从这一方面看，西部地区上市企业部门经济与金融运行也是较为安全的。

表 6-17 西部地区上市企业部门压力测试结果

指标		情景1 现实利率1.5%	情景2 利率上调至10%	情景3 利率下调至1%
或有权益	资产市值（亿元）	66346.72	65415.95	66403.97
	负债市值（亿元）	11422.19	10491.42	11479.44
	权益市值（亿元）	54924.53	54924.53	54924.53
风险指标	资产市值波动率（%）	0.2206	0.2238	0.2205
	违约距离	3.7400	3.6759	3.7428
	违约概率	0.0004	0.0001	0.0004
	信用溢价	0.0087	0.0566	0.0059

表 6-18 西部地区上市企业部门敏感度分析结果

指标		情景1 现实利率1.5%	情景2 利率上调至1.75%
或有权益	资产市值（亿元）	66346.72	66318.20
	负债市值（亿元）	11422.19	11393.66
	权益市值（亿元）	54924.53	54924.53
风险指标	资产市值波动率（%）	0.2206	0.2208
	违约距离	3.7400	3.7376
	违约概率	0.0004	0.0003
	信用溢价	0.0087	0.0101

6.3.4 东北部地区

东北部地区上市企业部门的压力测试和敏感度分析基于上市企业部门

在 2016 年的现实利率及或有权益资产负债表和各风险指标。

如表 6-19 和表 6-20 所示，从违约距离看，利率调高时违约距离变小，利率调低时违约距离变大，存在一定的变动幅度；从信用溢价看，利率上调和下调时变动均不显著。同样，敏感度分析的结果表明东北部地区上市企业部门随利率的变动各指标的变化较小，违约概率的变化也不显著。可见，东北部地区上市企业部门对利率的变化不敏感，能够较好抵抗利率变化带来的压力，利率的变化不会带来无法抵御的风险，从这一方面看，东北部地区上市企业部门经济与金融运行也是较为安全的。

表 6-19　东北部地区上市企业部门压力测试结果

	指标	情景 1 现实利率 1.5%	情景 2 利率上调至 10%	情景 3 利率下调至 1%
或有权益	资产市值（亿元）	21181.65	20830.38	21203.26
	负债市值（亿元）	4310.67	3959.40	4332.27
	权益市值（亿元）	16870.98	16870.98	16870.98
风险指标	资产市值波动率（%）	0.2208	0.2246	0.2206
	违约距离	3.5938	3.5177	3.5968
	违约概率	0.0014	0.0004	0.0012
	信用溢价	0.0091	0.0568	0.0063

表 6-20　东北部地区上市企业部门敏感度分析结果

	指标	情景 1 现实利率 1.5%	情景 2 利率上调至 1.75%
或有权益	资产市值（亿元）	21181.65	21170.89
	负债市值（亿元）	4310.67	4299.90
	权益市值（亿元）	16870.98	16870.98
风险指标	资产市值波动率（%）	0.2208	0.2209
	违约距离	3.5938	3.5914
	违约概率	0.0014	0.0011
	信用溢价	0.0091	0.0105

6.4 区域金融安全状态比较

上市企业部门作为企业部门的一个群体，主要涵盖在国内上市的非金融企业，以下主要基于上市企业部门的资产负债表和或有权益资产负债表，对我国东部、中部、西部、东北部地区的上市企业部门金融状态进行比较分析。

第一，各地区上市企业部门资产负债表比较。

如图6-29所示，2007年以来，我国各地区的上市企业不断增加，资产规模也持续扩大。2007~2009年，东部、中部、西部、东北部四个地区上市企业部门的资产增长率波动幅度很大，在2007年资本市场活跃时期，四个地区上市企业部门资产增速都非常快，平均增长率为30.44%。2008年在金融危机的影响下，东部、中部、东北部三个地区资产增长率均大幅下跌，只有西部地区未跌反升。2008年后，各地区的上市企业部门资产增速逐年缓慢上升，但在2011后又进入一波下降态势，同时四个地区的资产增幅也逐渐趋同。

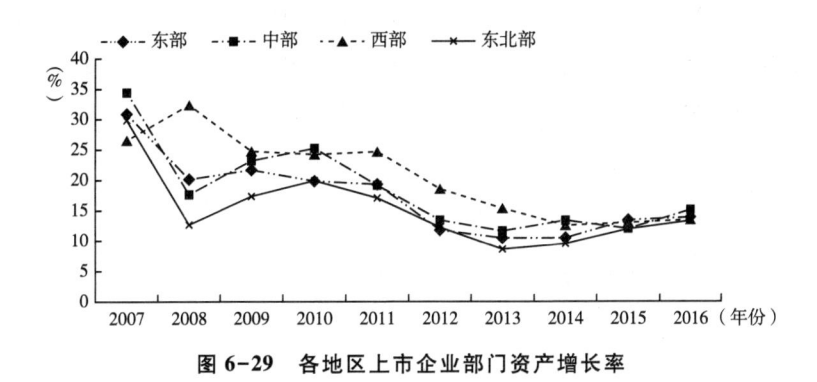

图 6-29　各地区上市企业部门资产增长率

如图6-30所示，从上市企业部门的流动比率看，2007~2016年各地区均呈缓慢上升趋势，其中东部、中部、西部地区流动比率基本一致，2010年后均稳定保持在1.2左右，期限错配风险较小。东北部地区流动比率始终处于最低位，在2009年和2015年一度出现流动资产不足以偿付流动负债的情形，期限错配风险显现。

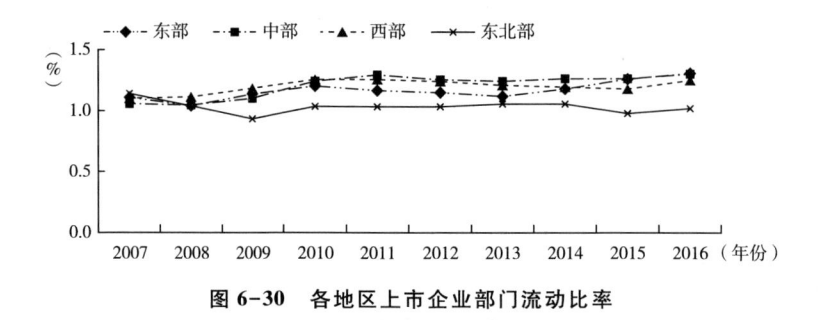

图 6-30　各地区上市企业部门流动比率

如图 6-31 所示，从各地区上市企业部门的资产负债率看，2007~2016 年四个地区均比较稳定，资产负债率保持在 50% 左右。从 2013 年后总体表现为下降趋势，表明上市企业对债务融资的依赖度在减小，清偿力风险也在相应下降。从 2016 年上市公司募集资金额看，东部地区上市公司实现国内股票市场融资 1.2 万亿元，同比增长 78.5%；中部地区全年通过 A 股融资 2137.7 亿元，占全国的比重同比提高 2 个百分点，达到 12.3%；西部地区市场筹资额也快速增长，业务创新步伐加快，西部地区企业通过 A 股筹资 2313 亿元，同比增长 22.4%；东北部地区企业通过 A 股筹资 811.5 亿元，同比增长近 1 倍，占全国股票筹资的比重同比提高 0.3 个百分点。可见近几年中国资本市场的快速发展促进了各地区上市企业的权益融资规模，企业的清偿力风险并不显著。

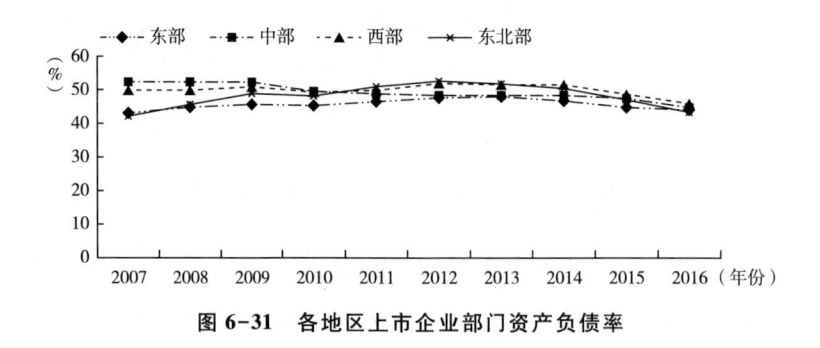

图 6-31　各地区上市企业部门资产负债率

第二，各地区上市企业部门或有权益资产负债表比较分析。

上市企业部门或有权益资产负债表的比较，主要围绕中国东部、中部、西部和东北部四个地区的资产市值波动率、或有资产负债率、违约距离、违约概率和信用风险溢价进行分析。如图 6-32、图 6-33、图 6-34、图 6-35 和图 6-36 所示,由于或有资产负债表主要受资本市场的影响,各地区的相关指标变化趋势基本一致。

首先,从资产市值波动率看,2007 年东部、中部、西部、东北部地区由于股市活跃均达到最大波动率,其中东部地区波动率最大,之后受国际金融危机影响,四个地区的资产市值波动率均开始下降,直到 2011 年趋于缓和,而东部地区下降幅度也最明显。2014 年开始,股市再度活跃,受此影响,四个地区的资产市值波动率也随之上升,虽然在 2015 年有所下降,但资产市值强烈的波动率也表明各地区上市企业部门有潜在风险。

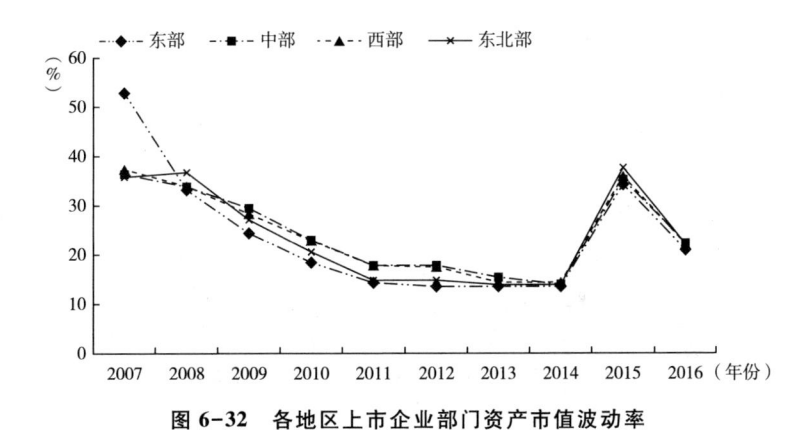

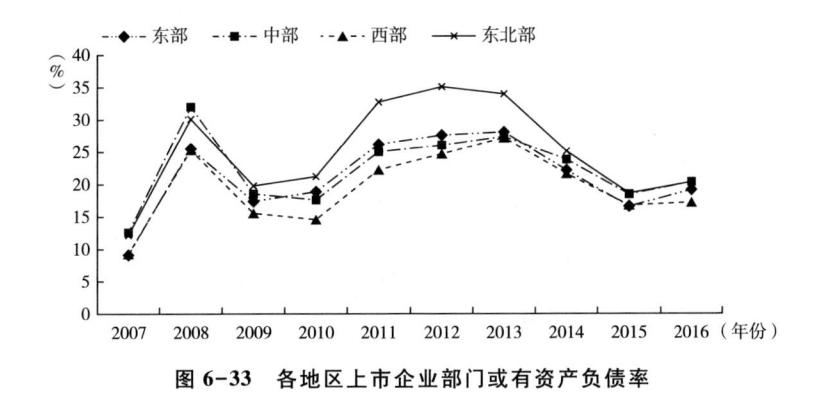

图 6-32 各地区上市企业部门资产市值波动率

图 6-33 各地区上市企业部门或有资产负债率

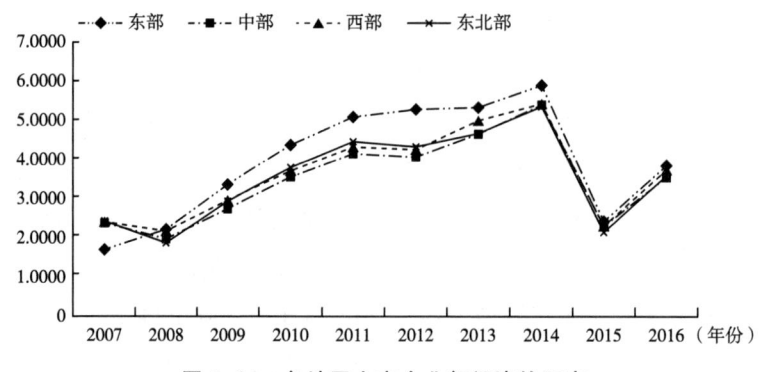

图 6-34　各地区上市企业部门违约距离

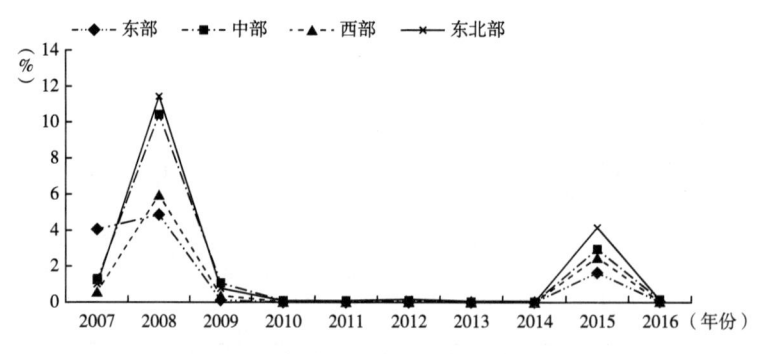

图 6-35　各地区上市企业部门违约概率

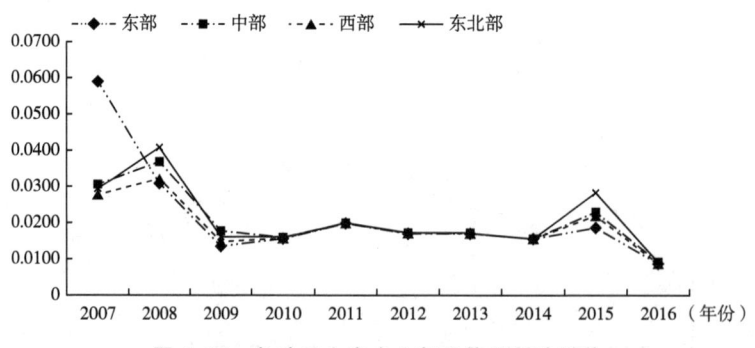

图 6-36　各地区上市企业部门信用风险溢价

其次，从或有资产负债率看，各地区在 2008 年的金融危机下出现剧烈波动，在 2009～2013 年波动上行，其中东北部地区的波动率总体要明显高于其他三个地区，表明东北部地区对债务融资的依赖度要高于其他三个地区。2014 年股市重新活跃后，各地区的或有资产负债率也随之下降，虽然在 2016 年有所上升但仍维持在 25% 以下，表明各地区股权融资的比重在增大。

最后，从违约距离、违约概率和信用风险溢价指标看，2009～2013 年是各地区经济复苏时期，违约距离不断变大，违约概率和信用风险溢价也几乎为零，不存在显著的风险。2014～2016 年以上三个指标均发生了明显的波动，因此需要密切关注各指标的进一步变化状况。

6.5 小结

本章在对东部、中部、西部、东北部地区的区域金融风险进行归纳分析的基础上，通过或有权益资产负债表对各地区经济运行过程中的潜在风险进行了比较。从东部、中部、西部、东北部地区上市企业部门的比较分析中，可以发现四个地区的经济与金融发展不仅存在绝对差异，而且存在相对差异。

第一，从上市企业部门资产负债表看，东部地区上市企业部门资产规模远大于中部、西部地区，在 2007 年资本市场活跃时期，四个地区上市企业资产增速都处于历史高位，平均增长率为 30.44%，之后就进入一段下跌平复期，2014 年开始随着资本市场的再次活跃，上市企业资产增速也随之加快。从流动比率看，东部、中部、西部地区均维持在 1.2 左右，期限错配风险较小，东北部地区流动比率最低，一度出现流动资产不足以偿付流动负债的情形。从资产负债率看，各地区均比较稳定，资产负债率保持在 50% 左右，表明随着中国资本市场的快速发展，上市企业融资渠道拓宽，对债务融资的依赖度在减小，清偿力风险也在相应下降。

第二，上市企业部门或有权益资产负债表的比较主要围绕各地区上市企业部门的资产市值波动率、或有资产负债率、违约距离、违约概率和信用风险溢价进行分析。由于受资本市场的影响显著，各地区的相关指标变化趋势较一致。从资产市值波动率看，2007~2013年受国际金融危机影响总体资产市值波动率呈下降趋势，2014年资产市值波动率出现大幅度提升，虽然在2015年有所下降，但各地区的资产市值波动幅度差异很小。从或有资产负债率看，各地区的或有资产负债率在2009~2013年波动上行，其中东北部地区的波动率总体要明显高于其他三个地区，表明东北部地区对债务融资的依赖度要高于其他地区。2014年股市重新活跃后，各地区的或有资产负债率也随之下降，表明各地区股权融资的比重在增大。从违约距离、违约概率和信用风险溢价指标看，2009~2013年是各地区经济复苏时期，违约距离不断变大，违约概率和信用风险溢价也几乎为零，不存在显著的风险。但2014~2016年股市活跃，以上三个指标均随之发生了明显的波动，因此需要密切关注各指标的进一步变化状况，以避免风险进一步扩大，影响各区域的金融安全和金融稳定。

第7章 中国区域金融安全的影响因素、综合指数合成与压力测试分析

通过之前的理论分析，我们得知引发或引爆金融风险的经济因素很多，不同的金融市场影响因素不同，即便同样的因素在不同的金融环境下有时有利于金融安全，有时又会引发金融风险。本章我们将结合中国的实际以及前面的理论分析，充分考虑中国金融市场各种可能因素，利用实证分析测度我国系统性金融风险的关联因素、金融安全的主要指标及关键宏观因素对金融安全的冲击。

7.1 中国区域金融安全影响因素分析的方程构建

根据前面的理论分析，本书运用面板回归方程开展进一步的分析。其中，因变量为商业银行不良贷款率，自变量为贷款规模。证券市场交易额、房地产业增加值、宏观经济因素与金融安全因素为面板回归方程的控制变量。宏观经济因素由GDP发展水平来衡量，金融安全因素较多，且相互间存在一定的相关性，如果全部作为控制变量，会因为多重共线性影响综合面板方程的估计效果，所以本书在分析时首先单独考察这些因素对不良贷款率的影响，其次在实证分析的第二部分根据其冲击的方向和效用的显著性构建金融安全综合指数，最后将构建完成的金融安全综合指数作为控制变量再次进行分析。

通过面板数据的混合效应、截面以及时间固定与随机效应回归模型的各种显著性检验，本书采取混合截面时间固定效应模型进行分析。

混合截面时间固定效应模型是指引进总体均值截距项，包含时期个体恒量的形式，即：

$$y_{it}=m+x'_{it}\beta+Y_t+u_{it} \quad (i=1,2,\cdots,N;t=1,2,\cdots,T) \tag{7-1}$$

y_{it} 表示 t 时刻 i 地区的不良贷款率，x'_{it} 表示 t 时刻第 i 个经济变量取值，β 为影响系数。模型中截距项被分解成在各截面成员方程中都相等的总体均值截距项 m 和时期个体恒量 Y_t，以反映时期特有的影响。利用普通最小二乘法可以得到该形式下的各参数的 OLS 估计，即：

$$\widehat{\beta}_{FE}=\Big[\sum_{i=1}^{N}\sum_{t=1}^{T}(x_{it}-\bar{x}_i\bar{x}_t+\bar{x})(x_{it}-\bar{x}_i\bar{x}_t+\bar{x})'\Big]^{-1}$$

$$\Big[\sum_{i=1}^{N}\sum_{t=1}^{T}(x_{it}-\bar{x}_i\bar{x}_t+\bar{x})(y_{it}-\bar{y}_i-\bar{y}_t+\bar{y})'\Big]^{-1} \tag{7-2}$$

$$\widehat{m}=\bar{y}-\bar{x}'\widehat{\beta}_{FE} \tag{7-3}$$

$$\widehat{Y}_t=(\bar{y}_t-\bar{y})-(\bar{x}_t-\bar{x})'\widehat{\beta}_{FE} \tag{7-4}$$

式中：

$$\bar{x}_i=\frac{1}{T}\sum_{t=1}^{T}x_{it}, \bar{y}_i=\frac{1}{T}\sum_{t=1}^{T}y_{it}, \bar{x}=\frac{1}{NT}\Big(\sum_{i=1}^{N}\sum_{t=1}^{T}x_{it}\Big),$$

$$\bar{y}=\frac{1}{NT}\Big(\sum_{i=1}^{N}\sum_{t=1}^{T}y_{it}\Big), \quad \bar{x}_t=\frac{1}{N}\sum_{i=1}^{N}x_{it}, \quad \bar{y}_i=\frac{1}{T}\sum_{t=1}^{T}y_{it}$$

利用统计检验方法可以对时间固定影响模型设定合理性进行显著性检验，将含有截面或时间固定影响的变截距模型看作是无约束回归，将不含相应固定影响的变截距模型看作是各固定影响均相等的受约束回归，通过检验约束是否为真，从而判断变截距模型是否应该包含相应的固定影响。具体的检验过程如下。

（1）估计含有时间固定影响的变截距模型，并计算其残差平方和，记为 RSS_U。

（2）估计不含相应固定影响的变截距模型，并计算其残差平方和，记为 RSS_R。

（3）计算 F 统计量：

$$F=\frac{(RSS_R-RSS_U)(T-1)}{RSS_U/(NT-p)}\sim F(T-1,NT-p) \tag{7-5}$$

式中 $T-1$ 为受约束回归的约束个数，p 为模型中待估参数的个数，可以证明在约束为真的条件下，该 F 统计量服从 F 分布。该方法也可以推广到同时检验截面和时间固定影响显著性的联合检验。

考虑到数据可得性，以及中国金融市场地域发展的不均衡性，本章的分析采用省际面板数据，这些数据主要来自国家统计局网站及 WIND 数据库。根据数据的可得性选取了 2005~2016 年 31 个省份共 372 条年度数据，区域划分与前文分析保持一致。本书选取的变量主要用于系统性金融风险关联因素分析、金融安全综合因子构建及宏观压力测试。相关变量定义及统计描述如表 7-1 所示，其中最后一行的金融安全综合指数 F-S Index 的计算在本章的第二节将作详细介绍。

表 7-1 变量定义及统计描述

变量	定义	均值	标准差	最小值	最大值
Default	不良贷款率	3.81	4.90	0.23	24.74
LnLoan	本外币各项贷款余额（亿元）取对数	9.27	1.15	5.19	11.62
LnExcha	证券市场总交易金额（亿元）取对数	9.67	1.90	1.93	14.48
LnGDP	GDP（亿元）取对数	9.19	1.09	5.52	11.30
LnReAdd	房地产业增加值（亿元）取对数	5.92	1.55	2.30	8.74
LnPCGDP	人均 GDP（元）取对数	10.31	0.62	8.59	11.68
LnFAdd	金融业增加值（亿元）取对数	6.10	1.29	1.86	8.72
LnConsumLe	居民消费水平（元）取对数	9.26	0.59	7.96	10.81
LnTrade	进出口总额（千亿美元）取对数	17.08	1.74	12.23	20.81
LnCA	私有与国有企业流动资产合计（亿元）取对数	8.04	1.25	3.13	10.17
F-S Index	金融安全综合指数	0.59	0.20	0	1

运用 Eviews 8 软件对面板模型的固定影响进行显著性检验及回归分析，F 统计量为 8.63，拒绝了不含时间固定影响的变截距模型为真，支持了混合截面时间固定效应的应用，回归结果如表 7-2 所示。无论是从基础方程还是单因素影响方程的回归结果来看，绝大部分变量都和代表系统性金融风险的违约率指标有着密切的关系，并且和我们预想的方向也一致。基础方程显示，在观测期内，贷款规模的逐步扩大、房地产增加值的提升都是控制违约发生的重要因素，这也意味着一旦贷款规模紧缩、房地产价格的显著性下跌都可能会引发系统性金融风险。回归结果还显示，证券市场的交易规模达到一定程度也会刺激违约的发生，这从一定层面上说明了我国系统性金融风险对股市价格或交易的敏感性。同时作为控制变量进入基础方程的 GDP 发展水平显著为正，这和通常的预判不同，说明在其他变量的共同作用下，经济水平发展到一定程度，容易产生贷款和房地产泡沫，从而引发金融风险。而金融安全综合指数 F-S Index 的负相关说明营造一个健康有序安全的金融安全环境对于规避系统性金融风险的重要性。

单因素方程中的所有变量对于违约率都表现为 1% 显著水平上的负相关，说明这些宏观经济因素对不良贷款率也有着重要的影响。理论上我们应该将它们作为控制变量放入基础方程，但由于这些经济因素之间的多重共线性，放入方程会使估计结果无效，因此我们考虑将这些宏观经济因素合并成一个综合指数，并将该指数作为控制变量加入基础方程，使基础方程的估计结果更精确。这个综合指数和商业银行系统性金融风险紧密相关，它由重要的宏观经济因素组成，我们将其定义为金融安全综合指数。该指数作为控制变量进入方程的效果并不明显，这支持了我们构建综合因子的合理性。我们综合前人的研究及中国发展实际及相关变量的数据特征将一个地区的人均 GDP 水平、金融业发展水平、居民消费水平、贸易规模、企业的流动资产额的综合效应作为衡量该地区金融安全程度的重要指标。

第 7 章 中国区域金融安全的影响因素、综合指数合成与压力测试分析 | 171

表 7-2 面板数据混合截面时间固定效应模型回归结果

变量	基础方程 模型1 系数	基础方程 模型2 系数	变量	单因素方程 模型1 系数	单因素方程 模型2 系数	单因素方程 模型3 系数	单因素方程 模型4 系数	单因素方程 模型5 系数	单因素方程 模型6 系数
常数项	6.341** (2.522)	3.656 (1.241)	常数项	23.02*** (7.142)	9.835*** (12.484)	25.607*** (8.166)	12.748*** (8.941)	8.123*** (7.973)	7.415*** (13.899)
LnLoan	-3.977*** (-6.564)	-3.261*** (-4.458)	LnPCGDP	-1.864*** (-5.967)					
LnExcha	1.113*** (4.122)	1.206*** (4.393)	LnFAdd		-0.988*** (-7.768)				
LnGDP	3.851*** (6.697)	3.534*** (5.874)	LnConsumLe			-2.356*** (-6.959)			
LnReAdd	-1.994*** (-3.788)	-1.861*** (-3.508)	LnTrade				-0.524*** (-6.301)		
F-S Index		-4.583* (-1.735)	LnCA					-0.537*** (-4.279)	
			F-S Index						-6.067*** (-7.000)
R^2	0.747	0.749	R^2 值	0.709	0.726	0.718	0.712	0.696	0.719
Adj. R^2	0.737	0.738	Adj. R^2 平方	0.699	0.717	0.709	0.702	0.686	0.709
F 统计量	70.17	66.34	F 统计量	72.90	79.344	76.24	73.966	68.392	76.389
D-W 值	0.703	0.707	D-W 统计量	0.641	0.650	0.660	0.632	0.616	0.647

* $p<0.1$,*** $p<0.01$。

7.2 中国区域金融安全的综合指数合成

金融安全综合指数通过因子分析法获取。因子分析的目的是减少变量的数目，用少数因子代替所有变量去分析经济问题。具体模型的核心思想如下。

设有 N 个样本，P 个指标，$X = (X_1, X_2, \cdots, X_p)^T$ 为随机向量，要寻找的公因子为 $F = (F_1, F_2, \cdots, F_m)^T$，则模型

$$X_1 = a_{11}F_1 + a_{12}F_2 + \cdots a_{1m}F_m + \varepsilon_1$$
$$X_2 = a_{21}F_1 + a_{22}F_2 + \cdots a_{2m}F_m + \varepsilon_2$$
$$\vdots$$
$$X_P = a_{p1}F_1 + a_{p2}F_2 + \cdots a_{pm}F_m + \varepsilon_p$$

称为因子模型，矩阵 $A = (a_{ij})$ 称为因子载荷矩阵，a_{ij} 为因子载荷，其实质是公因子 F_j 和变量 X_i 的相关系数，表示变量 X_i 依赖因子 F_j 的程度，反映了第 i 个变量 X_i 对于第 j 个公因子 F_j 的重要性。ε 为特殊因子，代表公因子以外的影响因素。如果难以对因子 F_j 给出一个合理的解释，需要进一步做因子旋转，以求旋转后能得到更加合理的解释。

k 个公因子对于第 i 个变量方差的贡献称为第 i 个变量的共同度，也被称为公因子方差比，记为 h_i^2，公式为：$h_i^2 = \sum_{i=1}^{p} a_{ij}^2 (j = 1, 2, \cdots, k)$，表示全部公因子对变量 X_i 的总方差所做出的贡献，也即变量 X_i 的信息能够被 k 个公因子所描述的程度。在因子载荷矩阵 A 中，各列元素 a_j 的平方和记为 g_j^2，称为公因子 F_j 的方差贡献率：$g_j^2 = \sum_{j=1}^{k} a_{ij}^2 (i - 1, 2, \cdots p)$，表示第 j 个公因子 F_j 对于 X 所提供方差的总和，它是衡量公因子相对重要性的指标。方差贡献率越大，表明公因子对 X 的贡献越大。

在分析过程中，如果变量间彼此独立，则无法从中提取公因子，在 SPSS 22 中，可以通过 Bartlett 球形检验来判断，如果相关矩阵是单位阵，则各变量独立，因子分析无效。此外，KMO 检验用于检查变量间的偏相关

性，取值在 0~1 之间。KMO 统计值越接近于 1，变量间的偏相关性越强，因子分析的效果越好。实际分析中，会以 KMO 统计值为 0.7 做是否适合因子分析的界限。

选取表 7-2 单因素影响方程中所有对不良贷款率有显著影响的各类变量进行因子分析，所有变量对不良贷款率均存在显著负效应，证明无论单变量还是最终的综合指数，取值越高，金融安全程度越高，越不会产生不良贷款，从而难以引发系统性金融风险。

运用 SPSS 22 进行因子分析。表 7-3 为 5 个拟构建金融安全指标变量的因子分析解析结果。给出的是根据特征值大于 0.6 的要求提取的因子特征值、特征值占总方差的比例、特征值占总方差百分数的累计值等。模型的 KMO 值为 0.733，Bartlett 球形检验值为 2689.95（显著性为 0.000），这些都说明本书选取的变量适合做因子分析。根据因子分析解析结果，本书直接提取一个公因子进行综合指数计算。

表 7-3　因子分析解析结果　　　　　单位：%

因子	初始特征根			提取平方和载入			因子载荷矩阵	因子得分系数
	取值	方差	累计	取值	方差	累计		
1	4.134	82.679	82.679	4.134	82.679	82.679	0.891	0.216
2	0.577	11.544	94.224				0.968	0.234
3	0.207	4.131	98.354				0.920	0.222
4	0.059	1.182	99.536				0.901	0.218
5	0.023	0.464	100.000				0.863	0.209

根据公因子取值，并经 0-1 分布处理，可得金融安全综合指数。将所得金融安全综合指数代入基础方程，并单独对不良贷款率进行混合截面时间固定效应的面板回归，回归结果证明该综合指数设定合理。

本书测度的金融安全指数是一个宏观指数，它的大小对应某一市场的整体金融风险环境。本书将给出金融安全的"高""中""低"界域，分别代表不同的金融安全等级。金融安全界域"高"表示金融环境非常健康，金融风险可控，"中"表示金融环境正常，有待进一步提升，

174 | 金融安全的区域比较研究

"低"表示金融环境恶劣,金融风险不可控,亟待政策制定者采取措施控制风险。

为了更好地估算出金融安全的水平与指数,本研究将金融安全的界域与不良贷款率联系在一起,为了能让这一界域不但随着时间做动态调整,并且也随着地区的不同表现出不同,在表7-2单因素影响方程的模型7中加入东部、中部及西部地区哑变量(东北部地区为参考组),再次对不良贷款率进行回归,拟合结果显示地区哑变量及金融安全综合因子均在1%水平下显著,方程的 R 平方值为0.75, F 统计量为69.96。所以考虑设定一个安全的不良贷款率,将其代入之前的拟合方程,最终根据不同地区及时间的要求,计算出不同情形下金融安全指数的界域。根据前文提到的商业银行信用风险监管指标中的不良贷款率不应高于5%,同时本书结合巴塞尔协议中的监管要求,将5%的三分之一即1.67%作为金融安全等级"高"的理想值,将2.5%作为金融安全等级"中"的中间值,而5%作为金融安全等级"低"的警戒值。

为了使回归方程的使用更加有效,本研究观测了回归方程的残差值、真实值与拟合值序列(见图7-1),图7-1横轴中1~31的数字分别表示

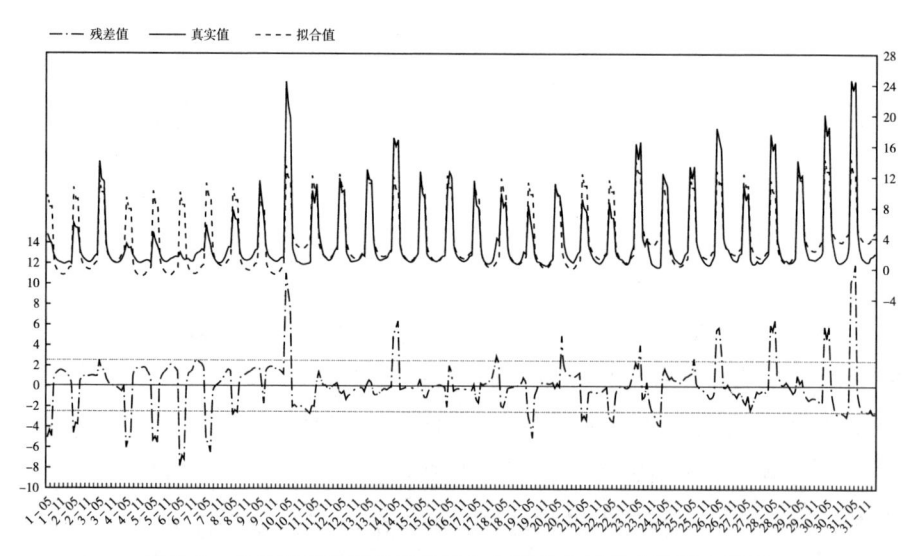

图7-1 含地区哑变量的违约率与金融安全回归方程拟合结果

31个省份，05、11则表示相应的年份。通过观测残差序列，发现真实序列2005~2007年各地区不良贷款率呈极高的不均衡分布，且拟合残差显著分布于可接受残差区域外，意味着这三个年份通过回归方程所得到的金融安全界不会有效，因此最终仅测算并给出2008~2011年各地区不同年份不同金融安全水平的分布，如图7-1所示。

图7-2中的散点为各地区2005~2016年的金融安全综合指数取值，而图中的平滑线分别表示了不同时期不同水平的金融安全界域。金融安全界域的取值越高表示该地区的金融环境越安全，但对于不同地区，不同时期的金融安全水平的高、中和低的要求是不同的，所以说，对于不同地区视不同监管要求，当散点位于相应的平滑线之上时，我们认为该地区的金融环境是安全的。通过观测散点分布，可以看到东部地区安全指数值相对较高，东北部地区较低，但全国的低值更多的是分布在西部地区。再观测不同地区的金融安全界平滑线，尽管东部地区有着较高的取值，但是对于金融安全界的要求值却是最低的，意味着东部地区有着相对成熟和稳定的金融发展大环境，而东北部地区表现出的却是若要保证一个较低的违约率（充分避免系统性金融风险的发生），必须满足较高的金融安全阈值，这也意味着东北部地区的金融大环境相对较脆弱。图中我们还可以观测到，无论哪个区域，在2008年、2015年和2016年金融安全不同水平的界限取值都很高，这和三个年份爆发了金融危机和股灾（2016年为2015年影响的一个延续）不无关系，也再次验证了我们估算该指数的合理性。同时我们还可以大致看到，东部地区和西部地区位于平滑线之上（达到相应监管要求）的散点相对更多。

这一部分我们聚焦中国不同地区的金融安全指数合成。该指数是由与该地区商业银行违约率高度相关的人均GDP水平、金融业发展水平、居民消费水平、贸易规模、企业的流动资产额综合而成的。并给出随着时间的变化金融安全"高"、"中"和"低"的界域。研究结果显示，金融安全水平高的省份多分布在东部地区，其次为中部地区、西部地区和东北部地区，这个顺序一定程度也代表了相应地区金融综合环境的优劣。

176 | 金融安全的区域比较研究

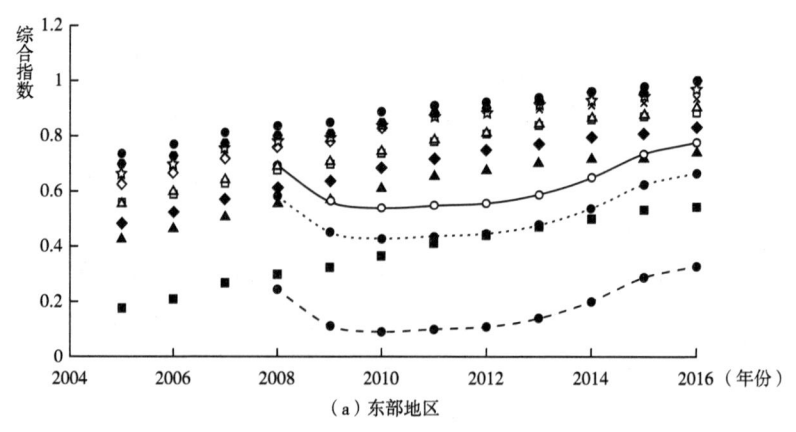

(a) 东部地区

○ 金融安全界域"高"　◆ 金融安全界域"中"　● 金融安全界域"低"　● 北京
□ 天津　▲ 河北　● 上海　◇ 江苏　× 浙江　◆ 福建　△ 山东　☆ 广东　■ 海南

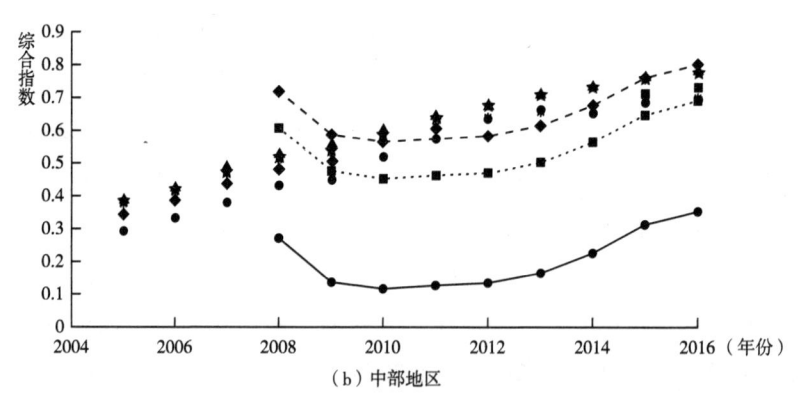

(b) 中部地区

◆ 金融安全界域"高"　■ 金融安全界域"中"　● 金融安全界域"低"　* 山西
◆ 安徽　● 江西　★ 河南　▲ 湖北　■ 湖南

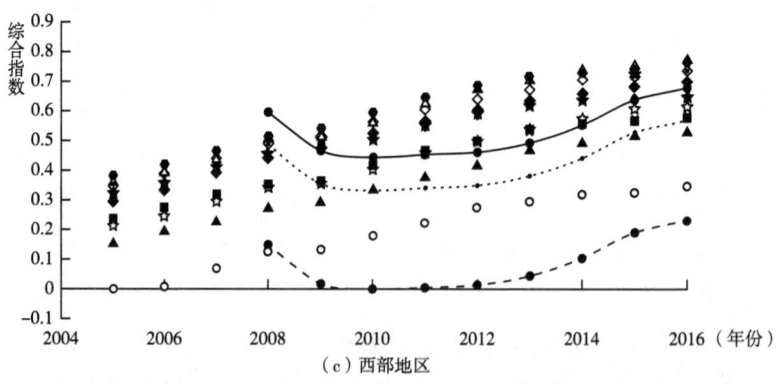

(c) 西部地区

● 金融安全界域"优"　· 金融安全界域"中"　○ 金融安全界域"低"　△ 重庆
● 四川　☆ 贵州　· 云南　○ 西藏　◇ 陕西　■ 甘肃　▲ 青海　× 宁夏
★ 新疆　● 内蒙古　◆ 广西

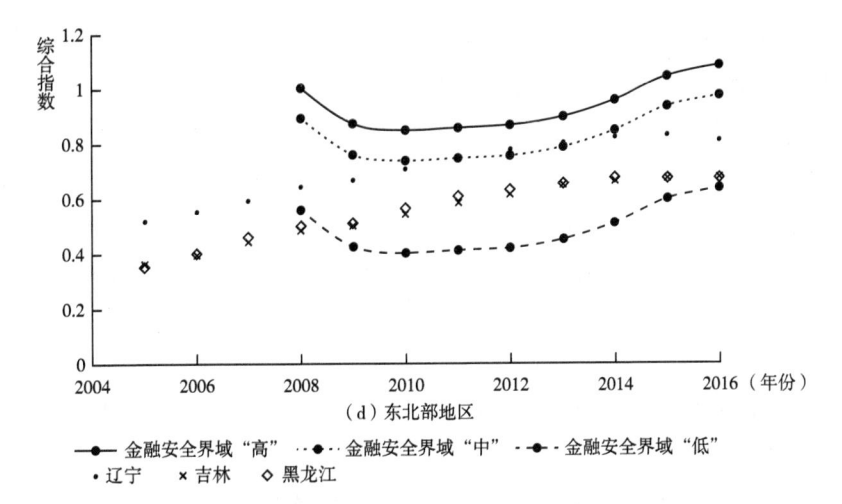

图 7-2 不同地区金融安全综合指数及金融安全界域分布

说明：图中的金融安全界域是根据拟合方程"Default 拟合值＝－2.304＊东部地区－2.132＊中部地区－3.026＊西部地区－7.433＊F-S Index＋10.555＋时间固定效应"计算而得，设定 Default 为 1.67（优）、2.5（中）和 5（低）时求得对应的金融安全综合指数。

7.3 中国区域金融安全的压力测试

对于中国区域金融安全的压力测试，本研究借用 Wilson（1997）的模型框架。

第一步，假定 i 区域的商业银行平均违约率可以定义为如下的 Logistic 方程形式：

$$p_{i,t} = \frac{1}{1+\exp(y_{i,t})} \tag{7-6}$$

Logistic 方程形式被广泛用于银行破产研究模型中，它可以确保估算出的违约率处于 [0, 1] 区间。$p_{i,t}$ 是 t 时刻 i 区域的平均违约率。$y_{i,t}$ 是特定区域的银行发展经营水平指数，商业银行经营发展得越好意味着越高的 $y_{i,t}$，同时伴随着越低的违约率 $p_{i,t}$，反之一样。Logistic 方程形式经过 logit 转换也很容易获得 $y_{i,t}$ 的表达式：

$$L(p_{i,t}) = ln\left(\frac{1-p_{i,t}}{p_{i,t}}\right) = y_{i,t} \tag{7-7}$$

在本书中，由于我们事先可获得不良贷款率代表模型中违约率的值，因此可以倒推出该地区商业银行的平均经营水平指数。如果我们无法获知不良贷款率，则可以通过该地区商业银行的代表性经营状况编制经营水平指数进而估算出违约率。

模型中 $y_{i,t}$ 受到很多外生宏观经济因素的影响，根据之前设定的面板方程采取的混合截面时间固定效应模型，可将式（7-1）展开写成为：

$$y_{it} = m + \beta_1 x_{1,it} + \beta_2 x_{2,it} + \cdots + \beta_n x_{n,it} + \gamma_t + u_{it} \qquad (7-8)$$

β_i 是相关宏观因子的系数，在本书中表现为贷款规模、房地产增加值和证券市场总交易额。

第二步，本书利用单变量向量自回归二阶模型，根据各个宏观经济因子的时间序列数据可预测出各因素下一阶段的期望值。

$$X_{it} = k_{i0} + k_{i1} X_{it-1} + k_{i1} X_{it-2} + \varepsilon_{it} \qquad (7-9)$$

k_i 表示第 i 个宏观因子的回归系数。ε_{it} 是随机误差项，同样假设它服从独立正态分布。

式（7-6）至式（7-8）以联合方程的形式定义了违约率和宏观经济因子之间的关系，具有 $(j+i) \times 1$ 维残差向量 E，及 $(j+i) \times (j+i)$ 维的残差的方差协方差矩阵 $\sum$，定义如下：

$$E = \begin{pmatrix} u \\ \varepsilon \end{pmatrix} \sim N(0, \sum) \qquad (7-10)$$

$$\sum = \begin{bmatrix} \sum_u & \sum_{u,\varepsilon} \\ \sum_{\varepsilon,u} & \sum_\varepsilon \end{bmatrix} \qquad (7-11)$$

最后一步，根据各个参数的估计与残差项结合系统方程模拟出不同地区基于不同时间维度的联合违约率。根据之前的模型设定，影响违约率的宏观因子彼此独立，这样我们在保持其他经济条件（变量）不发生变化的前提下，可通过单一变量的蒙特卡洛模拟数据对模型进行各项经济冲击的压力测试。

由于模型中存在时间固定效应，本书选取最近一期的时间固定效应方程，根据向量自回归模型得到未来一期各个宏观因子的期望值以及历史观测期各因子的均值和方差的正态分布模拟数据，得出不同极端值情形下的违约率的最终表现。宏观因子向量自回归模型的回归结果如表7-4所示。

表7-4 宏观因子向量自回归模型回归结果

宏观因子	LnLoan	LnExcha	LnReAdd	LnGDP	F-S Index
常数项	0.183 *** (7.033)	0.485 *** (4.048)	0.268 *** (12.027)	0.135 *** (7.908)	0.043 *** (11.344)
滞后一阶项	1.493 *** (34.04)	0.895 *** (19.593)	1.054 *** (24.930)	1.534 *** (37.834)	1.198 *** (20.382)
滞后二阶项	−0.504 *** (−11.552)	0.083 * (1.730)	−0.078 * (−1.881)	−0.543 *** (−13.481)	−0.230 *** (−4.023)
取值区间	2005—2016	2002—2016	1999—2016	2001—2016	2007—2016
Adj. R^2	0.997	0.926	0.993	0.998	0.995
F统计量	67394	2887.6	38558	161197	29746

注：括号内为 t 值，* $p<0.1$，*** $p<0.01$。

根据表7-4得到的未来一期的期望值是31个省份的，本书的压力测试只针对四大经济区域，不同地区代入模型的期望值为该地区期望值的均值，蒙特卡洛模拟以该地区不同省份不同变量在1996~2016年能获取的取值区间（见表7-4）中所表现出的波动方差服从正态分布模拟1000次获得，区域压力测试模拟损失分布如表7-5所示。

首先观测各个地区违约率的期望值，从期望值来看，中部地区的违约率最高为2.24%，东部地区的违约率最低为1.01%。但压力测试更多的是希望得知极端经济状况会对市场风险产生什么样的冲击。我们用来进行压力测试的四个宏观因子，对系统性金融风险冲击最大或表现最敏感的是贷款规模，其次为房地产增加值。这意味着，当贷款规模突然紧缩或房价突然下跌时，都会引发不同程度的违约，从而导致系统性金融风险。以东部地区1%极端情形下的房地产市场举例来说，当LnReAdd的值为4.75时，商业银行的违约率将达到6.31%。这意味着对监管当局来说，当东部地区某

表 7-5　区域压力测试模拟损失分布

单位：%

压力测试		违约率 Default	冲击因子 LnLoan	违约率 Default	冲击因子 LnExcha	违约率 Default	冲击因子 LnReAdd	违约率 Default	冲击因子 F-S Index
东部地区	期望值	1.01	10.88	1.01	12.71	1.01	7.60	1.01	0.90
	10%极端损失	4.99	9.67	3.90	15.10	3.88	6.06	1.93	0.70
	5%极端损失	6.23	9.28	4.66	15.73	4.71	5.61	2.23	0.63
	1%极端损失	9.00	8.43	5.91	16.77	6.31	4.75	2.56	0.56
中部地区	期望值	2.24	10.38	2.24	11.70	2.24	7.06	2.24	0.76
	10%极端损失	4.75	9.61	4.47	13.55	4.47	5.87	2.84	0.63
	5%极端损失	5.65	9.33	4.98	13.97	5.11	5.52	3.01	0.60
	1%极端损失	6.98	8.92	6.38	15.13	6.10	4.99	3.25	0.54
西部地区	期望值	2.10	9.74	2.10	10.47	2.10	5.82	2.10	0.67
	10%极端损失	7.02	8.24	5.12	12.97	5.49	4.00	3.02	0.47
	5%极端损失	8.07	7.92	5.87	13.59	6.56	3.42	3.26	0.41
	1%极端损失	10.40	7.20	7.45	14.91	8.36	2.46	3.78	0.30
东北部地区	期望值	1.91	10.15	1.91	11.38	1.91	6.62	1.91	0.74
	10%极端损失	4.75	9.28	4.22	13.29	3.97	5.52	2.51	0.61
	5%极端损失	5.54	9.04	4.81	13.78	4.52	5.22	2.68	0.57
	1%极端损失	7.05	8.58	6.04	14.80	5.66	4.61	3.02	0.50

省份的房地产增加值规模缩减至 4.75 的指数值 115.58 亿元时，商业银行的违约率可能达到高危状态 6.31%。表中冲击因子中贷款规模对我国金融系统的冲击最不可控，我们可以看到该因素 1% 极端值的冲击所引发的不良贷款率位于非常高的违约水平（最低值为中部的 6.98%，最高值为西部的 10.40%），远远超过了我们之前设定的警戒水平。并且发现对于信贷和房价这两项指标来说，西部地区和东部地区表现更为敏感，中部地区和东北区地区相对稳定。我们再来观测不同地区金融安全环境对违约率的影响，由于 F-S Index 是一个综合指标，所以在极端值模拟上该指标不会出现巨幅起伏。但从分布上我们依然可以看到区域性的差异，以 F-S Index 的 10% 极端情形取值为例，西部地区金融安全极端状况（较恶劣的金融环境）对违约率的影响最大，达到 3.02%，其次为中部的 2.84%、东北部的 2.51% 和东部的 1.93%。5% 和 1% 极端情形下表现了同样的次序。这说明了中部、西部地区金融环境不稳定，也间接验证了之前所得到东部地区较优良的金融环境的结论，但东部地区金融环境的优势却凸显了房价和贷款规模更大的隐患与可能的泡沫。

本节主要讨论宏观经济因子和金融安全指数（环境）的极端值对系统性金融风险的冲击。从个体宏观因子来看，贷款规模紧缩引发的系统性金融风险危害最大，西部地区最不可控，中部地区最能抗压；房地产市场缩水引致的系统性金融风险也具有很大的危害，西部地区仍表现出风险不可控，东部地区的金融风险受房地产市场的影响也非常明显，一旦房价下跌也会失控；压力测试的结果显示金融资产的价格泡沫引致的系统性金融风险在目前的中国属于可控范围。从金融安全指数（环境）的压力测试来看，西部地区的金融环境恶化引发风险的可能性更高。综上，我国西部地区的金融环境不容乐观。

7.4 实证分析结论

本章以商业银行的违约率为核心讨论中国的系统性金融风险问题。通过大量的经验数据分析，中国的系统性金融风险和信贷规模、房地产价格以及金融资产价格紧密相关。

本章试图构建一个金融安全综合指数，该指数是由显著影响商业银行不良贷款率的各类宏观因子综合而成的。综合指数代表的金融环境评价既是重要宏观因子的综合显示，也可以对可能出现的系统性金融风险进行预判。与以往中国学者进行的金融安全指数研究相比，本书构建的指数具有动态特征，并且表现出区域差异，同时根据政府金融监管的要求，我们还给出了不同地区代表金融安全状况的金融安全"高""中""低"的界域。政策制定者可以根据某一地区金融安全状况的不同界域采取不同的干预措施。

通过引发系统性金融风险的重要指标，即信贷规模、房地产价格以及金融资产价格，本书基于地区差异的极端值进行了压力测试。研究结论表明，信贷规模对中国的系统性金融风险影响最大，由它引起的极端后果在所有地区均超出了监管能力上限（不良贷款率5%为监管能力上限），易引发金融危机。房地产市场对系统性金融风险的影响次之，且引发的极端风险也表现出较大的危害性，其中西部地区与中部地区也超出了监管可控范围。金融资产价格泡沫对于系统性金融风险的极端冲击显示除西部地区以外（非常接近监管能力上限），其他地区均未超出我国目前监管能力上限。对于四大经济区域而言，对所有指标的抗压能力及风险敞口最严重的为西部地区。此外东部地区的信贷风险较高，中部地区的房地产市场风险较高。对于其他宏观因子组合而成的金融安全指数进行压力测试，系统性金融风险对宏观经济环境的恶化最为敏感的是西部地区，其次是中部地区，东北部地区和东部地区。

第 8 章 结论及政策建议

8.1 结论

本书在对中国金融安全状态监测、影响因素分析和金融安全综合指数合成等方面进行了全面细致的理论、实证和比较研究后主要得到以下结论。

第一，在前人研究的基础上对金融安全的内涵进行辨析与界定，归纳为三点。首先，金融安全概念的提出是有其历史条件的，是金融全球化发展的产物，是为了应对经济全球化所带来的负面影响。金融安全的概念界定，绝不能脱离经济全球化、金融全球化的大环境，需将一国金融安全放在国际关系的格局中来考虑。其次，经济安全视角下的金融安全，不仅要研究金融系统如何通过自身的内在机制相互作用，还要关注外部的各种直接或间接的冲击引导，即考虑经济因素（包括能源、产业、对外贸易、金融体制建设等）对国家金融安全造成的影响。最后，金融安全既是一种状态，也是一种能力。一方面，金融安全表现为一种状态，是从"绝对安全状态"到"绝对不安全状态"即危机爆发前夕的相对区间状态。另一方面，金融安全也表现为如何去维持金融系统平稳运行，应对外来威胁与冲击，即保持金融系统健康运行状态的能力。

第二，从现实出发解释了外部冲击的不确定性、经济增速放缓与结构转型、产能过剩行业的"去产能"、地方政府债务、房地产价格波动和"去库存"、影子银行业务是当前中国系统性金融风险和金融安全问题产生的现实基础。在当前不确定风险增加的国际背景下，全球货币政策协调机制的缺乏，可能会给中国金融安全和汇率市场的稳定性带来较大的外部冲击。中国经济增长放缓和结构调整会带来各类潜在风险。产能过剩行业的"去产能"、地方政府债务和房地产市场风险主要通过信贷资产质量影响金融风险水平。影子银行一方面通过资产负债表和资金支付系统与金融业直接关联，另一方面经营业务的趋同性和相关性也使二者面临共同的市场风险，一旦影子银行体系发生危机，银行业也容易面临挤兑风险，从而危及整个金融体系。

第三，总结了中国金融安全区域差异性特征的原因，其中非均衡区域金融发展格局是形成区域金融差异的主要原因。国家优先发展区域经济的宏观调控政策，进一步影响了区域资本在垄断格局下的调配，使资金的使用出现财政化倾向。区域融资渠道的多元化以及区域间的经济往来都会导致区域性金融风险形成渠道的多元化。货币化程度的区域差异和区域金融合作的信息不对称也是影响各区域金融安全运行的关键性因素。

第四，分区域编制账面资产负债表，利用资产负债表矩阵分析中国四大经济区域的金融部门和企业部门的货币错配风险、期限错配风险、资本结构错配风险、清偿力风险以及与风险相关的脆弱性、展期风险和流动性风险。从金融部门看，2014~2016年东部、西部、东北部地区存贷比较高，存在一定的资本结构风险，中部、西部地区中长期贷款比例都接近60%，期限错配风险较为显著。从企业部门看，各地区企业部门的资产规模增长率呈下降趋势，流动比率变化幅度较小。其中东部地区最大，维持在1.5左右，不存在期限错配风险，中部、西部、东北部地区近几年一度存在流动资产不足以偿付流动负债的情形，期限错配风险显现。从资产负债率来看，西部和东北部地区资产负债率均呈上升趋势，对债务融资依赖度加大，特别是西部地区相对较高，东部和中部地区则呈现下降趋势。

第五，分区域编制或有权益资产负债表并进行压力测试和敏感度分析。由于受资本市场的影响显著，各地区的相关指标变化趋势较一致。2014年中国经济发展进入新常态，各地区的资产负债率也随之下降，表明各地区间接融资的比重有所下降，股权融资的比重相对提高。从违约距离、违约概率和信用风险溢价指标来看，2009~2013年是各地区经济复苏时期，违约距离不断变大，违约概率和信用风险溢价也几乎为零，不存在显著风险。但自2014年后，以上三个指标发生了明显的波动，违约距离变小，违约概率和信用风险溢价上升，表明金融风险增大，因此需要密切关注以上各指标的进一步变化情况，避免金融风险恶化，从而影响中国整体以及各区域的金融安全与稳定。

第六，充分考虑中国金融市场各种可能因素，利用实证分析测度了我国系统性金融风险的关联因素、金融安全综合指数合成及关键宏观因素对金融风险的冲击。分析结果表明，贷款规模对系统性金融风险的冲击最大，房地产增加值次之，证券市场规模的冲击相比之下最为温和，这和股价上升在一定程度上能够缓解违约发生具有一定的关系。分区域看，从均值的分布来看，西部地区的整体平均违约率最高，东部地区最小，而从极端值的分布来看，东部地区的风险最高，其次为西部、东北部及中部地区。从引发系统性金融风险的角度，本书认为应关注极端经济冲击对商业银行不良贷款率的影响，并出台相关的金融或经济政策及市场配置政策。本书构建了金融安全综合指数，并通过压力测试分析了不同区域各种关键因素对系统性金融风险的冲击。结果显示，金融安全风险对西部地区的冲击最大，其次为中部、东北部和东部地区，也验证了本书之前所得到东部地区较优良的金融安全环境的结论，但东部地区金融安全环境的优势却伴随着房价和贷款规模更大的隐患与可能的泡沫。

8.2 政策建议

整体而言，防范化解系统性金融风险、维护金融安全、保持金融稳定需要坚持稳中求进总基调，遵循金融发展规律和市场运行规律，坚持回归本源、优化结构、强化监管和市场导向等原则，紧紧围绕服务实体经济、防控金融风险、深化金融改革三项任务，重点防范国内外的各种重要风险的现实因素，重点处置内外风险因素共振的威胁，只有这样金融体系才能保持稳健发展，才能守住不发生系统性金融风险的底线，维护金融安全和稳定。为此，本书提出以下政策建议。

第一，把主动防范化解系统性金融风险放在更加重要的位置，建立动态化的金融安全状态监测预警体系。相关金融监管主体应该基于中国现实问题，分析系统性金融风险传染机制，并据此对金融监管有效性进行量化评估，提出系统性金融风险防范的政策框架。考虑到经济与金融市场发展大环境的复杂性、多边性和成长性，金融安全综合指标对金融安全的界定并不固定，应建立动态的评价体系，对重要的金融行业、金融市场和金融要素形成全面、实时和动态的跟踪，根据具体经济与金融环境设定具体的监管要求，以及灵活、审慎与时效性强的配套监管制度。

第二，实施货币政策与宏观审慎双支柱政策，保障金融安全与稳定。首先，货币政策当局需要重点关注系统性金融风险演进的时间视角，继续实施稳健中性的货币政策，适应货币供应方式新变化，调节好货币总闸门，畅通货币政策传导渠道和机制，使金融体系流动性保持适度紧缩、总体稳定的状态。其次，强化宏观审慎管理机制，实施货币政策与宏观审慎双支柱政策体系，以逆周期资本、动态拨备等工具，降低金融体系顺周期性，重点缓释流动性风险，实现货币政策、宏观审慎、微观监管的有效统筹。最后，进一步完善宏观审慎评估体系，强化对银行业的宏观审慎监管，重点强化对跨行业、跨市场、高关联的金融业务监管，比如房地产融资、信托计划、国企融资和地方政府融资等，根据金融体系变化动态调整重要性金融机构，重点关注大型金融机构和金融基础设施"大而不倒"风险。

第三，坚持现实问题导向，重点防控危害金融安全和稳定的核心要素。要重点关注经济下行过程中各类潜在风险，通过加快各项改革来应对经济下行。要以供求关系作为房地产调控的基本准则，以系统和全局视角深化房地产市场的风险管控和制度改革。要深化财税体系改革，加快建立现代财政制度，建立权责清晰、财力协调、区域均衡的中央和地方财政关系，提高地方政府财权和事权的匹配性，打破房产—财政—土地的内生循环以及地方政府迂回负债的种种怪圈。要从供给和需求两端出发积极化解产能过剩问题。在供给面，严控新增过剩领域的产能，淘汰落后产能，鼓励兼并重组，向海外转移一批过剩产能，如"一带一路"倡议。在需求面，应当看到中国在教育、卫生、医疗和环保四大领域存在巨大的投资需求，应积极放开市场准入，吸引社会资本。要整治影子银行系统，构建涵盖表内业务和表外业务的全口径监管体系，强化综合监管，突出功能监管和行为监管，重点防范混业经营与分业经营的制度性错配，重点整治以金融创新为名的多种扭曲、变异或出于规避监管目的的影子银行业务或混业金融业务。

第四，强调区域差异化的金融风险管理，强化相关金融机构的全预警机制。中国具有显著的区域发展差异与金融发展差异，针对区域发展的特点与我国区域发展政策的不同，从金融机构自身角度强化安全预警机制，不过分强调地方政府或央行的管理职能，建立具有差异化的金融风险管理政策。宏观经济及金融调控政策的适度适当使用，宏观经济政策与金融政策的调控在不同时期具有不同作用，根据本书的分析，其在不同区域效用也不同，应根据经济发展事实、经济目标导向与不同监管要求有区别地适度适当使用。

第五，东部地区要发挥对全国金融安全的支撑和带动作用。要积极开拓海外市场，避免国际经济波动导致的贸易下滑对沿海主要省份与全国的冲击。要加快产业结构转型升级，转变粗放型经济增长方式，把经济增长方式转变到依靠提高质量与效益上来，扩大国内市场需求，提升国家中长期经济与金融竞争力。要加快地区金融中心建设，发挥资源集聚效应，发挥北京、上海、广东等发达省份对全国金融安全的促进作用，同时积极建设南京、杭州、厦门、大连等沿海重要城市金融中心，借助金融中心的资源整合力量与人才科技聚集优势，积极与国际金融市场接轨，增强我国金融国际化竞争力与整体抗风险能力。加快引进外资金融机构，能促进本地金融机构拓展对外合作与投资渠道，积极参与国际金融市场竞争，加快沿海地区国际金融市场建设，增强区域抵抗国际金融风险能力。

第六，中部和西部地区要加快经济与金融建设以增强中长期金融安全能力。首先，利用国家深入推进西部大开发，促进中部地区崛起，共建"一带一路"的契机，发挥地区资源与地域相对优势，积极发展对外贸易，加快中西部地区经济建设，将各地区贸易金融差异化控制在合理风险范围之内，以增强中西部与东部地区整体贸易水平与协同抵御金融风险能力。其次，以城市群与区域中心城市为依托，增强中西部地区经济与金融资源集聚水平。中西部地区可以利用已经建立起来的区位集聚优势，利用中原城市群、长江中游城市群、长株潭城市群、川渝经济带等区位集聚优势加快经济发展步伐，提高在全国经济总量中的比重。同时，利用武汉、重庆、成都、西安等城市发展机遇，集聚优秀资源，并广泛开展国内外合作，形成中西部网络辐射带动局面，从整体上提升中西部地区的中长期金融安全竞争力与抵御外来风险的能力。最后，要加强中西部地区内部的合作，在优势互补中实现整体效应，如区域金融联动或合作，建立起能够双赢甚至多赢的合作性博弈关系。目前的重点是要根据地区差异，依据优势互补的原则，协调成都、重庆、西安和武汉区域性金融中心的建设，进而建立健全中西部地区各个城市间乃至各个区域间的金融发展合作机制，实现区域经济与金融的和谐发展。

第七，东北部地区要抓住东北全面振兴战略契机以提高金融风险防范能力。首先，逐步化解银行巨额不良贷款是防范东北部地区金融风险的关键，因为东北三省国有企业众多且融资渠道单一，银行不良贷款问题非常严重，该地区的金融安全存在巨大的隐患。一方面，对由历史原因形成的不良贷款存量，需要政府、银行和贷款企业共同努力，合力解决。另一方面，东北部地区各级政府要处理好政府与银行、企业与银行的关系，不能再用行政命令的手段来干预银行的信贷行为，形成新的不良贷款。其次，要加强东北部地区的地方合作，在优势互补中实现整体效应。目前的重点是要根据优势互补的原则，协调沈阳和大连两个区域性金融中心的建设，进而建立健全东北部地区各个城市间乃至各个区域间的金融发展合作机制，实现区域经济与金融的和谐发展。另外，金融中心建设与自贸区建设需联动推进，作为东北部地区唯一的自贸区，辽宁自贸区的总体定位以及沈阳片区、大连片区的重点发展领域应与沈阳、大连金融中心建设衔接，将自贸区建设和金融中心的建设联动推进，借助自贸区建设，进一步扩大两地的开放，提升沈阳、大连经济与金融的辐射带动力，加速双金融中心的形成。

附 录

附录1 东部地区各省份金融部门资产负债表

单位：亿元

北京	2007年	2008年	2009年	2010年	2011年	2012年	2013年	2014年	2015年	2016年
总资产	51619.00	61649.00	80265.90	93130.90	112167.00	131436.00	135758.00	163314.00	196601.00	215952.00
贷款余额	19891.60	22958.50	31052.90	36479.60	39660.50	43189.50	47880.90	53650.60	58559.40	63739.00
短期贷款	6443.40	7064.60	7587.00	8597.00	11199.10	12808.10	15693.80	17639.00	17907.00	18694.00
中长期贷款	12220.20	14682.20	21163.80	26180.20	24886.30	26333.50	28171.70	30882.30	33671.30	37471.00
票据融资	707.60	909.60	1669.20	906.50	818.70	1145.80	1137.20	1882.20	2379.00	2061.00
存款余额	37733.50	43867.50	56960.10	66584.60	75001.90	84837.30	91660.50	100095.50	128573.00	138409.00
企业存款	22082.80	24223.00	30475.40	32349.10	47015.80	51580.80	57611.60	63393.10	46337.00	53735.00

续表

北京	2007年	2008年	2009年	2010年	2011年	2012年	2013年	2014年	2015年	2016年
居民储蓄	9743.50	12535.70	15329.20	17585.20	19690.60	22298.60	23747.60	24855.70	27703.90	29506.00
本币存款	35379.90	41994.30	54275.50	64453.90	72655.40	81389.60	87990.60	95370.50	123767.40	132792.00
本币贷款	17841.50	19933.40	25421.80	29563.80	33367.00	36441.30	40506.70	45458.70	50559.50	56619.00
外币存款（亿美元）	322.20	274.10	393.20	321.70	372.40	548.50	601.90	772.20	740.10	809.70
外币贷款（亿美元）	280.70	442.60	824.70	1044.30	998.80	1073.60	1209.50	1338.80	1232.00	1026.50

天津	2007年	2008年	2009年	2010年	2011年	2012年	2013年	2014年	2015年	2016年
总资产	10213.00	11172.00	16321.00	19737.00	28108.00	35114.80	41271.20	44136.60	44905.90	47038.10
贷款余额	6543.80	7689.10	11152.20	13774.10	15924.70	18396.80	20857.80	23223.40	25994.70	28754.00
短期贷款	2643.90	2638.00	2777.20	3016.50	4177.30	5126.80	6251.10	6579.50	6762.10	7444.00
中长期贷款	3560.60	4377.20	7256.80	9264.70	9906.50	10700.30	11618.00	12837.20	14452.50	16070.30
票据融资	215.30	419.30	541.20	450.20	518.50	825.00	757.90	983.30	1326.90	1119.20
存款余额	8242.10	9954.20	13887.10	16499.30	17586.90	20293.80	23316.60	24777.80	28149.40	30067.00
企业存款	3615.80	3955.70	6240.70	7139.60	10458.50	12110.80	14063.10	14703.60	13689.60	14294.20
居民储蓄	3165.20	4061.70	4973.10	5634.30	6194.70	7135.40	7695.80	8006.90	8877.20	9341.90
本币存款	7930.30	9606.40	13548.60	16142.70	17197.50	19675.70	22684.60	23959.40	27145.90	29041.40
本币贷款	6241.10	7383.30	10645.30	13111.60	15242.20	17392.10	19453.30	21716.00	24500.90	27368.00
外币存款（亿美元）	42.70	50.90	49.60	53.80	61.80	98.30	103.70	133.70	154.50	147.90
外币贷款（亿美元）	41.50	44.70	74.20	100.00	108.30	159.90	230.40	246.40	230.00	199.80

续表

河北	2007年	2008年	2009年	2010年	2011年	2012年	2013年	2014年	2015年	2016年
总资产	16264.00	20708.00	26132.00	30639.00	35531.00	41430.70	47204.50	52816.10	58714.70	68345.70
贷款余额	8486.50	9506.70	13284.10	15948.90	18460.60	21318.00	24423.20	28052.30	32608.50	37745.80
短期贷款	4114.20	4136.00	5210.20	6142.40	7347.30	9123.20	10788.20	11766.40	12527.80	12748.50
中长期贷款	3904.70	4702.60	7160.80	9100.00	10559.10	11453.50	12846.70	15117.90	17903.50	22218.50
票据融资	408.60	621.70	776.20	526.40	505.50	640.10	640.30	997.40	1919.30	2408.80
存款余额	14474.30	17844.80	22502.40	26270.60	29749.50	34257.20	39444.50	43764.00	48927.60	55928.90
企业存款	3592.50	4129.70	6083.90	6622.30	10968.30	12359.30	14381.30	16009.70	11822.90	13660.80
居民储蓄	8972.60	11485.50	13604.60	15725.70	17878.20	20723.60	23421.50	25760.10	29220.30	32871.00
本币存款	14355.60	17709.60	22361.40	26099.00	29563.80	34013.00	39221.30	43454.90	48550.90	55513.30
本币贷款	8397.80	9453.30	13123.80	15755.70	18144.00	20850.90	23966.00	27593.80	32151.40	37352.20
外币存款（亿美元）	16.30	19.90	20.70	25.90	29.50	38.80	36.60	50.50	58.00	59.90
外币贷款（亿美元）	12.10	7.80	23.50	29.20	50.30	74.30	75.00	74.90	70.40	56.70
上海	2007年	2008年	2009年	2010年	2011年	2012年	2013年	2014年	2015年	2016年
总资产	52030.00	53478.00	62007.00	68376.20	85960.00	90304.00	97881.00	112657.00	133858.00	143896.00
贷款余额	21710.00	24166.00	29684.10	34154.20	37196.79	40982.50	44358.10	47915.80	53387.20	59982.30
短期贷款	8024.70	8788.10	8511.56	9278.10	11265.81	12990.00	13673.80	13412.80	14182.30	14618.50
中长期贷款	12168.10	13713.00	17933.57	21693.70	22803.21	23595.70	25901.80	28451.60	30416.80	34311.00
票据融资	717.50	954.20	1859.65	1485.80	1528.68	2045.70	1805.50	2559.20	3467.20	3203.20

续表

	2007 年	2008 年	2009 年	2010 年	2011 年	2012 年	2013 年	2014 年	2015 年	2016 年
上海										
存款余额	30315.50	35589.00	44620.27	52190.00	58186.48	63555.30	69256.30	73882.50	103760.60	110511.00
企业存款	15827.70	17900.00	22772.28	24991.40	34941.43	37555.70	41491.60	44149.10	23384.70	45105.10
居民储蓄	9326.50	12084.00	14357.65	16249.30	17958.22	20247.20	21185.70	21995.50	38042.00	25113.00
本币存款	28489.00	33644.00	42291.46	49846.80	55273.16	59892.80	65037.50	69549.10	98266.50	103163.90
本币贷款	18595.80	21236.00	26196.07	30573.30	33360.10	36485.90	39748.60	43227.30	48090.80	53985.10
外币存款（亿美元）	250.10	284.60	341.06	353.80	462.37	582.70	692.00	708.20	846.10	1059.10
外币贷款（亿美元）	426.30	428.70	510.83	540.70	608.91	715.40	756.00	766.20	815.60	864.50
江苏	2007 年	2008 年	2009 年	2010 年	2011 年	2012 年	2013 年	2014 年	2015 年	2016 年
总资产	36942.50	44349.00	57893.00	71555.40	81863.00	96582.50	108608.00	122100.60	136448.10	156188.00
贷款余额	23265.80	27081.10	36846.30	44180.20	50283.50	57652.80	64908.20	72490.00	81169.70	92957.00
短期贷款	11495.10	12507.30	15188.30	18186.70	23257.10	27967.90	30604.90	31396.50	32294.70	30969.00
中长期贷款	9943.40	11940.70	18481.90	23507.40	25459.50	27492.50	31732.40	37299.30	43256.50	55345.50
票据融资	1349.50	2205.10	2327.60	1167.50	1300.80	1757.70	2102.50	3227.60	4772.70	5495.40
存款余额	31338.00	38063.40	50061.90	60583.10	67638.80	78109.00	88302.10	96939.00	111329.90	125576.90
企业存款	12159.20	13661.20	19486.90	20424.00	38982.00	44510.90	49575.10	54804.70	41811.60	48870.50
居民储蓄	13213.10	16916.70	20303.70	23533.10	26111.80	30285.40	34072.80	36847.50	40951.00	44544.10
本币存款	30450.50	37017.50	48850.30	58984.10	65723.60	75481.50	85604.10	93735.60	107873.00	121106.60
本币贷款	22092.10	26160.70	35296.70	42121.00	47868.30	54412.30	61836.50	69572.70	78866.30	91107.60

续表

	2007 年	2008 年	2009 年	2010 年	2011 年	2012 年	2013 年	2014 年	2015 年	2016 年
江苏										
外币存款（亿美元）	121.50	153.00	177.40	241.40	304.00	418.00	442.50	523.50	532.30	644.40
外币贷款（亿美元）	160.70	134.70	226.90	310.90	383.30	515.60	503.80	476.80	354.70	266.60
浙江	2007 年	2008 年	2009 年	2010 年	2011 年	2012 年	2013 年	2014 年	2015 年	2016 年
总资产	33906.00	42069.00	54054.00	64365.80	75545.00	84969.00	95856.00	105656.00	119130.00	132403.46
贷款余额	24939.89	29658.67	39223.91	46938.50	53239.30	59509.20	65338.54	71361.00	76466.00	81804.50
短期贷款	14825.62	17219.69	21684.27	26044.50	32289.90	36796.50	39638.75	40233.00	40255.00	38652.00
中长期贷款	8978.24	10742.81	15324.48	18800.20	19761.20	20766.00	23736.96	28267.00	31642.00	37586.80
票据融资	497.13	1047.57	1153.31	607.40	640.10	1061.50	969.81	1714.90	3225.60	3962.00
存款余额	29030.33	35481.20	45112.01	54482.30	60893.10	66679.10	73732.36	79242.00	90301.00	99530.30
企业存款	10456.84	11490.12	16791.70	20046.60	33542.80	35955.40	39097.81	41593.00	31485.00	34561.80
居民储蓄	11381.16	14804.54	18169.41	21093.60	23945.20	26902.40	29360.48	31167.00	34787.00	38755.10
本币存款	28504.46	34806.43	44336.49	53441.50	59727.90	64886.30	71986.58	77145.00	87393.00	96438.20
本币贷款	24144.42	28967.81	37997.98	45288.10	51276.60	56982.70	62597.56	68566.00	74070.00	79926.00
外币存款（亿美元）	74.20	98.72	113.58	157.20	184.90	285.20	286.34	342.63	447.87	445.70
外币贷款（亿美元）	110.88	101.06	179.54	249.20	311.50	402.00	449.57	456.72	369.00	270.80
福建	2007 年	2008 年	2009 年	2010 年	2011 年	2012 年	2013 年	2014 年	2015 年	2016 年
总资产	15244.40	18349.10	22529.00	28637.10	33788.00	41277.90	49603.00	59748.90	79990.70	93278.00
贷款余额	8522.60	9891.69	12905.80	15920.80	18982.80	22427.50	25963.40	30051.30	33694.40	37787.00

续表

福建	2007年	2008年	2009年	2010年	2011年	2012年	2013年	2014年	2015年	2016年
短期贷款	3723.70	3972.25	5360.50	6720.40	8314.80	10237.00	11678.80	12684.40	12861.00	13058.00
中长期贷款	4484.50	5294.47	6815.20	8638.30	10173.20	11424.80	13493.00	16330.10	18873.30	21936.00
票据融资	188.60	541.23	515.20	256.20	360.00	525.80	458.80	578.10	1127.50	1862.00
存款余额	10372.30	12172.08	15097.80	18753.20	21571.60	25057.80	28938.80	31858.40	36845.50	40487.00
企业存款	3344.20	3663.69	4837.20	5335.50	10805.50	12647.80	14807.40	12744.90	12907.10	14089.00
居民储蓄	4865.90	6010.09	7245.90	8258.20	9215.30	10650.60	12002.40	16053.00	14132.80	15412.00
本币存款	10040.20	11804.40	14705.00	18309.50	21055.50	24283.70	28043.80	30747.60	35576.10	39276.00
本币贷款	8065.70	9585.92	12360.30	15231.40	18165.20	21209.80	24487.50	28417.70	32133.00	36356.00
外币存款（亿美元）	45.50	53.80	57.50	67.00	81.90	123.20	146.80	181.50	195.50	174.60
外币贷款（亿美元）	62.60	44.74	79.90	104.10	129.80	193.70	242.10	267.00	240.50	206.30

山东	2007年	2008年	2009年	2010年	2011年	2012年	2013年	2014年	2015年	2016年
总资产	26597.00	32652.00	42580.00	49801.90	57712.00	69434.50	82549.00	86681.00	97022.00	109924.00
贷款余额	18279.90	20927.80	27385.90	32536.30	37521.90	42899.90	47952.10	53662.20	59063.30	65243.50
短期贷款	9933.71	10580.10	12556.30	14713.80	18319.70	22369.40	25005.70	26922.40	28192.50	28035.50
中长期贷款	6832.20	8213.80	12350.70	15935.30	16621.50	17006.90	19498.20	22771.20	26168.80	31272.20
票据融资	1247.32	1780.70	1900.00	1217.60	1385.40	2105.70	1859.20	2156.40	2747.50	3576.50
存款余额	22414.40	27295.30	35170.70	41653.70	46986.50	55386.40	63357.90	69151.90	76795.50	85683.50
企业存款	6092.47	7034.90	10313.20	11920.00	22649.00	26512.40	30075.80	31989.50	24108.20	28060.40

续表

山东	2007年	2008年	2009年	2010年	2011年	2012年	2013年	2014年	2015年	2016年
居民储蓄	11566.10	14508.20	17223.70	19773.30	22305.70	26494.10	29967.30	33367.50	37595.80	41754.90
本币存款	22072.30	26930.20	34697.80	41105.00	46345.40	54301.50	62077.90	67498.30	74524.20	83414.90
本币贷款	17545.10	20053.90	25961.30	30722.60	35179.00	40021.50	44761.30	50058.60	55437.00	61726.90
外币存款（亿美元）	46.84	53.40	69.30	82.90	101.70	172.60	209.90	270.20	349.80	327.00
外币贷款（亿美元）	100.59	127.90	208.60	273.90	371.80	458.00	523.40	588.90	558.40	506.90
广东	2007年	2008年	2009年	2010年	2011年	2012年	2013年	2014年	2015年	2016年
总资产	60815.00	70040.00	85941.00	105279.00	121037.00	142743.40	158033.00	175296.00	195640.00	221128.00
贷款余额	30617.30	33835.80	44510.20	51799.30	58615.30	67077.10	75664.20	84921.80	95661.12	110928.40
短期贷款	10797.90	10627.90	12377.70	12323.20	16674.30	21647.40	25550.40	27997.60	30072.55	32399.00
中长期贷款	17623.10	20077.20	27578.30	35837.90	38334.10	40987.00	45767.50	51164.70	58053.36	69172.10
票据融资	1265.70	2298.00	2187.40	1452.80	1498.40	2003.70	1673.50	2720.30	3748.63	4883.50
存款余额	48955.00	56119.30	69691.50	82019.40	91590.20	105099.60	119685.20	127881.50	163388.22	179829.20
企业存款	16672.20	18713.70	24919.10	27169.40	44915.60	51192.80	58088.90	63333.60	49345.26	63509.90
居民储蓄	23013.30	28181.20	32136.30	36965.70	41061.60	46265.60	50638.60	53215.90	55008.70	59768.70
本币存款	47016.50	54309.60	67742.60	79958.00	89169.60	99934.60	114855.00	121964.90	153551.79	171024.50
本币贷款	27497.90	31044.90	39683.60	47191.60	53411.80	59967.30	68491.90	77889.50	89289.27	103649.80
外币存款（亿美元）	265.40	264.80	285.40	311.30	384.20	821.70	792.20	966.90	1052.80	1269.20
外币贷款（亿美元）	427.00	408.30	706.90	695.70	825.80	1131.20	1176.40	1149.30	981.25	1049.20

续表

海南	2007年	2008年	2009年	2010年	2011年	2012年	2013年	2014年	2015年	2016年
总资产	2257.00	2832.00	4118.60	5471.00	6191.90	7282.90	8559.00	9430.60	11575.20	14242.10
贷款余额	1228.00	1383.40	1940.90	2509.70	3194.60	3889.60	4630.80	5391.50	6650.70	7687.70
短期贷款	263.10	344.60	393.90	397.80	453.60	515.20	707.40	774.40	1057.60	1166.00
中长期贷款	906.20	971.60	1435.10	2062.80	2567.30	3137.00	3685.40	4238.40	5374.70	6210.30
票据融资	44.20	60.30	89.00	34.10	64.10	65.30	39.30	151.30	217.70	310.90
存款余额	1873.00	2350.90	3175.70	4217.30	4504.50	5109.70	5952.50	6427.90	7637.30	9120.20
企业存款	724.30	917.80	1373.40	1760.10	2370.60	2646.80	3069.10	3274.90	2510.90	3213.10
居民储蓄	878.90	1075.20	1297.10	1679.90	1888.50	2186.80	2480.40	2771.70	2995.30	3417.20
本币存款	1833.20	2305.50	3107.90	4172.60	4446.90	5048.10	5887.00	6363.60	7518.80	8998.60
本币贷款	1086.90	1219.80	1731.10	2265.40	2797.70	3390.70	3988.80	4684.30	5689.00	6579.50
外币存款（亿美元）	5.40	6.60	9.90	6.80	9.20	9.80	10.70	10.50	18.20	17.50
外币贷款（亿美元）	19.30	24.00	30.70	36.90	63.00	79.40	105.30	115.60	148.10	159.70

资料来源：根据2008~2017年《中国区域金融运行报告》整理所得。

附录 2　中部地区各省份金融部门资产负债表

单位：亿元

山西	2007 年	2008 年	2009 年	2010 年	2011 年	2012 年	2013 年	2014 年	2015 年	2016 年
总资产	10965.00	15213.00	18408.00	22175.00	25055.80	28915.60	31969	33068.60	36201.60	39288.10
贷款余额	5514.20	6041.90	7915.41	9728.70	11265.60	13211.30	15025.50	16559.40	18574.80	20356.50
短期贷款	2683.70	2795.00	3338.94	3744.30	4292.70	5275.30	6089.80	6479.10	7535.00	7851.40
中长期贷款	2329.90	2763.60	3950.82	5443.00	6422.70	7170.90	8040.70	8774.60	9496.20	10868.10
票据融资	393.30	428.40	534.702	374.80	528.10	733.10	852.00	1211.40	1432.00	1544.00
存款余额	10111.90	12827.60	15759.80	18639.80	21003.20	24517.00	26269.00	26942.90	28641.40	30869.10
企业存款	2685.90	3294.20	4257.00	5357.00	9378.80	10844.80	11277.60	10979.20	7177.50	7843.20
居民储蓄	5462.20	7086.70	8138.45	9259.40	10494.50	12039.20	13385.00	14193.80	15747.90	17231.10
本币存款	10041.90	12766.70	15698.50	18575.70	20920.40	24050.60	26105.30	26779.50	28346.10	30371.40
本币贷款	5394.50	5960.30	7814.74	9634.30	11169.40	13106.20	14887.50	16432.70	18458.70	20228.60
外币存款（亿美元）	9.60	8.90	8.98	9.70	13.10	16.90	26.80	26.70	45.50	71.70
外币贷款（亿美元）	16.40	11.90	14.74	14.30	15.30	16.70	22.60	20.70	17.90	18.40

安徽	2007 年	2008 年	2009 年	2010 年	2011 年	2012 年	2013 年	2014 年	2015 年	2016 年
总资产	10273.00	12732.00	16450.00	20285.00	24663.00	29796.70	35149.00	40143.00	45779.00	54253.00
贷款余额	6127.90	7030.30	9438.60	11736.50	14146.40	16795.20	19688.20	22754.70	26144.40	30774.50

续表

安徽	2007年	2008年	2009年	2010年	2011年	2012年	2013年	2014年	2015年	2016年
短期贷款	2953.90	2983.30	3562.90	4142.00	5279.60	6326.60	7654.80	7933.20	8515.50	9285.90
中长期贷款	2837.90	3635.40	5310.40	7175.00	8388.90	9594.00	11148.50	13481.10	15477.10	18766.60
票据融资	274.00	362.80	494.30	291.80	460.20	748.10	677.70	991.80	1582.50	1956.30
存款余额	8485.90	10389.10	13404.40	16477.60	19547.30	23211.50	26938.20	30088.80	34826.20	41324.30
企业存款	2584.50	3078.00	4368.10	5294.30	9409.20	10880.40	12534.40	13868.70	10527.60	13264.10
居民储蓄	4575.50	5674.40	6648.40	7813.80	9261.30	11209.50	12959.80	14636.50	17072.30	18957.10
本币存款	8406.60	10305.40	13306.50	16366.10	19404.30	22977.30	26739.30	29817.70	34482.90	40856.20
本币贷款	6042.50	6948.70	9289.40	11452.30	13729.80	16294.30	19088.80	22088.30	25489.00	30180.70
外币存款（亿美元）	10.90	12.20	14.30	16.80	22.70	37.30	32.60	44.30	52.90	67.50
外币贷款（亿美元）	11.70	11.90	21.80	42.90	66.10	79.70	98.30	108.90	100.90	85.60
江西	2007年	2008年	2009年	2010年	2011年	2012年	2013年	2014年	2015年	2016年
总资产	6787.90	8736.70	11339.00	14811.00	17843.00	21523.80	24497.90	27857.06	32173.00	37346.00
贷款余额	4083.60	4613.30	6416.20	7843.30	9301.90	11080.10	13111.70	15696.80	18561.10	21847.40
短期贷款	1897.70	1965.00	2670.30	2851.80	3665.40	4646.30	5766.50	6618.50	7347.30	7562.00
中长期贷款	2005.30	2352.30	3402.40	4754.00	5474.80	6178.40	7141.00	8623.50	10329.70	13127.60
票据融资	171.30	279.50	309.10	189.00	151.50	242.40	179.20	422.10	805.40	1009.30
存款余额	5954.40	7262.00	9352.80	11907.80	14322.10	16839.00	19582.70	21754.90	25043.00	29105.20
企业存款	1564.00	1871.00	2623.90	3115.00	6469.40	7464.50	8747.10	9685.90	6893.20	8466.20

续表

		2007 年	2008 年	2009 年	2010 年	2011 年	2012 年	2013 年	2014 年	2015 年	2016 年
江西	居民储蓄	3389.20	4193.50	5122.20	6140.00	7153.20	8502.90	9758.60	10825.60	12440.50	14065.70
	本币存款	5900.10	7206.60	9296.40	11846.20	14240.40	16715.90	19434.70	21537.70	24785.10	28893.10
	本币贷款	4026.70	4544.80	6347.00	7757.10	9175.20	10924.50	12953.50	15466.10	18348.00	21721.10
	外币存款（亿美元）	7.40	8.10	8.30	9.30	13.00	19.60	24.30	35.50	39.70	30.60
	外币贷款（亿美元）	7.80	10.00	10.10	13.00	20.10	24.80	26.00	45.30	32.80	18.70
河南		2007 年	2008 年	2009 年	2010 年	2011 年	2012 年	2013 年	2014 年	2015 年	2016 年
	总资产	15563.70	19681.00	24396.00	28323.80	32514.30	39186.00	45801.00	51581.00	59904.50	69489.20
	贷款余额	9642.60	10439.70	13558.80	16006.50	17648.90	20301.70	23511.40	27583.40	31799.00	37140.00
	短期贷款	5233.20	5185.70	6033.00	7010.40	8359.20	9977.50	11823.40	13093.90	14022.00	14706.00
	中长期贷款	3814.10	4322.60	6094.60	7835.60	8731.20	9608.40	11029.60	13671.90	16475.00	20645.00
	票据融资	481.00	852.90	1309.60	962.50	532.80	679.00	618.70	762.50	1148.00	1452.00
	存款余额	12669.40	15340.10	19288.80	23246.70	26774.80	31970.40	37591.10	41931.10	48282.00	54980.00
	企业存款	3036.70	3458.50	4891.30	5726.10	10971.80	13210.50	15537.70	17594.60	13836.00	15656.00
	居民储蓄	7866.80	9568.90	11266.00	12935.30	14702.20	17521.20	20297.70	22486.50	26154.00	29579.00
	本币存款	12576.40	15255.40	19175.10	23148.80	26646.20	31648.50	37048.90	41374.90	47630.00	53978.00
	本币贷款	9545.50	10368.10	13437.40	15871.30	17506.20	20031.40	23100.90	27228.30	31433.00	36501.00
	外币存款（亿美元）	12.70	12.40	16.70	14.80	20.40	51.20	88.90	90.90	100.00	145.00
	外币贷款（亿美元）	13.30	10.50	17.80	20.40	22.60	43.00	67.30	58.00	56.00	63.00

续表

湖北	2007年	2008年	2009年	2010年	2011年	2012年	2013年	2014年	2015年	2016年
总资产	13308.40	16529.00	21023.00	25562.00	30083.00	35776.00	40680.00	45073.00	51807.00	59773.00
贷款余额	7788.10	8752.40	12057.20	14648.00	16395.40	19032.20	21902.60	25289.80	29514.60	34530.70
短期贷款	2960.90	3041.60	3667.00	4232.70	5357.00	6448.60	7857.30	8613.60	8896.20	8505.60
中长期贷款	4248.90	5001.80	7100.40	9157.80	10390.90	11717.00	13127.20	15517.20	18291.10	22620.50
票据融资	313.60	386.60	600.70	361.50	286.60	314.60	291.70	369.50	955.00	1531.80
存款余额	11211.10	13574.90	17678.00	21769.00	24148.30	28257.90	32902.80	36494.80	41345.90	47285.00
企业存款	3677.10	4379.00	5819.80	6856.90	10966.50	19032.20	14766.10	16021.80	12392.10	15229.00
居民储蓄	5489.70	6800.40	8223.40	9851.30	11343.40	13476.60	15571.00	17319.20	19680.10	22065.20
本币存款	11093.00	13439.50	17505.90	21568.30	23949.20	28006.40	32636.20	36153.70	40896.50	46779.60
本币贷款	7496.50	8465.70	11659.40	14170.90	15662.50	18004.50	20796.90	24240.00	28338.90	33130.10
外币存款(亿美元)	16.20	19.80	25.20	30.30	31.60	40.00	43.70	55.80	69.20	72.90
外币贷款(亿美元)	39.90	42.00	58.30	72.00	116.30	163.50	181.40	171.60	181.10	201.90

湖南	2007年	2008年	2009年	2010年	2011年	2012年	2013年	2014年	2015年	2016年
总资产	11044.00	13983.00	17453.20	20409.20	24933.00	29912.90	34000.00	38377.00	43875.00	51907.83
贷款余额	6157.51	7115.30	9536.60	11521.70	13462.50	15648.60	18141.10	20783.10	24221.90	27532.30
短期贷款	2709.27	2879.50	3274.80	3540.80	4134.60	4771.80	5565.10	6059.00	6569.90	6528.60
中长期贷款	3243.04	3849.70	5687.70	7585.60	9120.70	10539.30	12294.90	14312.70	16674.90	19647.50
票据融资	140.76	295.20	394.00	198.50	199.90	291.90	226.20	339.90	858.10	1271.70

续表

湖南	2007年	2008年	2009年	2010年	2011年	2012年	2013年	2014年	2015年	2016年
存款余额	9155.27	10971.70	14025.50	16643.30	19444.10	23147.20	26876.00	30255.60	36220.60	41996.70
企业存款	2431.14	2752.80	4018.50	4556.40	7996.50	9461.30	10960.40	16463.40	9860.50	12280.90
居民储蓄	5362.22	6587.90	7851.50	9060.00	10652.70	12705.10	14584.80	12357.40	18800.70	21242.10
本币贷款	9083.27	10895.50	13948.00	16553.80	19334.70	23038.10	26756.60	30073.40	36009.10	41694.50
本币贷款	6037.39	6989.40	9369.80	11303.80	13186.70	15336.50	17775.00	20356.40	23738.60	27215.50
外币存款（亿美元）	9.86	11.20	11.40	13.50	17.40	17.50	19.60	29.80	74.40	43.60
外币贷款（亿美元）	16.44	18.40	24.40	32.90	43.80	49.70	60.10	69.70	32.60	45.70

资料来源：根据2008~2017年《中国区域金融运行报告》整理所得。

附录3 西部地区各省份金融部门资产负债表

单位：亿元

内蒙古	2007年	2008年	2009年	2010年	2011年	2012年	2013年	2014年	2015年	2016年
总资产	5909.60	8032.00	10752.00	13123.00	16305.00	18813.00	21335.50	24019.00	27264.00	31622.00
贷款余额	3803.10	4564.20	6385.50	7992.60	9811.70	11392.50	13056.70	15066.00	17264.30	19458.50
短期贷款	1535.30	1784.20	2296.30	2718.90	3613.80	4421.00	5295.40	6005.20	6798.63	7145.40
中长期贷款	2112.10	2601.30	3912.40	5156.50	6106.90	6807.70	7502.50	8632.10	9628.15	11492.30
票据融资	125.40	161.40	110.20	73.10	85.00	133.60	209.10	346.10	718.72	714.10
存款余额	4986.10	6380.50	8414.00	10325.30	12132.50	13673.00	15263.80	16290.60	18172.20	21245.70
企业存款	1376.00	1772.00	2677.20	3137.30	5845.80	11392.50	6863.30	7139.60	4989.49	5982.80
居民储蓄	2559.50	3228.30	3932.00	4634.00	5442.60	6618.10	7479.00	8039.10	9035.12	10012.40
本币存款	4953.70	6341.00	8373.70	10278.70	12063.70	13612.70	15205.70	16217.60	18077.60	21165.60
本币贷款	3767.70	4527.90	6292.50	7919.50	9727.70	11284.20	12944.20	14947.10	17140.70	19361.00
外币存款（亿美元）	4.40	5.80	5.90	7.00	10.90	9.60	9.50	11.90	14.56	11.50
外币贷款（亿美元）	4.80	5.30	13.60	11.00	13.30	17.20	18.50	19.40	19.04	14.10

广西	2007年	2008年	2009年	2010年	2011年	2012年	2013年	2014年	2015年	2016年
总资产	6660.70	8484.00	11563.00	14747.00	17931.00	21544.20	24276.00	26967.51	30330.82	33679.50
贷款余额	4331.00	5110.00	7360.40	8979.90	10646.40	12355.50	14081.00	16071.00	18119.30	20640.50
短期贷款	1414.90	1541.70	1881.50	1720.20	2520.10	3467.80	4273.10	4689.50	4774	4593.90

续表

广西	2007年	2008年	2009年	2010年	2011年	2012年	2013年	2014年	2015年	2016年
中长期贷款	2837.70	3408.90	5248.90	7057.60	7912.60	8537.70	9486.50	10803.30	12406.10	14719.50
票据融资	58.50	139.10	180.50	146.00	117.90	167.50	103.60	286.40	612.30	981.80
存款余额	5801.00	7075.00	9638.90	11813.90	13528.00	15966.60	18400.50	20298.50	22793.50	25477.80
企业存款	1458.90	1847.50	2982.80	3418.30	6468.40	7464.30	8384.30	9152.60	6388.10	7496.90
居民储蓄	3214.70	3880.00	4715.40	5728.70	6682.20	7931.30	9151.10	10055.00	11434.30	12606.60
本币存款	5749.90	7024.10	9583.10	11746.80	13453.20	15856.00	18267.30	20079.00	22567.00	25257.60
本币贷款	4287.80	5066.60	7268.40	8867.50	10408.50	11941.40	13653.40	15585.50	17656.80	20175.80
外币存款（亿美元）	7.00	7.40	8.20	10.10	11.90	17.60	21.90	35.90	34.90	31.80
外币贷款（亿美元）	5.90	6.30	13.50	17.00	37.80	65.90	70.10	79.30	71.20	67.00

重庆	2007年	2008年	2009年	2010年	2011年	2012年	2013年	2014年	2015年	2016年
总资产	7508.00	10056.00	14212.00	18085.00	23061.00	28081.90	31226.30	35158.70	39376.00	43160.00
贷款余额	5056.60	6252.50	8856.60	10999.90	13195.20	15594.20	18005.70	20630.70	22955.20	25524.20
短期贷款	1604.40	1625.30	1508.50	1693.50	2669.80	4028.60	5153.10	5905.90	5960.60	5981.50
中长期贷款	3165.70	4057.40	6599.90	8738.50	10017.40	10976.90	12183.90	13723.10	15523.60	17787.70
票据融资	247.70	540.60	701.10	423.30	346.30	348.90	326.10	532.00	852.80	1108.70
存款余额	6617.40	8102.00	11084.80	13614.00	16128.90	19423.90	22789.20	25160.10	28778.80	32160.10
企业存款	2048.80	2425.40	3886.60	4794.20	8522.80	10306.80	12247.10	13408.00	10629.10	12063.70
居民储蓄	3255.50	4016.80	4937.50	5863.10	7011.70	8385.00	9648.40	10803.10	12255.20	13480.80

续表

重庆	2007年	2008年	2009年	2010年	2011年	2012年	2013年	2014年	2015年	2016年
本币存款	6531.70	8021.90	10933.00	13455.00	15832.80	18934.80	22202.10	24501.50	28094.40	31216.50
本币贷款	4991.20	6189.20	8766.10	10888.20	13001.40	15131.20	17381.60	20011.50	22393.90	24785.20
外币存款（亿美元）	11.70	11.70	22.20	24.00	47.00	77.80	96.30	107.60	105.40	136.00
外币贷款（亿美元）	9.00	9.30	13.30	16.90	30.80	73.70	102.40	101.20	86.40	106.50

四川	2007年	2008年	2009年	2010年	2011年	2012年	2013年	2014年	2015年	2016年
总资产	16804.00	21891.00	29261.00	35929.80	42939.00	52603.50	62228.00	69117.95	75919.60	85060.00
贷款余额	9416.20	11395.40	15979.40	19485.70	22514.20	26163.30	30298.85	34751.00	38704.00	43543.00
短期贷款	3787.10	4275.40	5077.80	4948	6067.70	8152.80	10097.61	10971.00	10909.90	10469.20
中长期贷款	5209.20	6520.50	9970.90	14040.80	16113.00	17542.10	19692.14	23001.00	26274.10	31080.30
票据融资	287.70	450.20	699.70	262.20	269.80	403.90	424.04	624.39	1302.90	1715.00
存款余额	14089.00	18787.70	25127.80	30504.10	34971.20	41576.80	48122.05	53936.00	60117.70	66892.40
企业存款	4141.70	5288.60	8161.60	9489.90	16832.60	19648.00	22543.96	24236.00	16288.90	18425.70
居民储蓄	7507.20	9703.40	11636.10	13703.60	16200.70	19497.60	22663.49	25389.00	28708.20	32184.30
本币存款	13950.40	18661.00	24976.50	30299.70	34734.70	41130.80	47667.28	53282.00	59184.80	65638.40
本币贷款	9200.90	11163.40	15680.30	19129.80	22033.20	25560.40	29542.74	33884.00	38011.80	42828.10
外币存款（亿美元）	19.00	18.50	22.20	30.90	37.50	71.00	74.59	106.83	143.70	180.80
外币贷款（亿美元）	29.50	33.90	43.80	53.80	76.30	95.90	29.29	141.64	106.60	103.10
总资产	4382.00	5648.00	6972.00	8854.00	10862.00	13563.00	17287.80	20186.20	25047.80	30810.00

续表

	2007年	2008年	2009年	2010年	2011年	2012年	2013年	2014年	2015年	2016年
贵州										
贷款余额	3145.00	3581.50	4670.20	5771.70	6875.70	8350.20	10157.00	12438.00	15120.99	17961.00
短期贷款	869.20	894.60	1093.60	1018.70	1319.30	1802.50	2277.30	2834.50	3162.80	3439.30
中长期贷款	2179.70	2590.10	3436.00	4585.40	5439.90	6406.10	7759.60	9404.00	11680.50	14116.30
票据融资	86.30	86.70	111.00	127.90	108.00	121.80	93.40	134.70	196.30	210.70
存款余额	3838.70	4750.00	5912.50	7387.80	8771.30	10567.80	13297.60	15307.40	19537.12	23831.40
企业存款	1105.00	1264.40	1605.70	2091.40	4325.40	5237.30	6697.20	7891.50	6876.10	9334.60
居民储蓄	1797.70	2244.20	2684.00	3252.50	3944.10	4815.80	5929.90	6632	7410.90	8556.60
本币存款	3826.40	4736.90	5898.30	7363.90	8742.80	10540.10	13265.00	15263.30	19438.60	23770.90
本币贷款	3128.60	3569.30	4656.50	5747.50	6841.90	8274.80	10104.30	12368.30	15051.90	17857.80
外币存款（亿美元）	1.70	1.90	2.10	3.60	4.50	4.40	5.30	7.20	15.20	8.70
外币贷款（亿美元）	2.20	1.80	2.00	3.70	5.40	12.00	8.60	11.40	10.60	14.90
云南	2007年	2008年	2009年	2010年	2011年	2012年	2013年	2014年	2015年	2016年
总资产	9094.00	10327.00	13604.00	16323.00	19014.00	23054.70	26823.20	29727.70	33334.00	36842.00
贷款余额	5733.90	6649.30	8853.40	10701.90	12348.00	14169.00	16128.90	18368.40	21243.20	23491.40
短期贷款	2146.60	2531.70	2938.90	2702.40	3172.40	4126.50	5032.30	5763.90	6226.00	6099.10
中长期贷款	3389.40	3835.10	5605.60	7768.40	8917.20	9644.40	10600.00	11935.60	13485.70	15449.70
票据融资	176.20	271.30	269.60	159.80	157.10	232.80	285.00	404.20	820.80	1128.90
存款余额	7215.60	8470.50	11174.10	13476.20	15429.00	18061.50	20829.30	22528.00	25204.60	27921.50

续表

	2007年	2008年	2009年	2010年	2011年	2012年	2013年	2014年	2015年	2016年
云南										
企业存款	2590.30	2905.70	3966.60	4500.80	8038.80	9490.00	10937.20	11647.80	6962.50	8073.00
居民储蓄	3076.30	3810.00	4696.30	5744.60	6684.90	7775.20	9004.00	9733.80	10787.60	12012.50
本币存款	7170.90	8418.90	11119.60	13411.50	15357.00	17978.20	20711.60	22365.60	25064.20	27746.70
本币贷款	5671.70	6594.30	8779.60	10568.80	12115.00	13869.80	15812.20	18010.90	20879.10	23089.30
外币存款（亿美元）	6.10	7.50	8.00	9.80	10.30	13.20	19.30	26.60	21.60	25.20
外币贷款（亿美元）	8.50	8.00	10.80	20.10	34.00	47.60	51.90	58.40	56.10	58.00
西藏										
总资产	613.30	809.70	958.00	1197.00	1553.00	2170.30	2656.70	3311.20	4050.40	5233.30
贷款余额	223.80	219.30	248.30	301.80	409.10	664.00	1076.96	1619.46	2124.50	3048.64
短期贷款	98.10	67.30	62.40	58.70	74.30	126.80	259.77	297.90	333.30	322.80
中长期贷款	125.30	149.60	185.60	213.60	276.10	464.70	759.81	1201.60	1619.70	2460.38
票据融资	0.00	2.10	0.00	29.20	58.60	72.60	57.371	119.90	128.50	118.80
存款余额	643.40	829.00	1028.40	1296.70	1662.50	2054.20	2500.94	3089.19	3671.20	4379.66
企业存款	295.70	386.80	440.40	328.30	1152.00	1477.60	1897.52	2279.86	636.10	979.20
居民储蓄	160.10	185.40	226.90	267.60	319.30	404.30	496.49	559.80	654.20	786.55
本币存款	642.40	827.90	1027.20	1295.50	1661.20	2050.60	2499.08	3082.40	3663.90	4371.55
本币贷款	223.50	219.00	248.00	301.50	408.80	663.80	1076.69	1618.70	2120.30	3045.77
外币存款（亿美元）	0.12	0.17	0.17	0.18	0.20	0.60	0.30	1.11	1.14	1.17
外币贷款（亿美元）	0.05	0.05	0.05	0.00	0.00	0.00	0.04	0.12	0.64	0.41

续表

	2007年	2008年	2009年	2010年	2011年	2012年	2013年	2014年	2015年	2016年
陕西										
总资产	9683.80	13540.60	17047.00	20707.00	24977.00	29958.40	33395.00	36570.90	41112.30	45201.00
贷款余额	5210.90	6198.90	8457.60	10222.20	12097.30	14138.20	16537.70	19174.00	22096.80	24224.40
短期贷款	1933.90	2168.10	2647.80	2513.90	3118.10	4060.70	4803.20	5161.80	5482.60	5270.80
中长期贷款	2966.20	3586.90	5235.50	7273.10	8477.30	9539.70	11217.60	13171.80	15355.20	17235.40
票据融资	251.50	365.60	463.30	360.60	478.30	512.80	493.60	810.20	1218.20	1667.90
存款余额	8608.80	10927.60	14043.40	16590.50	19348.70	22843.40	25736.70	28288.70	32685.30	35707.40
企业存款	2726.90	3465.70	4742.00	5408.30	9611.00	11232.80	12369.30	13448.80	9890.00	11282.80
居民储蓄	4325.80	5537.70	6792.70	8008.40	9220.90	10820.50	12302.30	13486.00	15496.80	17212.80
本币存款	8501.40	10829.00	13924.80	16456.10	19227.10	22657.70	25577.20	28111.30	32415.20	35255.50
本币贷款	5121.20	6096.10	8322.80	10033.10	11865.30	13865.60	16219.80	18837.20	21760.60	23921.70
外币存款（亿美元）	11.20	13.50	17.40	20.30	19.30	29.50	26.20	29.00	41.60	65.10
外币贷款（亿美元）	6.80	13.80	19.60	28.50	36.80	43.40	52.10	55.10	51.80	43.60
甘肃	2007年	2008年	2009年	2010年	2011年	2012年	2013年	2014年	2015年	2016年
总资产	4529.00	5710.40	7259.10	8581.80	11127.90	13646.00	16242.00	19140.00	22340.00	24637.00
贷款余额	2448.20	2768.40	3739.90	4576.70	5736.20	7196.60	8822.20	11075.80	13728.90	15926.40
短期贷款	1049.70	1214.40	1615.50	1690.30	1970.50	2527.00	3272.80	3913.40	4662.30	4841.30
中长期贷款	1255.10	1423.80	1872.80	2728.70	3511.40	4220.70	5106.30	6454.40	8066.60	9993.10
票据融资	103.40	119.10	217.50	99.60	151.90	234.90	142.30	275.30	458.20	517.80

续表

	2007 年	2008 年	2009 年	2010 年	2011 年	2012 年	2013 年	2014 年	2015 年	2016 年
甘肃										
存款余额	3765.00	4745.70	5903.10	7146.70	8460.90	10129.70	12070.60	13958.00	16299.50	17515.70
企业存款	1132.10	1372.20	1706.30	1838.90	3941.90	4729.10	5649.60	6669.40	5288.90	5553.90
居民储蓄	1929.70	2475.70	3042.00	3611.70	4250.00	5070.20	5901.10	6696.20	7804.50	8530.60
本币贷款	3747.10	4728.80	5881.80	7115.40	8394.00	10033.40	12029.70	13921.40	16141.20	17411.70
本币贷款	2403.60	2731.90	3649.60	4433.10	5468.80	6829.40	8430.10	10681.60	13292.20	15650.50
外币存款（亿美元）	2.40	2.50	3.10	4.70	10.60	15.30	6.70	6.00	24.40	15.00
外币贷款（亿美元）	6.10	5.40	13.20	21.70	42.40	58.40	64.30	64.40	67.30	39.80
青海	2007 年	2008 年	2009 年	2010 年	2011 年	2012 年	2013 年	2014 年	2015 年	2016 年
总资产	1348.00	1712.00	2281.00	3322.00	3729.00	4839.00	5789.00	6487.00	7661.00	8453.00
贷款余额	882.13	1033.90	1428.30	1832.80	2239.00	2868.40	3514.68	4303.40	5124.10	5717.16
短期贷款	279.94	304.49	375.30	401.70	496.70	652.70	837.57	890.37	932.30	987.73
中长期贷款	576.02	701.42	977.00	1348.00	1656.00	1994.20	2419.89	3041.50	3659.00	3939.25
票据融资	24.93	28.85	53.50	79.50	83.60	146.50	147.34	244.15	402.20	655.55
存款余额	1105.21	1389.58	1791.00	2327.00	2834.80	3538.40	4110.74	4541.10	5228.00	5586.18
企业存款	370.20	434.00	577.70	649.60	1583.60	1990.60	2338.84	2597.70	1640.90	1649.48
居民储蓄	444.97	583.38	714.30	871.00	1049.20	1280.80	1510.11	1645.90	1823.00	2010.33
本币存款	1092.65	1383.68	1785.80	2319.60	2825.80	3528.40	4102.54	4529.90	5212.80	5570.17
本币贷款	873.15	1025.63	1399.00	1822.70	2231.50	2791.70	3398.17	4171.70	4988.00	5579.76

续表

	2007年	2008年	2009年	2010年	2011年	2012年	2013年	2014年	2015年	2016年
青海										
外币存款（亿美元）	12.56	0.86	0.80	1.10	0.20	1.60	1.35	1.88	2.30	2.31
外币贷款（亿美元）	8.98	1.21	1.40	1.50	0.20	12.20	19.11	21.52	21.00	19.81
宁夏	2007年	2008年	2009年	2010年	2011年	2012年	2013年	2014年	2015年	2016年
总资产	1544.30	1974.00	2629.00	3362.00	4133.00	4991.20	5764.00	6718.00	7679.00	8309.00
贷款余额	1196.50	1414.30	1928.70	2419.90	2907.20	3372.10	3947.30	4608.30	5150.30	5696.00
短期贷款	474.10	534.10	683.40	704.30	951.00	1296.50	1503.40	1673.00	1801.10	1854.80
中长期贷款	654.60	801.30	1162.30	1612.00	1811.90	1960.80	2303.20	2731.60	3025.20	3433.20
票据融资	59.80	71.40	77.30	87.40	114.50	107.40	120.20	183.90	305.30	392.10
存款余额	1288.20	1598.20	2068.40	2586.70	2978.40	3507.20	3881.40	4228.80	4823.00	5460.60
企业存款	416.10	436.70	597.00	731.90	1420.90	1678.50	1806.30	1950.40	1252.20	1493.70
居民储蓄	617.60	797.70	971.80	1174.00	1356.30	1684.90	1893.40	2061.20	2366.50	2562.20
本币存款	1278.50	1590.60	2058.50	2573.60	2966.90	3495.40	3868.50	4209.10	4805.20	5441.50
本币贷款	1184.60	1402.60	1917.40	2398.70	2860.60	3339.60	3910.10	4578.50	5117.80	5667.90
外币存款（亿美元）	1.30	1.10	1.50	2.00	1.80	1.90	2.10	3.20	2.70	2.80
外币贷款（亿美元）	1.60	1.70	1.70	3.20	7.40	5.20	6.10	4.90	5.00	4.10
总资产	5508.00	6671.00	8272.00	11160.00	14280.00	17022.40	20063.28	21982.00	23893.00	26544.00
贷款余额	2767.10	2918.13	3952.06	5211.40	6603.40	8386.00	10377.10	12238.00	13651.00	15196.00
短期贷款	1239.70	1219.51	1535.29	1849.40	2278.60	2787.70	3424.40	3920.00	4090.00	4169.40

续表

新疆	2007年	2008年	2009年	2010年	2011年	2012年	2013年	2014年	2015年	2016年
中长期贷款	1320.70	1490.26	2166.89	3132.30	3809.70	4694.90	5783.30	6889.00	7653.70	8619.50
票据融资	169.20	176.40	192.80	143.50	168.10	302.40	396.20	568.00	1000.70	1343.70
存款余额	4638.40	5424.38	6877.16	8898.60	10442.80	12423.50	14247.50	15217.00	17822.10	19300.10
企业存款	1468.80	1492.13	2067.09	2814.80	5616.60	6666.40	7817.90	8296.00	5365.80	5831.50
居民储蓄	2068.60	2563.93	3065.04	3726.10	4440.90	5302.00	5907.20	6211.00	6822.80	7543.10
本币存款	4614.60	5399.34	6850.07	8870.00	10387.00	12330.90	14088.80	15055.00	17123.90	18747.60
本币贷款	2685.00	2826.53	3787.59	4973.20	6270.20	7914.00	9840.46	11671.00	13041.00	14552.70
外币存款（亿美元）	3.30	3.70	4.00	4.30	8.90	14.70	26.00	26.00	107.50	79.60
外币贷款（亿美元）	11.20	13.40	24.10	36.00	52.90	75.10	88.00	93.00	93.90	92.70

资料来源：根据 2008~2017 年《中国区域金融运行报告》整理所得。

附录 4 东北部地区各省份金融部门资产负债表

单位：亿元

辽宁	2007年	2008年	2009年	2010年	2011年	2012年	2013年	2014年	2015年	2016年
总资产	19122.00	23323.00	30289.00	34996.00	42321.00	46887.00	50962.00	58047.00	67096.00	76181.00
贷款余额	10762.80	12348.40	16222.10	19622.00	22832.00	26306.50	29722.00	33024.00	36283.00	38686.00
短期贷款	4879.60	5132.80	5790.30	6303.00	8122.40	9819.40	11643.00	12704.00	13669.00	14276.00
中长期贷款	5321.70	6191.30	8840.70	11901.00	13757.00	15418.80	17004.00	18714.00	20319.00	21575.00
票据融资	451.90	869.90	1313.90	958.00	779.20	820.30	792.70	1269.90	1889.00	2309.00
存款余额	15567.80	18778.40	23351.10	28057.00	30832.00	35303.50	39418.00	42053.00	47758.00	51692.00
企业存款	5043.90	5626.90	7596.70	8351.00	13862.00	15566.60	17034.00	17731.00	13295.00	14528.00
居民储蓄	8285.60	10352.40	12243.20	13879.00	15530.00	17967.40	19858.00	22117.00	23996.00	25882.00
本币存款	15177.80	18333.30	22758.60	27373.00	30216.00	34567.30	38668.00	41133.00	46844.00	50717.00
本币贷款	10475.10	11891.10	15549.60	18690.00	21621.00	24730.20	27944.00	31250.00	34735.00	37291.00
外币存款（亿美元）	68.40	65.10	86.77	103.40	97.80	117.10	123.00	150.35	141.00	141.00
外币贷款（亿美元）	39.40	66.90	98.50	140.80	192.20	250.80	291.60	289.76	238.00	201.00

吉林	2007年	2008年	2009年	2010年	2011年	2012年	2013年	2014年	2015年	2016年
总资产	7055.40	8743.00	11464.30	13130.00	14981.00	18497.60	20501.20	22671.80	27153.00	32352.00
贷款余额	4361.10	4891.01	6300.40	7279.60	8240.90	9270.50	10805.20	12695.30	15308.80	17210.50

续表

吉林	2007年	2008年	2009年	2010年	2011年	2012年	2013年	2014年	2015年	2016年
短期贷款	2130.90	2295.44	2714.70	2815.70	2977.50	3341.40	3993.50	4906.30	6123.30	931.30
中长期贷款	2069.40	2338.22	3271.50	4310.80	5061.00	5649.40	6517.60	7456.50	8425.80	3179.00
票据融资	126.20	224.51	260.40	107.00	186.40	250.70	260.60	315.20	743.00	736.50
存款余额	5398.60	6433.34	8405.70	9702.50	10962.00	12812.10	14885.90	16526.30	18683.80	21154.70
企业存款	1357.60	1544.20	2347.50	2788.90	4560.10	5254.60	6235.60	7042.90	4950.90	6053.50
居民储蓄	3247.30	3975.62	4678.70	5203.20	5884.30	6927.40	7803.80	8618.90	9633.80	10666.10
本币存款	5318.60	6362.48	8318.00	9606.70	10874.20	12706.10	14781.40	16400.10	18499.60	21003.90
本币贷款	4306.00	4835.89	6234.70	7205.90	8126.20	9155.60	10696.50	12587.30	15203.10	17141.10
外币存款（亿美元）	11.00	10.37	12.80	14.50	13.90	16.90	17.10	20.60	28.40	21.70
外币贷款（亿美元）	7.50	8.06	9.60	11.10	18.20	18.30	17.80	17.70	16.30	10.00
黑龙江	2007年	2008年	2009年	2010年	2011年	2012年	2013年	2014年	2015年	2016年
总资产	9280.00	11274.00	13975.00	16347.00	19225.00	23501.90	25657.50	27953.00	33388.50	35828.60
贷款余额	4330.60	4594.00	6145.70	7390.60	8761.10	10259.90	11782.50	13791.50	16644.90	18086.20
短期贷款	2268.30	2167.20	2498.90	2916.10	3548.90	4279.10	5024.70	6108.30	7982.90	8692.60
中长期贷款	1785.10	1978.20	3001.80	4098.40	4872.90	5497.90	6208.90	6948.80	7189.10	7944.30
票据融资	244.20	427.70	545.90	284.10	290.40	403.80	420.90	550.10	1155.00	1023.90
存款余额	7657.70	9077.50	11116.80	12924.20	14416.40	16540.70	18293.40	19423.20	21429.80	22394.80
企业存款	1972.80	2113.20	2880.20	3584.90	5752.40	6646.00	7037.80	6924.90	4171.10	4364.10

续表

黑龙江	2007年	2008年	2009年	2010年	2011年	2012年	2013年	2014年	2015年	2016年
居民储蓄	4547.00	5603.50	6489.70	7306.00	8197.90	9325.00	10125.60	10932.20	12546.60	13592.00
本币存款	7559.70	8993.80	11022.80	12835.70	14328.40	16326.60	18131.80	19254.80	21218.90	22179.00
本币贷款	4256.30	4532.70	5988.30	7230.50	8548.70	9906.70	11359.40	13391.70	16214.90	17725.00
外币存款（亿美元）	13.40	12.30	13.80	13.40	14.00	34.10	26.50	27.50	32.50	31.10
外币贷款（亿美元）	10.20	9.00	23.00	24.20	33.70	56.20	69.40	65.30	66.20	52.10

资料来源：根据2008~2017年《中国区域金融运行报告》整理所得。

附录5 东部地区各省份企业部门资产负债表

单位：亿元

北京	2006年	2007年	2008年	2009年	2010年	2011年	2012年	2013年	2014年	2015年
资产合计	25694.99	31255.92	37598.99	43961.54	52790.06	61559.64	68838.40	78776.88	85987.60	93499.43
流动资产	12458.25	15816.58	21092.26	24752.51	31131.43	36112.24	41215.04	46296.98	52311.92	54650.28
固定资产	4712.36	5610.18	6151.51	6166.35	6829.07	6417.14	7258.25	11962.56	7764.72	8201.41
负债合计	13438.45	16740.78	21739.66	25740.70	32204.33	38199.14	43693.00	50057.24	55176.61	57179.83
流动负债	6341.72	7599.60	8894.08	10000.01	12524.77	14264.26	16705.58	19295.95	21795.33	23811.52
长期负债	1638.93	1829.08	2785.58	4210.29	5042.86	5896.48	6536.20	7488.19	7220.78	7237.11
所有者权益	12258.49	14515.05	15859.23	18220.74	20585.72	23360.40	25143.94	28719.64	30780.51	36291.60

天津	2006年	2007年	2008年	2009年	2010年	2011年	2012年	2013年	2014年	2015年
资产合计	10451.35	13052.07	15394.76	17734.37	21922.50	26107.49	30525.10	35791.75	40908.45	43391.99
流动资产	5817.81	7241.72	8451.59	9811.77	12811.68	15522.71	18417.98	21531.26	26200.30	27399.65
固定资产	3616.95	4201.50	4976.27	5664.85	6352.31	7009.03	7817.12	8276.64	9145.25	9435.77
负债合计	5809.23	7486.63	8554.39	9802.40	12206.93	14567.02	17344.67	20695.84	27891.35	30006.85
流动负债	4099.11	5192.54	5570.66	6203.52	7592.22	8919.66	10456.49	12449.42	15854.90	17010.25
长期负债	849.52	1100.09	1461.03	1771.08	1841.62	1985.29	2403.75	2767.54	2977.45	3233.10
所有者权益	4642.11	5565.34	6840.37	7881.73	9693.20	11458.51	13055.67	15098.18	13163.19	13347.72

续表

	2006年	2007年	2008年	2009年	2010年	2011年	2012年	2013年	2014年	2015年
河北										
资产合计	13043.52	15805.03	20193.62	24143.50	29497.09	35390.39	40804.58	44485.55	51711.28	52118.71
流动资产	5962.10	7402.46	9280.62	10918.30	13931.40	17094.69	19155.91	21419.13	23445.26	23936.17
固定资产	5999.33	6789.40	8485.92	10480.44	12134.57	13745.91	16412.53	19135.11	20813.85	20714.20
负债合计	8078.39	9544.12	12551.19	14989.42	18306.29	21927.23	25007.99	27091.85	30793.82	30694.62
流动负债	5837.97	7053.10	9114.69	10569.19	12566.54	15108.61	17217.46	20266.06	21251.41	21429.69
长期负债	1676.31	1878.62	2479.10	3297.93	4069.84	4466.58	4790.90	3335.34	7960.43	8030.72
所有者权益	4962.70	6252.79	7646.69	9079.36	11012.43	13354.74	15677.18	17393.16	20731.32	21270.68
上海	2006年	2007年	2008年	2009年	2010年	2011年	2012年	2013年	2014年	2015年
资产合计	24885.01	28684.02	35392.54	37187.82	42907.24	49224.47	54151.85	60860.23	66273.03	70198.04
流动资产	14627.00	17214.00	21768.26	23151.06	28040.70	33426.64	36589.27	41417.25	45263.51	47778.28
固定资产	7664.84	8040.09	9275.21	9246.30	9239.13	9477.77	9397.58	9480.40	9645.00	10077.75
负债合计	13909.37	16575.80	21025.15	21880.77	25583.65	30002.75	32561.51	37108.97	40792.55	42389.02
流动负债	9432.09	11355.36	12683.61	13964.57	15967.33	17484.08	18285.33	20063.79	21250.03	22359.51
长期负债	1428.18	1611.83	2100.45	2084.00	2168.42	2233.97	2380.70	2550.78	2667.12	2449.51
所有者权益	10975.54	12108.22	14367.30	15307.15	17323.58	19221.71	21550.43	23752.16	25385.05	27699.77
江苏	2006年	2007年	2008年	2009年	2010年	2011年	2012年	2013年	2014年	2015年
资产合计	37190.69	45941.81	59969.54	66993.46	82932.92	97868.91	109684.63	123386.23	134072.91	141487.95
流动资产	21333.71	26831.18	34240.74	38880.95	49319.45	59834.01	66383.82	74805.03	79474.09	82499.81

续表

	2006 年	2007 年	2008 年	2009 年	2010 年	2011 年	2012 年	2013 年	2014 年	2015 年
江苏	2006 年	2007 年	2008 年	2009 年	2010 年	2011 年	2012 年	2013 年	2014 年	2015 年
固定资产	13461.19	16021.49	20991.85	21953.38	25876.88	26732.12	30158.98	33809.26	37431.05	39933.34
负债合计	22983.00	28516.79	36373.81	40252.24	49321.31	59030.79	65703.81	73591.03	77685.38	79581.01
流动负债	18331.93	22848.54	27813.98	30455.86	36505.78	43123.01	48017.06	55948.68	56344.22	57833.89
长期负债	2668.98	3173.86	4074.62	4570.38	5910.43	7034.07	7340.40	4797.28	8436.16	8819.42
所有者权益	14205.77	17422.57	23595.74	26719.24	33611.71	38837.86	43909.47	49908.49	56470.05	61754.74
浙江	2006 年	2007 年	2008 年	2009 年	2010 年	2011 年	2012 年	2013 年	2014 年	2015 年
资产合计	31610.96	38922.77	46447.37	52456.70	63353.12	70898.24	78530.34	86495.46	93950.12	98026.17
流动资产	18522.46	23487.21	28160.15	31916.24	40097.04	46078.98	50784.10	56181.55	59708.69	61508.09
固定资产	9793.75	11059.49	13240.76	14447.32	15706.99	16257.61	17173.20	18202.65	19945.46	20716.64
负债合计	19647.65	24632.08	29648.12	33192.15	40061.85	45508.52	49960.76	54972.91	58983.57	60181.48
流动负债	14548.16	18558.63	21547.12	23898.55	28738.21	31736.45	34350.15	37300.91	38343.07	38922.32
长期负债	2441.79	2567.35	3087.50	3453.10	3759.84	3924.87	4475.19	4350.24	5863.00	6153.56
所有者权益	11945.19	14279.96	16787.27	19264.44	23291.17	25524.62	28507.05	31502.43	34751.62	37735.51
福建	2006 年	2007 年	2008 年	2009 年	2010 年	2011 年	2012 年	2013 年	2014 年	2015 年
资产合计	10451.35	13052.07	15394.76	17734.37	21922.50	26107.49	30525.10	35791.75	40822.07	43910.32
流动资产	5817.81	7241.72	8451.59	9811.77	12811.68	15522.71	18417.98	21531.26	24126.38	25687.29
固定资产	3616.95	4201.50	4976.27	5664.85	6352.31	7009.03	7817.12	8276.64	10140.82	10705.55
负债合计	5809.23	7486.63	8554.39	9802.40	12206.93	14567.02	17344.67	20695.84	23552.30	24830.22

续表

福建	2006年	2007年	2008年	2009年	2010年	2011年	2012年	2013年	2014年	2015年
流动负债	4099.11	5192.54	5570.66	6203.52	7592.22	8919.66	10456.49	12449.42	13370.32	13420.64
长期负债	849.52	1100.09	1461.03	1771.08	1841.62	1985.29	2403.75	2767.54	4019.28	4774.98
所有者权益	4642.11	5565.34	6840.37	7881.73	9693.20	11458.51	13055.67	15098.18	17029.14	18899.00
山东	2006年	2007年	2008年	2009年	2010年	2011年	2012年	2013年	2014年	2015年
资产合计	31512.37	38106.87	47396.99	55426.22	64975.59	74150.39	86965.28	98800.45	114735.52	123405.64
流动资产	15130.46	18321.83	23006.84	26105.67	32128.55	38594.80	45244.63	52956.42	59197.63	62185.02
固定资产	13063.94	15924.64	18763.74	21813.85	24580.99	26261.75	29480.73	33212.81	39179.69	42705.88
负债合计	18843.82	22183.32	27092.57	31095.73	36726.91	43303.16	50903.08	58200.83	65953.90	70707.78
流动负债	13517.15	15975.83	18845.28	21100.19	25259.45	29872.15	34631.96	40897.49	44396.08	46604.49
长期负债	3538.67	3958.09	5036.49	6280.14	6975.57	7952.78	9137.03	8757.14	12804.82	15259.79
所有者权益	12611.59	15914.66	20301.55	24131.85	28009.98	30617.22	35693.79	40599.62	47855.70	52123.72
广东	2006年	2007年	2008年	2009年	2010年	2011年	2012年	2013年	2014年	2015年
资产合计	41657.67	48847.94	57216.09	64203.74	79731.92	88740.82	97401.27	111976.94	124010.33	134506.73
流动资产	23992.46	28963.57	33619.41	38876.85	47950.26	56383.65	61271.69	72825.17	80231.58	86372.49
固定资产	13465.91	15127.04	17641.69	18998.12	23816.61	22242.31	23314.32	24717.22	27644.56	29199.57
负债合计	24627.95	28985.53	34365.60	39271.12	47546.56	55389.74	60506.71	69868.33	78397.61	83572.80
流动负债	17651.89	21015.94	24223.62	27033.51	32414.23	36995.63	38491.04	43385.47	47950.84	50825.13
长期负债	3470.16	3802.89	4633.98	5141.21	6158.22	6974.20	7710.73	6767.15	10068.07	11353.37
所有者权益	17029.82	19862.40	22850.59	24844.60	32094.04	33369.03	36668.87	42120.68	45344.45	50591.86

续表

海南	2006年	2007年	2008年	2009年	2010年	2011年	2012年	2013年	2014年	2015年
资产合计	1177.24	1339.63	1580.01	1705.94	2125.21	2358.39	2750.54	3437.74	3665.14	4097.59
流动资产	489.70	592.20	746.66	767.08	1006.97	1153.33	1345.18	1727.87	1875.66	1989.60
固定资产	607.36	609.18	658.34	666.48	707.66	706.07	793.91	1009.56	1072.70	1317.04
负债合计	714.68	750.37	898.07	980.69	1147.79	1284.63	1497.45	1861.35	2037.96	2385.74
流动负债	319.01	416.19	532.56	593.46	671.88	730.98	883.96	1015.44	1074.44	1088.06
长期负债	297.98	236.68	204.91	204.72	234.61	282.31	262.78	356.56	373.62	583.48
所有者权益	462.55	589.36	681.93	723.68	975.85	1072.40	1253.58	1576.29	1628.63	1711.37

资料来源：根据国家统计局网站相关数据整理所得。

附录 6 中部地区各省份企业部门资产负债表

单位：亿元

安徽	2005年	2006年	2007年	2008年	2009年	2010年	2011年	2012年	2013年	2014年	2015年
流动资产	3117.07	3729.97	4851.05	6056.15	7597.47	10187.65	12709.18	15022.29	17232.01	19710.04	21417.81
固定资产	2650.03	3339.14	4040.12	5301.57	6268.57	7664.71	8672.61	10225.52	11518.06	12083.58	13311.40
资产总计	6478.52	7903.46	10033.74	12847.01	15550.43	20214.66	24585.89	29383.26	33544.73	37636.73	41296.28
流动负债	2639.12	3115.64	4153.15	5220.75	6416.01	8311.36	9836.61	11627.76	13394.64	14522.52	16149.15
长期负债	947.85	1350.50	1542.65	2053.09	2190.45	2632.05	3284.66	3983.56	4322.04	4874.06	4860.12
负债合计	4052.17	5015.64	6426.60	8200.94	9814.46	12506.01	15216.98	18037.90	20564.57	22881.70	24830.15
所有者权益	2417.06	2887.76	3607.05	4646.06	5699.30	7652.21	9343.36	11220.44	12869.42	14692.82	16212.97

山西	2005年	2006年	2007年	2008年	2009年	2010年	2011年	2012年	2013年	2014年	2015年
流动资产	3911.23	4754.26	5757.19	7517.40	8778.12	11700.92	14442.72	16448.99	17637.74	18831.08	19565.01
固定资产	3963.84	4914.70	5823.17	6552.75	7262.95	8244.99	9519.07	10308.84	11718.92	13374.51	13589.08
资产总计	8653.94	10713.19	12999.30	16180.59	18792.99	23080.87	27879.48	32393.04	36482.68	39319.96	41073.54
流动负债	3793.52	4686.86	5883.54	7403.42	8356.47	10096.55	12604.41	14702.31	16007.80	17889.88	19068.92
长期负债	1574.36	1994.85	2234.47	2648.56	3180.46	3637.33	4275.16	5208.48	6866.67	7329.22	8154.70
负债合计	5924.28	7342.22	8854.01	11057.08	12859.94	15741.97	19273.15	23133.88	26760.62	29311.72	31206.32
所有者权益	2624.04	3248.63	4131.71	5123.61	5919.61	7306.29	8551.07	9196.21	9694.66	9923.66	9832.50

续表

	2005年	2006年	2007年	2008年	2009年	2010年	2011年	2012年	2013年	2014年	2015年
江西											
流动资产	1786.97	2188.03	2703.79	3277.63	3686.23	4812.98	6215.94	7502.12	8762.97	10095.34	12372.32
固定资产	1649.64	1917.61	2343.67	3699.00	3720.27	4447.68	4822.41	5585.13	6528.37	7414.57	8874.24
资产总计	3836.98	4533.41	5644.13	7630.05	8397.78	10325.03	12272.76	14671.73	17353.80	20134.92	24835.47
流动负债	1600.57	1954.37	2462.00	2855.97	3522.57	4349.97	5015.65	5769.53	6870.90	7570.47	8616.12
长期负债	596.84	583.29	651.89	1053.97	951.39	1034.71	1383.94	1677.73	1805.17	2050.43	2412.93
负债合计	2422.61	2784.26	3374.48	4220.35	4831.65	5848.08	7014.90	8258.80	9587.79	10840.41	12870.74
所有者权益	1384.51	1720.10	2269.73	3401.51	3521.21	4431.45	5218.37	6292.45	7634.49	9131.64	11884.15
	2005年	2006年	2007年	2008年	2009年	2010年	2011年	2012年	2013年	2014年	2015年
河南											
流动资产	5088.81	6062.08	7646.78	9441.25	10828.31	13522.44	17006.57	21358.69	26719.36	30570.09	33682.40
固定资产	5080.86	6165.84	7314.24	9081.83	10657.90	12349.51	14674.03	16724.87	19846.70	23586.82	25660.09
资产总计	11109.43	13330.99	16604.10	20952.15	23918.28	28557.90	35395.35	42530.72	52120.06	60941.62	67274.10
流动负债	4703.02	5505.58	6819.35	8315.42	9124.62	10737.87	13172.39	15950.45	18320.76	21086.81	23121.99
长期负债	1495.10	1816.31	2056.94	2578.29	3424.64	3963.64	4685.43	4684.38	5743.37	6091.26	6730.09
负债合计	7016.12	8245.79	9913.10	12048.91	13905.35	16316.31	19880.73	22972.26	26817.49	30519.00	33532.26
所有者权益	4093.31	5046.47	6683.82	8901.21	9941.32	12097.58	15389.78	19325.51	24947.70	30050.50	33093.41
	2005年	2006年	2007年	2008年	2009年	2010年	2011年	2012年	2013年	2014年	2015年
湖北											
流动资产	4451.08	4917.27	6397.38	8258.50	11017.85	13452.25	16167.76	19733.14	22766.02	24815.66	27012.68
固定资产	4996.89	5712.64	7082.64	8795.05	10158.56	10730.08	11520.48	12190.08	13891.59	14730.37	15553.05

续表

	2005年	2006年	2007年	2008年	2009年	2010年	2011年	2012年	2013年	2014年	2015年
湖北											
资产总计	10867.09	12095.55	15267.43	19444.96	24386.32	27370.77	31358.39	37399.89	42913.61	46703.47	50373.53
流动负债	3723.67	4144.79	5485.71	7084.68	9223.21	11258.58	13285.66	15191.53	17281.53	18161.86	20273.80
长期负债	1807.42	1971.18	2378.20	2492.93	3334.10	3605.65	3747.52	4596.93	5064.78	5436.01	5597.36
负债合计	6385.09	6866.37	8735.81	10859.41	14053.01	16818.03	19519.86	23122.62	26228.70	27827.60	29931.48
所有者权益	4481.80	5229.29	6376.95	8585.55	10167.01	10494.70	11689.58	14197.75	16526.75	18752.29	20378.34
	2005年	2006年	2007年	2008年	2009年	2010年	2011年	2012年	2013年	2014年	2015年
湖南											
流动资产	2717.27	3192.26	3785.04	4996.70	5625.32	7344.54	9116.91	10772.55	12870.80	14258.32	15621.46
固定资产	2653.86	3232.67	3825.63	4685.93	5651.72	6974.83	7932.00	8708.93	9407.70	10435.08	10883.41
资产总计	6046.67	7238.34	8643.73	11297.76	12917.92	16309.43	19581.97	22660.36	26107.27	28973.14	31267.63
流动负债	2237.66	2651.05	3193.92	4007.01	4638.65	5806.04	6961.80	7913.46	9177.01	9760.83	10524.62
长期负债	1089.57	1252.78	1415.12	1912.75	2454.75	2775.11	3053.24	3355.80	3619.31	3912.65	3936.95
负债合计	3739.52	4370.13	5029.73	6543.26	7846.19	9507.45	11306.22	12800.33	14843.79	15953.71	16957.49
所有者权益	2307.13	2868.31	3614.00	4754.49	5071.81	6801.98	8275.76	9858.39	11189.79	12937.21	14295.34

资料来源：根据国家统计局网站相关数据整理所得。

附录7 西部地区各省份企业部门资产负债表

单位：亿元

内蒙古	2005年	2006年	2007年	2008年	2009年	2010年	2011年	2012年	2013年	2014年	2015年
流动资产	1937.87	2461.21	3125.57	4189.28	4894.42	6471.22	8875.82	10572.77	11414.51	12975.51	13143.89
固定资产	2800.31	3297.73	4074.31	5494.23	6314.87	7829.35	8847.13	10163.03	11562.47	12968.30	13430.99
资产总计	5379.34	6472.18	8580.30	11371.54	13191.54	16695.78	21337.98	25333.09	28420.34	32176.92	34037.99
流动负债	1845.75	2328.16	2990.63	3917.32	4586.28	5802.16	7531.97	8981.15	10231.52	11901.12	12456.48
长期负债	1222.88	1327.40	1830.77	2739.22	2877.23	3446.05	4501.50	5306.88	5897.32	6919.17	7336.35
负债合计	3335.03	3974.36	5200.91	7128.54	8020.11	9952.01	13142.60	15754.09	17893.21	20809.71	21945.29
所有者权益	2010.48	2494.54	3380.80	4242.88	5129.25	6677.23	8178.13	9536.39	10443.42	11411.02	12040.32

广西	2005年	2006年	2007年	2008年	2009年	2010年	2011年	2012年	2013年	2014年	2015年
流动资产	1720.35	2023.21	2630.74	3283.51	3919.93	5060.67	6405.60	7683.78	8927.81	9847.42	10535.69
固定资产	1716.00	1954.15	2548.39	3146.18	3581.57	4280.18	4514.80	5281.62	5569.28	5925.58	6119.92
资产总计	3900.70	4404.16	5781.55	7300.35	8359.08	10475.10	12552.26	14870.10	16952.07	18388.59	19745.53
流动负债	1517.31	1755.59	2305.76	3007.13	3458.47	4241.36	5028.69	5911.25	7013.23	7551.73	7973.33
长期负债	610.12	668.41	986.53	1222.83	1405.84	1688.22	1924.09	2166.31	2259.47	2353.34	2526.99
负债合计	2420.73	2718.01	3620.19	4706.65	5440.41	6667.38	7980.20	9607.84	10945.05	11808.49	12652.03
所有者权益	1479.98	1686.06	2162.39	2593.69	2889.69	3763.38	4523.57	5144.15	5956.56	6510.63	7067.73

续表

重庆	2005 年	2006 年	2007 年	2008 年	2009 年	2010 年	2011 年	2012 年	2013 年	2014 年	2015 年
流动资产	2323.24	2608.85	3185.64	4133.75	4929.57	6365.26	8426.03	10108.62	12027.23	13621.39	15254.21
固定资产	1528.95	1862.67	2193.33	2813.18	3088.98	3881.40	4024.35	4638.54	5867.23	6882.63	7917.61
资产总计	4300.12	5021.35	6048.28	7765.63	9191.23	11840.20	14544.94	17179.97	20799.44	23868.72	26929.13
流动负债	1733.12	2023.88	2483.43	3137.60	3588.31	4745.43	5764.21	7283.60	8976.62	10213.27	11273.72
长期负债	471.19	565.43	702.36	926.82	1222.93	1414.26	1580.43	1863.80	2224.86	2623.52	3032.20
负债合计	2619.51	3050.31	3685.70	4782.52	5684.54	7453.69	9214.89	11323.82	13788.45	15566.88	17385.02
所有者权益	1680.50	1970.25	2362.27	2983.11	3492.79	4372.95	5297.91	5827.76	6936.73	8200.51	9505.92

四川	2005 年	2006 年	2007 年	2008 年	2009 年	2010 年	2011 年	2012 年	2013 年	2014 年	2015 年
流动资产	4719.02	5444.34	6835.39	9092.33	10515.63	13675.79	17181.55	20832.64	23389.37	26759.11	26342.07
固定资产	4003.03	4631.22	5577.18	6866.07	8692.20	10326.40	11087.00	12912.92	15513.13	17215.03	17974.26
资产总计	10153.24	11436.90	14303.12	19221.03	22184.74	28303.84	34220.10	39963.20	47175.05	52294.28	53719.87
流动负债	4155.71	4628.49	5770.95	7464.80	8617.55	11675.24	14376.75	16232.93	17733.74	19691.87	19556.82
长期负债	1625.76	1858.86	2212.50	3075.44	3819.46	4590.45	5084.92	6148.39	8555.49	8146.28	9436.76
负债合计	6237.68	7003.55	8633.05	11627.54	13591.01	17872.29	21791.07	25584.70	29928.89	33475.24	33570.75
所有者权益	3907.72	4429.20	5670.07	7593.49	8516.10	10328.65	12355.58	14199.40	16698.70	18574.08	20062.15

贵州	2005 年	2006 年	2007 年	2008 年	2009 年	2010 年	2011 年	2012 年	2013 年	2014 年	2015 年
流动资产	1374.64	1534.67	1731.38	2328.30	2592.78	3265.15	3970.16	5132.89	6461.35	8043.01	10606.83
固定资产	1577.01	1908.43	1903.17	2461.59	2920.68	3241.48	2626.92	3841.32	4545.38	5067.92	5761.48

续表

	2005 年	2006 年	2007 年	2008 年	2009 年	2010 年	2011 年	2012 年	2013 年	2014 年	2015 年
贵州											
资产总计	3251.51	3763.92	4156.76	5492.90	6139.69	7310.84	8725.33	10817.04	13734.89	16118.75	19507.57
流动负债	1284.97	1396.81	1532.95	2042.54	2220.47	2559.55	3197.09	4063.31	5091.27	5914.97	7056.01
长期负债	691.71	943.11	978.05	1242.29	1504.80	1731.63	1881.39	2105.05	2649.45	2781.35	3320.66
负债合计	2141.57	2488.62	2678.80	3599.92	4131.07	4783.18	5735.98	7067.89	9079.86	10517.13	12654.97
所有者权益	1109.64	1270.83	1483.88	1892.88	1997.41	2514.02	2963.77	3721.52	4662.70	5512.19	6840.56
云南	2005 年	2006 年	2007 年	2008 年	2009 年	2010 年	2011 年	2012 年	2013 年	2014 年	2015 年
流动资产	2854.52	3449.71	4121.96	4902.26	5489.92	6787.99	7951.33	9452.28	11011.43	12172.34	12592.03
固定资产	1851.83	2337.40	2916.50	3216.29	4116.05	4933.08	5136.42	5896.76	7434.32	8668.67	9130.84
资产总计	5556.12	6630.20	8056.24	9906.85	11256.34	13464.07	15822.04	18812.41	22777.91	25795.14	26669.14
流动负债	1854.21	2246.13	2670.98	3330.49	3704.17	4477.23	5434.37	6636.16	7690.64	8276.60	9243.35
长期负债	614.74	835.69	1012.61	1454.43	1785.54	2217.43	2464.76	2963.54	4173.06	4635.23	4875.54
负债合计	3087.06	3787.03	4499.39	5822.42	6715.71	8334.36	10150.77	12180.17	14919.95	16702.00	17486.84
所有者权益	2468.98	2843.07	3556.84	4084.44	4519.82	5111.58	5672.29	6611.60	7852.92	9086.43	9170.37
西藏	2005 年	2006 年	2007 年	2008 年	2009 年	2010 年	2011 年	2012 年	2013 年	2014 年	2015 年
流动资产	66.17	84.92	94.76	120.48	138.02	162.32	192.08	276.71	270.60	340.57	393.97
固定资产	102.53	98.17	128.31	170.92	181.23	217.25	213.20	281.11	305.12	380.17	508.08
资产总计	183.18	199.25	240.29	339.26	366.47	447.65	505.63	695.65	749.07	905.67	1186.55
流动负债	31.68	56.79	48.15	61.87	61.13	95.45	107.49	171.67	159.98	193.92	337.91

续表

西藏	2005 年	2006 年	2007 年	2008 年	2009 年	2010 年	2011 年	2012 年	2013 年	2014 年	2015 年
长期负债	10.63	12.77	11.40	22.71	19.58	37.37	39.36	52.45	95.58	125.06	180.72
负债合计	55.21	80.66	69.15	101.68	99.41	151.22	167.29	260.22	297.41	396.72	614.14
所有者权益	127.87	118.59	171.25	237.48	266.74	296.30	337.99	435.11	452.59	508.60	572.31

陕西	2005 年	2006 年	2007 年	2008 年	2009 年	2010 年	2011 年	2012 年	2013 年	2014 年	2015 年
流动资产	2718.05	3299.59	4140.91	5587.30	7414.96	8881.12	10501.30	12644.39	13323.89	15033.41	15886.39
固定资产	2839.06	3328.45	4079.66	5013.51	6291.31	5737.03	8093.88	9909.42	8907.00	12371.21	13674.50
资产总计	6124.22	7298.59	8955.87	11961.45	15347.79	17965.06	21164.83	25821.99	28990.36	33505.18	36126.98
流动负债	2479.43	3016.34	3693.70	4727.10	6212.72	7035.04	8215.43	9774.54	11038.96	12582.99	13203.91
长期负债	1088.90	1111.10	1247.76	1675.52	2214.55	2683.41	3069.78	3872.95	4306.05	5135.91	5801.83
负债合计	3918.33	4504.75	5361.56	6954.32	9167.57	10717.85	12573.33	15396.19	17403.33	20181.02	21363.58
所有者权益	2188.40	2782.48	3594.42	5007.33	6017.60	7222.05	8575.60	10379.85	11542.83	13311.49	14806.12

甘肃	2005 年	2006 年	2007 年	2008 年	2009 年	2010 年	2011 年	2012 年	2013 年	2014 年	2015 年
流动资产	1393.52	1688.68	2031.21	2405.42	2746.96	3422.11	4192.28	5092.87	5779.63	6866.71	6418.76
固定资产	1442.79	1880.80	2022.98	2346.06	2906.03	3536.49	3659.56	4347.65	5067.58	6210.07	6269.68
资产总计	3097.78	3874.37	4507.43	5420.02	6421.20	7712.48	9144.59	11159.41	12762.49	15339.68	14968.89
流动负债	1137.19	1483.16	1675.58	1908.18	2242.52	2922.93	3535.63	4286.16	5030.56	5473.75	5910.72
长期负债	524.78	611.94	710.30	863.18	1128.91	1494.91	1817.93	2125.95	2474.68	2654.10	2950.30
负债合计	1848.97	2319.70	2638.08	3110.35	3810.13	4826.74	5841.21	6961.44	8149.36	9270.81	9677.85

续表

甘肃	2005年	2006年	2007年	2008年	2009年	2010年	2011年	2012年	2013年	2014年	2015年
所有者权益	1249.01	1554.97	1869.26	2309.67	2599.72	2852.93	3291.70	4177.16	4689.39	6004.55	5279.28

青海	2005年	2006年	2007年	2008年	2009年	2010年	2011年	2012年	2013年	2014年	2015年
流动资产	433.81	528.32	623.86	816.86	900.99	1191.99	1453.63	1729.46	2055.73	2215.78	2318.69
固定资产	781.37	919.94	998.01	1333.54	1495.11	1734.05	1821.66	2092.29	2495.13	2971.58	3563.88
资产总计	1310.12	1567.29	1867.19	2388.70	2847.62	3437.59	3871.03	4767.90	5684.56	6445.86	6878.26
流动负债	451.61	521.13	652.90	792.01	990.01	1191.00	1343.69	1711.65	2051.79	2392.62	2497.20
长期负债	391.06	456.76	465.27	606.81	707.27	896.46	991.20	1187.81	1459.98	1618.30	1839.02
负债合计	870.57	1015.39	1163.07	1467.42	1766.79	2179.47	2455.09	3142.44	3821.70	4403.99	4754.75
所有者权益	437.93	550.01	703.19	921.28	1047.00	1234.80	1408.91	1621.93	1857.64	2020.69	2122.44

宁夏	2005年	2006年	2007年	2008年	2009年	2010年	2011年	2012年	2013年	2014年	2015年
流动资产	618.05	720.51	783.66	1047.55	1196.79	1585.31	1977.90	2399.43	2861.39	3572.04	3694.42
固定资产	636.01	754.05	897.92	1146.33	1245.97	1511.67	2037.29	2471.17	2603.87	2964.08	3528.67
资产总计	1375.38	1591.43	1867.62	2467.14	3140.93	3865.42	4742.13	5700.25	6634.90	8212.20	9152.47
流动负债	544.65	637.75	734.68	991.70	1183.19	1419.12	1796.09	2266.02	2793.36	3360.33	3727.23
长期负债	250.79	276.15	363.17	485.67	758.00	918.34	1113.59	1273.67	1366.68	1763.66	2075.06
负债合计	862.64	990.40	1185.76	1608.47	2083.20	2531.85	3144.80	3840.81	4485.30	5573.45	6327.06
所有者权益	496.10	585.24	676.69	855.96	1057.82	1333.27	1594.18	1848.30	2139.81	2626.90	2809.81

续表

新疆	2005 年	2006 年	2007 年	2008 年	2009 年	2010 年	2011 年	2012 年	2013 年	2014 年	2015 年
流动资产	1785.07	2002.65	2391.92	3004.10	3267.46	4228.97	5139.62	6374.49	7529.83	8802.13	9528.46
固定资产	1926.57	2338.36	2755.79	3013.56	4006.56	4695.94	5092.62	6021.85	7708.42	9276.33	9893.69
资产总计	4036.67	4642.25	5597.97	7180.79	8166.87	10108.36	12031.82	15155.65	18472.23	21916.27	23751.29
流动负债	1282.64	1384.35	1682.82	2144.74	2528.30	3023.52	3927.32	5081.66	6821.92	8198.54	8897.40
长期负债	464.13	643.21	831.37	1168.60	1404.27	1568.23	1855.73	2535.34	3097.54	3710.96	4244.86
负债合计	2418.37	2713.26	3165.29	4049.74	4725.27	5697.55	7121.62	9367.40	12054.12	14584.08	16005.39
所有者权益	1613.39	1927.64	2432.54	3131.26	3439.15	4406.12	4895.96	5766.20	6425.13	7359.97	7787.56

资料来源：根据国家统计局网站相关数据整理所得。

附录 8 东北部地区各省份企业部门资产负债表

单位：亿元

辽宁	2005年	2006年	2007年	2008年	2009年	2010年	2011年	2012年	2013年	2014年	2015年
流动资产	7308.56	8719.18	10527.57	13115.62	15331.37	18371.12	20946.54	23738.83	27214.96	27285.53	27720.17
固定资产	6018.40	7098.18	7852.50	10509.89	11809.50	13158.74	13557.92	14295.71	16478.96	16391.79	15520.99
资产总计	14638.97	17226.57	20614.33	26524.07	30662.61	35776.98	39749.46	45085.06	51289.94	52137.57	51332.87
流动负债	6064.18	7097.49	8864.03	10983.09	12405.57	14494.45	15600.42	17285.76	19856.25	20498.89	21723.83
长期负债	1624.57	1930.70	2212.56	3172.01	3947.90	4462.23	4981.14	5919.30	6011.94	6078.04	6216.19
负债合计	8891.45	10251.08	12480.59	16011.40	18495.36	21532.28	23783.91	27358.09	31441.92	31847.72	32652.73
所有者权益	5627.42	6802.97	8083.83	10496.97	12086.60	14132.09	15827.60	17540.27	19640.63	20066.16	18623.20

吉林	2005年	2006年	2007年	2008年	2009年	2010年	2011年	2012年	2013年	2014年	2015年
流动资产	2463.95	2599.74	3033.70	3831.64	3707.75	5380.88	6601.97	7963.71	9445.68	10275.35	11114.94
固定资产	2373.97	2764.52	3065.36	3911.09	4635.58	5115.35	5640.77	6548.51	7228.22	8171.69	8038.70
资产总计	5520.63	6368.95	6970.88	8941.99	9790.30	11895.84	14015.75	16821.74	19085.26	20525.97	22359.10
流动负债	2389.58	2595.44	2857.00	3250.22	3568.59	4444.82	5380.51	6216.69	7207.66	7872.93	8210.97
长期负债	630.11	741.91	877.89	1242.86	1544.27	1608.35	1841.72	2196.64	2411.44	2469.55	2965.25
负债合计	3487.69	3651.56	4061.49	5086.77	5556.16	6648.87	7945.82	9346.09	10796.89	11744.55	12836.58
所有者权益	2023.70	2705.97	2909.00	3841.95	4200.67	5203.60	6034.11	7404.09	8175.75	8722.89	9496.81

续表

黑龙江	2005年	2006年	2007年	2008年	2009年	2010年	2011年	2012年	2013年	2014年	2015年
流动资产	3088.52	3366.31	3880.01	4781.84	5198.84	6463.95	7690.80	8562.79	9033.20	9926.19	10081.85
固定资产	3068.97	3399.51	3896.86	4304.39	5078.92	5666.43	5969.59	6529.05	6979.92	7294.79	7482.76
资产总计	6488.08	7083.37	8143.75	9797.92	10957.85	13019.36	15054.92	16921.87	18120.78	19594.58	20157.90
流动负债	2728.94	2933.62	3403.53	4079.71	4410.15	5169.75	6014.52	6693.70	7158.34	7413.77	7500.16
长期负债	598.21	707.20	900.36	980.67	1341.32	1426.36	1688.86	1956.16	2196.92	2331.55	2321.73
负债合计	3816.05	4084.62	4823.09	5813.98	6538.17	7674.20	9051.31	10350.14	11150.98	12070.82	12344.42
所有者权益	2671.53	2997.57	3320.75	3976.40	4398.93	5319.18	5992.68	6555.97	6940.01	7482.78	7791.38

资料来源：根据国家统计局网站相关数据整理所得。

附录 9 四大经济区域及全国上市公司资产负债表汇总

单位：亿元

东部地区	2007年	2008年	2009年	2010年	2011年	2012年	2013年	2014年	2015年	2016年
总资产	52578.69	63172.36	76864.09	92110.30	109904.67	122861.51	135733.30	149978.53	170131.64	193772.49
总负债	22642.48	28288.62	35073.36	41694.65	51087.89	58480.74	65115.96	70050.81	76128.99	85308.52
所有者权益	29935.81	34883.73	41790.98	50415.65	58817.02	64380.77	70617.34	79927.72	94002.65	108463.97
流动资产	18682.58	21880.33	27309.19	34686.15	42780.61	47008.11	52257.09	59000.05	67437.26	78549.34
非流动资产	33901.33	41299.98	49572.40	57439.90	67143.10	75874.40	83495.86	91001.76	102739.65	115265.53
流动负债	16848.11	21010.77	24018.23	28846.57	36690.41	40901.75	46686.72	49997.03	53496.22	60066.95
非流动负债	5798.04	7283.72	11064.22	12856.87	14406.34	17589.99	18439.24	20068.06	22645.75	25253.78

中部地区	2007年	2008年	2009年	2010年	2011年	2012年	2013年	2014年	2015年	2016年
总资产	7736.01	9100.82	11211.44	14039.94	16728.90	18975.48	21185.60	24021.18	26908.37	30977.31
总负债	4044.32	4755.69	5831.97	6949.68	8166.87	9174.67	10217.55	11614.09	12762.96	13862.00
所有者权益	3691.69	4345.13	5379.47	7090.26	8562.03	9800.81	10968.04	12407.09	14145.41	17115.30
流动资产	3213.69	3714.97	4485.81	6195.49	7592.77	8296.79	9340.70	10688.94	11779.65	13431.93
非流动资产	4522.32	5385.85	6725.63	7844.45	9136.13	10678.69	11844.90	13332.24	15128.72	17545.38
流动负债	3040.63	3547.95	4072.46	4984.66	5865.02	6611.01	7513.72	8457.77	9295.82	10313.14
非流动负债	1003.69	1207.74	1759.51	1965.01	2301.85	2563.66	2703.83	3156.33	3467.14	3548.86

续表

	2007年	2008年	2009年	2010年	2011年	2012年	2013年	2014年	2015年	2016年
西部地区										
总资产	5760.13	7623.33	9509.71	11813.33	14728.52	17460.80	20143.32	22673.07	25622.07	29077.56
总负债	2869.90	3822.89	4834.15	5819.09	7337.75	9055.16	10374.58	11604.41	12470.25	13353.14
所有者权益	2890.23	3800.44	4674.67	5994.24	7381.95	8405.64	9768.74	11068.66	13151.82	15724.42
流动资产	2561.06	3441.35	4401.34	5671.29	7088.59	8359.45	9286.93	10312.31	11051.60	12300.08
非流动资产	3199.07	4181.98	5108.40	6142.05	7639.92	9101.35	10856.39	12360.76	14570.47	16777.48
流动负债	2324.33	3090.59	3716.64	4513.61	5666.37	6737.56	7677.17	8624.78	9368.67	9836.47
非流动负债	545.56	732.30	1117.52	1305.38	1671.39	2317.61	2697.41	2979.63	3101.58	3516.67
	2007年	2008年	2009年	2010年	2011年	2012年	2013年	2014年	2015年	2016年
东北部地区										
总资产	3591.57	4047.36	4749.20	5694.95	6666.93	7483.40	8128.40	8903.16	9967.00	11295.01
总负债	1512.17	1845.32	2320.12	2740.58	3395.26	3933.03	4207.88	4488.06	4685.18	4890.85
所有者权益	2079.40	2202.04	2429.08	2954.37	3271.67	3550.36	3920.53	4415.10	5281.82	6404.16
流动资产	1383.41	1394.86	1637.46	2116.62	2579.20	3017.56	3312.03	3567.05	3628.54	3937.08
非流动资产	2208.16	2652.50	3111.73	3578.33	4087.72	4465.83	4816.37	5336.11	6338.47	7357.93
流动负债	1212.93	1341.67	1754.04	2043.04	2494.77	2924.16	3134.06	3378.93	3705.47	3860.78
非流动负债	299.24	503.65	565.59	697.54	900.49	1008.88	1073.82	1109.13	979.71	1030.08

续表

全国	2007年	2008年	2009年	2010年	2011年	2012年	2013年	2014年	2015年	2016年
总资产	69666.41	83943.86	102334.44	123658.51	148029.01	166781.19	185190.62	205575.94	232629.08	265122.37
总负债	31068.87	38712.52	48059.60	57203.99	69987.77	80643.60	89915.97	97757.38	106047.38	117414.52
所有者权益	38597.13	45231.34	54274.19	66454.52	78032.67	86137.58	95274.65	107818.57	126581.70	147707.85
流动资产	25840.75	30431.51	37833.79	48669.55	60041.17	66681.91	74196.75	83568.35	93897.05	108218.43
非流动资产	43830.87	53520.30	64518.16	75004.73	88006.88	100120.27	111013.52	122030.87	138777.30	156946.32
流动负债	23426.01	28990.97	33561.36	40387.89	50716.57	57174.47	65011.67	70458.51	75866.17	84077.34
非流动负债	7646.54	9727.41	14506.83	16824.80	19280.07	23480.14	24914.30	27313.14	30194.19	33349.38

资料来源：根据国家统计局网站相关数据整理所得。

参考文献

曹胜亮，2014，《金融开放、金融安全与涉外金融监管》，《中南财经政法大学学报》第3期。

曹源芳、蔡则祥，2013，《基于VAR模型的区域金融风险传染效应与实证分析——以金融危机前后数据为例》，《经济问题》第10期。

陈忠阳，2001，《金融工程与金融风险管理》，《国际金融研究》第4期。

方卫星、赵志刚，2000，《金融安全与跨世纪的中国金融发展》，《金融与经济》第4期。

符莉，2002，《现实金融安全问题研究》，《财经问题研究》第9期。

顾海兵、张安军、李彬，2012，《中国金融安全指数动态监测比较分析》，《福建论坛》（人文社会科学版）第3期。

郭树华、孙强，2002，《金融工程与风险控制》，《思想战线》第1期。

何德旭，2015，《注重防范区域金融风险》，《中国金融》第5期。

何德旭、张捷，2010，《后危机时代的货币政策选择：金融加速器视角》，《当代财经》第12期。

何德旭等，2014，《中国金融安全评论》（第一卷），金城出版社、社会科学文献出版社。

胡海峰、代松，2012，《后金融危机时代系统性风险及其测度评述》，《经济学动态》第4期。

黄燕辉，2017，《货币政策金融加速器效应研究——基于家庭部门的实证分析》，《广州大学学报》（社会科学版）第4期。

纪家琪，2004，《关于中国银行业市场化进程的总体评判》，《南方金融》第4期。

贾拓、姚金楼、王承萍、汤春华，2012，《区域系统性金融风险的识别与防范——以泰州为例》,《上海金融》第 12 期。

姜洪、焦津强,1999,《国家金融安全指标体系研究》,《世界经济》第 7 期。

雷家骕,2000,《国家经济安全理论与方法》,经济科学出版社。

李翀,2003,《论国家金融安全》,《国际政治研究》第 3 期。

李恒光,2002,《WTO 背景下的金融安全问题探讨》,《四川行政学院学报》第 2 期。

李怀珍,2000,《建立金融安全机制,强化金融安全》,《中国金融》第 9 期。

李扬、张东阳,2017,《人民币国家化进程中的国家金融安全研究》,《理论探讨》第 4 期。

梁永礼,2016,《新常态下我国金融安全实证分析》,《经济问题探索》第 11 期。

梁勇,1999,《对外开放与维护我国的国家经济安全》,《学术月刊》第 7 期。

林伯强,2002,《外债风险预警模型及中国金融安全状况评估》,《经济研究》第 7 期。

凌涛等,2009,《中国区域金融稳定评估:FSAP 的研究与应用》,中国金融出版社。

刘吕科、张定胜、邹恒甫,2012,《金融系统性风险衡量研究最新进展述评》,《金融研究》第 11 期。

刘沛、卢文刚,2001,《金融安全的概念及金融安全网的建立》,《国际金融研究》第 11 期。

刘锡良等,2004,《中国经济转轨时期的金融安全问题研究》,中国金融出版社。

陆磊,2006,《外资入股中资商业银行:银行治理与国家金融安全》,《武汉金融》第 1 期。

吕勇斌、陈自雅,2014,《区域金融风险部门间传递的空间效应——2005~2012 年》,《财政研究》第 8 期。

聂富强、左宇晓、尹亮,2011,《中国金融安全状态研究:监测与预警》,

中国金融出版社。

欧阳勇、严卫东，2002，《经济全球化与发展中国家金融安全问题》，《财经科学》第 2 期。

庞皓、黎实、贾彦东，2009，《金融全的预警机制与风险控制研究》，科学出版社。

彭兴韵、何海峰，2008，《新金融动荡下的中国金融安全分析》，《经济学动态》第 9 期。

齐小东，2010，《中国金融安全体系：内在逻辑与目标模式》，《西部金融》第 6 期。

秦媚、胡亚、周艺，2011，《国际政治经济新秩序下的金融安全》，《高校理论战线》第 1 期。

邱兆祥、蔡祥锋，2013，《金融加速器效应研究述评》，《金融理论与实践》第 1 期。

沈悦、谢勇、田塬，2007，《基于 FSI 的中国金融安全实证分析》，《金融论坛》第 10 期。

宋凌峰、叶永刚，2011，《中国区域金融风险部门间传递研究》，《管理世界》第 9 期。

宋明海，2004，《金融加速器理论：经济波动的新视角》，《中国金融家》第 3 期。

孙清、蔡则祥，2008，《"长三角"区域金融风险分析》，《审计与经济研究》第 23 期。

谭中明，2010，《区域金融风险预警系统的设计和综合度量》，《软科学》第 3 期。

汤凌霄等，2009，《中国金融安全报告——预警与风险化解》，红旗出版社。

唐庆国，2002，《金融安全、公信力和中国证券市场》，《管理世界》第 12 期。

田爱国，2016，《"一带一路"建设下产业转移与西部区域协调发展研究》，《改革与战略》第 7 期。

万喆，2017，《"一带一路"建设和国家金融安全的共赢》，《金融论坛》

第 6 期。

汪祖杰、吴江,2006,《区域金融安全指标体系及其计量模型的构建》,《经济理论与经济管理》第 3 期。

王娟,2017,《经济新常态下中国货币政策对金融安全的影响及对策分析》,《理论探讨》第 9 期。

王元龙,2004,《关于金融安全的若干理论问题》,《国际金融研究》第 5 期。

魏加宁、杨坤,2016,《有关当前经济下行成因的综合分析》,《经济学家》第 9 期。

吴婷婷,2011,《后危机时代中国金融国家化发展趋向展望——基于金融安全的视角》,《技术经济与管理研究》第 9 期。

吴志敏,2017,《经济新常态下的金融安全问题及风险防范》,《理论探讨》第 7 期。

吴志明、王大生,2010,《区域金融安全框架下地方政府角色探析》,《学术论坛》第 6 期。

肖斌卿、杨旸、李心丹、颜建晔,2015,《基于 GA-ANN 的中国金融安全预警系统设计及实证分析》,《系统工程理论与实践》第 8 期。

邢玉升,2016,《东北三省产业结构的现状、演进及其变动》,《北方经贸》第 12 期。

薛晴、刘湘勤,2014,《资源富集地区民间金融系统性风险的成因、影响及治理》,《经济学家》第 4 期。

亚洲开发银行编著,2009,《金融危机早期预警系统及其在东亚地区的运用》,张健华、王素珍、徐忠、洪波译,中国金融出版社。

叶莉、陈立文,2009,《中国金融安全运行机制与预警管理研究》,经济科学出版社。

叶永刚,2007,《宏观金融工程论纲》,《经济评论》第 1 期。

叶永刚,2011,《宏观金融工程:理论卷》,高等教育出版社。

叶永刚、宋凌峰,2007,《宏观金融工程论纲》,《经济评论》第 1 期。

于尚艳,2008,《区域金融风险的成因分析》,《吉林省经济管理干部学院学报》第 4 期。

俞树毅、袁治伟，2012，《区域系统性金融风险监测研究》，《武汉金融》第 10 期。

张安军，2015，《中国金融安全监测预警研究》，中国社会科学出版社。

张宝林、潘焕学，2013，《影子银行与房地产泡沫：诱发系统性金融风险之源》，《现代财经》（天津财经大学学报）第 11 期。

张国俊，2007，《制约东北振兴的金融风险因素及其治理途径》，《社会科学辑刊》第 4 期。

张汉飞，2010，《金融空间结构和区域金融安全》，《经济研究参考》第 10 期。

张瑾，2012，《基于金融风险压力指数的系统性金融风险评估研究》，《上海金融》第 9 期。

张军仁，2011，《基于 TOPSIS 法的东部 10 省域经济实力评价》，《统计与决策》第 20 期。

张强、吴敏，2013，《牢牢守住防范系统性金融风险的底线》，《求是》第 1 期。

张庆霖、苏启林，2010，《代工制造、金融危机与东部地区产业升级》，《经济管理》第 1 期。

张占斌，2015，《经济新常态下的"新东北现象"》，《人民论坛》第 8 期。

赵昌文，2015，《如何看待当前东北地区的经济状况》，《人民论坛》第 8 期。

赵大坤，2005，《运用 Logic 模型建立我国的金融危机预警系统》，硕士学位论文，吉林大学。

赵宗博，2009，《国际金融危机背景下的中国金融安全形势与对策研究》，《求实》第 2 期。

Abiad, A. 2003. "Early Warning Systems: A Survey and a Regime-Switching Approach."IMF Working Paper No. 1.

Adrian, T. and Brunnermeier, M. 2016. "CoVaR."*American Economic Review* 106(7):1705−1741.

Aghion, Philippe. 2002. "Schumpeterian Growth Theory and the Dynamics of Income Inequality."*Econometrica*70(3):855−882.

Akerlof, G. A., William T. Dickens, George L. Perry, Robert J. Gordon and N. Gregory Mankiw. 1996. "The Macroeconomics of Low Inflation." *Brookings Papers on Economic Activity* 1: 1-76.

Allen, M., Christoph Rosenberg, Christian Keller, Brad Setser, and Nouriel Roubini. 2002. "A Balance Sheet Approach to Financial Crisis." IMF Working Paper No. 210.

Aoki, K., James Proudman, and Gertjan Vliegh. 2004. "House Prices, Consumption, and Monetary Policy: A Financial Accelerator Approach." *Journal of Financial Intermediation* 13(4): 414-435.

Berg, A., and Cathrine Pattillo. 1999. "Are Currency Crises Predicable? A Test." IMF Working Paper No. 98.

Berg, C., Jan Hansen, and Peter Sellin. 2004. "The Financial Accelerator and Corporate Investment." *Economic Review* 2: 23-46.

Bernanke, B. and Gertler, M. 1989. "Agency Costs, Collateral and Business Fluctuations." *American Economics Review* 79(1): 14-31.

Bernanke, B. and Gertler, M. 1995. "Inside the Black Box: The Credit Channel of Monetary Policy Transmission." *The Journal of Economic Perspectives* 9(4): 27-48.

Bernanke, B., Mark Gertler, and Simon Gilchrist. 1999. "The Financial Accelerator in a Quantitative Business Cycle Framework." *Handbook of Macroeconomics* 1: 1342-1390.

Black, F. and Myron Scholes. 1973. "The Pricing of Options and Corporate Liabilities." *Journal of Political Economy* 81 (3): 637-654.

Brownlees, C. and Engle, R. 2017. "SRISK: A Conditional Capital Shortfall Measure of Systemic Risk." *The Review of Financial Studies* 30(1): 48-79.

Burkart, O. and Coudert, V. 2000. "Currency Crises in the Emerging Economies." *Banque de France Bulletin Digest* 82: 21-32.

Bussière, M. and Bernd Schnatz. 2007. "Evaluating China's Integration in World Trade with a Gravity Model Based Benchmark." *Open Economies Review* 20: 85-111.

Bussière, M. and Marcel Fratzscher. 2004. "Financial Openness and Growth: Short-Run Gain, Long-Run Pain?" IMF Working Paper No. 9.

Caramazza, F., Luca Antonio Ricci, and Ranil Salgado. 2000. "Trade and Financial Contagion in Currency Crises." IMF Working Paper No. 55.

Caskey J. P. and Steven Fazzari. 1989. "Price Flexibility and Macroeconomic Stability: An Empirical Simulation Analysis." Federal Reserve Bank of Kansas City Research Working Paper No. 2.

Catão, L. and Bennett Sutton. 2002. "Sovereign Defaults: The Role of Volatility." IMF Working Paper No. 149.

Chang, R. and Andres Velasco. 1998. "Financial Crises in Emerging Markets: A Canonical Model." National Bureau of Economic Research Working Paper No. 6606.

Collins, M., and Mae Baker. 2001. "English Commercial Bank Liquidity, 1860–1913." *Accounting, Business & Financial History* 11(2): 171–191.

Corsetti, G., Paolo Pesenti, and Nouriel Roubini. 1998. "What Caused the Asian Currency and Financial Crisis? Part II: The Policy Debate." National Bureau of Economic Research Working Paper No. 6834.

Crosbie, P. J. and J. Bohn. 2002. "Modeling Default Risk." KMV Working Paper No. 13.

Davis E. P. 1998. "European Pensions, Fundamental Influences and the Role of Economic and Monetary Union." *Journal of Pension Fund Management and Marketing* 3: 206–237.

Davis, E. P. and Dilruba Karim, 2008. "Could Early Warning Systems Have Helped To Predict the Sub-Prime Crisis?" *National Institute Economic Review* 206: 35–47.

Demirgüç-Kunt, A. and Enrica Detragiache. 1998. "The Determinants of Banking Crises in Developing and Developed Countries." IMF Working Paper No. 45.

Demirgüç-Kunt, A. and Enrica Detragiache. 2002. "Does Deposit Insurance Increase Banking System Stability? An Empirical Investigation." *Journal of Monetary Economics* 49(7): 1373–1406.

Dokko, J., Brian M. Doyle, Michael T. Kiley, Jinill Kim, Shane Sherlund, Jae Sim, and Skander Van Den Heuvel. 2009. "Monetary Policy and the Housing Bubble."The Federal Reserve Board Working Paper No. 49.

Drazen, A. and Paul R. Masson. 1994. "Credibility of Policies Versus Credibility of Policymakers."*The Quarterly Journal of Economics* 109(3): 735-754.

Eaton, J. and Raquel Fernandez. 1995. "Sovereign Debt." *Handbook of International Economics* 3: 2031-2077.

Edison, H. J. and Carmen M. Reinhart. 2000. "Capital Controls During Financial Crises: The Case of Malaysia and Thailand."IMF Working Paper No. 10.

Finnerty, J. D. 1988. "Financial Engineering in Corporate Finance: An Overview."*Financial Management* 17(4): 14-33.

Fisher, Irving. 1933. "The Debt-Deflation Theory of Great Depressions." *Econometrica* 1(4): 337-357.

Fong, H., Oldrich, and Vasicek, 1991. "Fixed-Income Volatility Management." *Journal of Portfolio Management* 17(4): 41-87.

Frankel, J. A. and Andrew K. Rose. 1996. "Currency crashes in emerging markets: An empirical treatment." *Journal of International Economics* 41: 351-366.

Friedman, M. and Anna J. Schwartz. 1986. "Has The Government Any Role In Money?"*Journal of Monetary Economics* 17(1): 37-62.

Ganesh-Kumar, A., Kunal Sen, and Rajendra Vaidya. 2002. "Does the Source of Financing Matter? Financial Markets, Financial Intermediaries and Investment in India."*Journal of International Development* 14(2): 211-228.

Gertler, M. and Kiyotaki, N. 2010. "Financial Intermediation and Credit Policy in Business Cycle Analysis."In *Handbook of Monetary Economics* Vol. 3, edited by Benjamin M. Friedman, and Michael Woodford, pp. 547-599. Elsevier.

Gertler, M., Gilchrist, S., and Natalucci, F. 2003. "External Constraints on Monetary Policy and the Financial Accelerator." NBER Working Paper No. 10128.

Ghosh, A. R., Anne-Marie Gulde, and Holger C. Wolf. 2003. *Exchange Rate*

Regimes: Choices and Consequences. The MIT Press.

Goldstein, I. and Ady Pauzner. 2005. "Demand-Deposit Contracts and the Probability of Bank Runs."*The Journal of Finance* 60(3): 1293-1327.

Gonzalez-Hermosillo, Brenda. 1996. "Banking Sector Fragility and Systemic Sources of Fragility."IMB Working Paper No. 12.

Gray, D., Merton, R., and Bodie, Z. 2006. "A New Framework for Analyzing and Managing Macrofinancial Risks."NBER Working Paper No. 12637.

Gray, D. 2002. "Macro Finance: The Bigger Picture." *Risk Management for Investor* (6): S18-S20.

Greenwald, B. and Stiglitz, J. 1993. "Financial Market Imperfections and Business Cycles."*The Quarterly Journal of Economics* 108(1): 77-114.

Hemming, R. and Michael Kell. 2001. "Promoting Fiscal Responsibility: Transparency, Rules and Independent Fiscal Authorities." IMF Working Paper No. 1.

Hemming, R. and Murray Petrie. 2000. "A Framework for Assessing Fiscal Vulnerability."IMF Working Paper No. 52.

Illing, M. and Ying Liu. 2003. "An Index of Financial Stress for Canada."Bank of Canada Working Paper No. 14.

Kamin, S. B., John W. Schindler, and Shawna L. Samuel. 2001. "The Contribution of Domestic and External Factors to Emerging Market Devaluation Crises: An Early Warning Systems Approach."IMF Working Paper No. 10.

Kaminsky, Graciela Laura. 1997. *Leading Indicators of Currency Crises*. International Monetary Fund Press.

Kaminsky, G. L. and Reinhart, C. 1996. "Banking and Balance-of-payments Crises: Models and Evidence." Board of Governors of the Federal Reserve System International Finance Discussion Paper No. 544.

Kaufman, G. 1996. "Bank Failures, Systemic Risk, and Bank Regulation."*Cato Journal* 16(1): 17-45.

Kindleberger, C. P. and Robert Z. Aliber. 1978. *Manias, Panics and Crashes: A History of Financial Crises*. London: Macmillan.

Kiyotaki, N. and John Moore. 1997. "Credit Cycles."*Journal of Political Economy* 105(2): 211-224.

Krkoška, L. 2001. "Assessing Macroeconomic Vulnerability in Central Europe." *Post-Communist Economies* 13(1): 41-55.

Krugman, P. 1979. "A Model of Balance-of-Payments Crises."*Journal of Money, Credit and Banking* 11(3): 311-325.

Krugman, P. 1999. "Balance Sheets, the Transfer Problem and Financial Crises." *International Tax and Public Finance* (6): 459-472.

Kwan, S. H. and Robert Eisenbeis. 1995. "An Analysis of Inefficiencies in Banking: A Stochastic Cost Frontier Approach" *Journal of Banking & Finance* 19: 733-734.

Kwan, S. H. and Robert Eisenbeis. 1997. "Bank Risk, Capitalization, and Operating Efficiency." *Journal of Financial Services Research* 12(2): 117-131.

McKinnon, Ronald I. and Huw Pill. 1998. "International Overborrowing: A Decomposition of Credit and Currency Risks."*World Development* 26(7): 1267-1282.

Merton, R. 1974. "On the Pricing of Corporate Debt: The Risk Structure of Interest Rates."*The Journal of Finance* 29(2): 449-470.

Merton, R. C. and Zvi Bodie. 2004. "The Design of Financial Systems: Towards a Synthesis of Function and Structure."National Bureau of Economic Research Working Paper No. 10620.

Milesi-Ferretti, G. M. and Assaf Razin. 1998. "Sharp Reductions in Current Account Deficits: An Empirical Analysis."*European Economic Review* 42: 897-908.

Minsky, H. P. 1982. "The Financial-Instability Hypothesis: Capitalist Process and the Behavior of the Economy." Accessed November 26, 2024. https://digitalcommons. bard. edu/hm_ archive/282.

Mulder, C., Roberto Perreli, and Manuel Rocha. 2002. "The Role of Corporate, Legal and Macroeconomic Balance Sheet Indicators in Crisis Detection and

Prevention."IMF Working Paper NO. 59.

Nag, A. and Amit Mitra. 1999. "Neural Networks and Early Warning Indicators of Currency Crisis."Reserve Bank of India Working Paper No. 2.

Navarro, M. L. and Rafel Flores de Frutos. 2012. "Consumption and Housing Wealth Breakdown of the Effect of a Rise in Interest Rates." *Applied Economics* 44 (16): 2091-2110.

Obstfeld, M. and Alan M. Taylor. 1997. "The Great Depression as a Watershed: International Capital Mobility over the Long Run." National Bureau of Economic Research Working Paper No. 5960.

Obstfeld, M., Rudiger Dornbusch, and Ronald McKinnon. 1995. "International Currency Experience: New Lessons and Lessons Relearned." *Brookings Papers on Economic Activity* 1995(1): 119-220.

Pellechio, A. and Mathisen, J. 2006. "Using the Balance Sheet Approach in Surveillance: Framework, Data Sources and Data Availability."IMF Working Paper No. 100.

Poghosyan, T. and Martin Cihak. 2009. "Distress in European Banks Before and During the Financial Crisis."Paolo Baffi Centre Research Paper No. 52.

Richard, C. 2006. "Why an Auditor Can't be Competent and Independent: A French Case Study."*European Accounting Review* 15(2): 153-179.

Roubini, Nouriel. 2001. "Debt Sustainability: How to Assess Whether a Country is Insolvent."Stern School of Business, New York University Working Paper.

Roubini, N. and Brad Setser. 2004. *Bailouts or Bail-ins? Responding to Financial Crises in Emerging Economies.* Columbia University Press.

Sachs, J. D. 2000. "Globalization and Patterns of Economic Development."*Review of World Economics* 136: 579-600.

Sachs, J. D. and Warner, A. M. 1997. "Sources of Slow Growth in African Economies."*Journal of African Economies* 6: 335-376.

Schumacher, L. and Mr. Mario I. Bléjer. 1998. "Central Bank Vulnerability and the Credibility of Commitments: A Value-at-Risk Approach to Currency Crises."IMF Working Paper No. 28.

Tobin, James. 1982. "Money and Finance in the Macroeconomic Process." *Journal of Money, Credit and Banking* 14(2): 171–204.

Vlaar, P. J. G. 2000. "Currency Crisis Models for Emerging Markets." De Nederlandsche Bank Working Paper No. 1.

Weller, C. E. 2001. "Financial Crises After Financial Liberalisation: Exceptional Circumstances or Structural Weakness?" *The Journal of Development Studies* 38(1): 98–127.

Wilson, J. F. 1997. "The Finance of Municipal Capital Expenditure in England and Wales, 1870–1914." *Financial History Review* 4(1): 31–50.

Wolfson, M. H. 1996. "A Post Keynesian Theory of Credit Rationing." *Journal of Post Keynesian Economics* 18(3): 443–470.

Zhang, Zhichao. 2001. "Real Exchange Rate Misalignment in China: An Empirical Investigation." *Journal of Comparative Economics* 29(1): 80–94.

图书在版编目(CIP)数据

金融安全的区域比较研究 / 吴欣欣著. -- 北京：
社会科学文献出版社, 2025.1. -- ISBN 978-7-5228
-4621-7

Ⅰ. F832.1

中国国家版本馆 CIP 数据核字第 2024NT2642 号

金融安全的区域比较研究

著　　者 / 吴欣欣

出 版 人 / 冀祥德
责任编辑 / 谢蕊芬　李会肖
责任印制 / 王京美

出　　版 / 社会科学文献出版社・群学分社(010)59367002
　　　　　 地址：北京市北三环中路甲 29 号院华龙大厦　邮编：100029
　　　　　 网址：www.ssap.com.cn
发　　行 / 社会科学文献出版社（010）59367028
印　　装 / 三河市龙林印务有限公司

规　　格 / 开 本：787mm×1092mm　1/16
　　　　　 印 张：16　字 数：250千字
版　　次 / 2025 年 1 月第 1 版　2025 年 1 月第 1 次印刷
书　　号 / ISBN 978-7-5228-4621-7
定　　价 / 128.00 元

读者服务电话：4008918866

版权所有 翻印必究